John Stuart Mill
**Über Religion**

Mill, John Stuart: Über Religion
Hamburg, SEVERUS Verlag 2015


ISBN: 978-3-95801-091-8
Druck: SEVERUS Verlag, Hamburg, 2015
Nachdruck der Originalausgabe von 1954


Der SEVERUS Verlag ist ein Imprint der Diplomica Verlag GmbH.

Bibliografische Information der Deutschen Nationalbibliothek:
Die Deutsche Nationalbibliothek verzeichnet diese Publikation in der Deutschen Nationalbibliografie; detaillierte bibliografische Daten sind im Internet über http://dnb.d-nb.de abrufbar.

© SEVERUS Verlag
http://www.severus-verlag.de, Hamburg 2015
Printed in Germany
Alle Rechte vorbehalten.

Der SEVERUS Verlag übernimmt keine juristische Verantwortung oder irgendeine Haftung für evtl. fehlerhafte Angaben und deren Folgen.

# Ueber Religion.

Natur. Die Nützlichkeit der Religion. Theismus.

Von

**John Stuart Mill.**

Drei nachgelassene Essays.

Deutsch

von

**Emil Lehmann.**

Autorisirte Uebersetzung.

SEVERUS

# Vorwort
der Herausgeberin.

---

Die drei folgenden Essays über Religion sind zu sehr verschiedenen Zeiten und ohne die Absicht sie mit einander erscheinen zu lassen geschrieben und dürfen daher nicht als ein zusammenhängendes Ganze betrachtet werden, außer insofern sie die wohlüberlegte und erschöpfende Behandlung der vorgeführten Gegenstände von Seiten des Verfassers enthalten.

Die beiden ersten dieser Essays sind in den Jahren 1850 bis 1858 während der Periode geschrieben, welche zwischen der Veröffentlichung der „Grundsätze der Politischen Oekonomie" und der des Werkes über „Freiheit" lag, während welcher Periode der Verfasser noch drei andere Essays: über Gerechtigkeit, über Nützlichkeit und über Freiheit schrieb. Von den fünf während dieser Periode geschriebenen Essays hat der Verfasser selbst bereits drei der Oeffentlichkeit übergeben. Der über Freiheit wurde zu dem jetzt wohlbekannten den gleichen Titel führenden Werke erweitert. Die Essays über Gerechtigkeit und Nützlichkeit wurden später mit einigen Veränderungen und Zusätzen zu einem vereinigt und unter dem Titel: „Utilitarianismus" veröffentlicht. Die beiden letzten, über „Natur" und „Die Nützlichkeit der Religion" werden unter Hinzufügung eines dritten, zu einer viel spätern Zeit geschriebenen über „**Theis‍mus**" hiemit dem Publikum übergeben. In den beiden ersten dieser drei Essays wird man leicht Spuren des Zeitpunktes in welchem sie geschrieben wurden entdecken; namentlich das Fehlen jeder Erwähnung der Werke von Darwin und Sir Henry Maine an solchen Stellen wo eine Uebereinstimmung mit jenen Schriftstellern stattfindet oder wo Gegenstände behandelt werden welche sie seitdem in einer Weise erörtert haben, auf welche der Verfasser dieser Essays sicherlich Bezug genommen haben würde, wenn ihre Werke schon veröffentlicht gewesen wären.

Der letzte Essay in dem vorliegenden Bande gehört einer andern Zeit an und wurde in den Jahren 1868 bis 1870 geschrieben, war aber nicht bestimmt in zusammenhängender Folge mit den beiden Essays, welche jetzt zugleich mit ihm erscheinen, oder auch nur mit ihnen zusammen veröffentlicht zu werden. Andererseits ist es sicher daß der Verfasser die in diesen verschiedenen Essays ausgesprochenen Ansichten als durchaus einheitlich betrachtete. Der Beweis dafür liegt in der Thatsache daß er im Jahre 1873, nachdem er seinen Essay über Theismus vollendet hatte, beabsichtigte denselben sofort, nur unter Vornahme einer Revision wie die Vorbereitung zum Drucke sie nothwendig erscheinen lassen würde, aber wesentlich in seiner gegenwärtigen Gestalt, herauszugeben. Daraus ergiebt sich klar, daß mit seiner Art zu denken keine wesentliche Veränderung vorgegangen war. Die Widersprüche die man nach sorgfältiger Vergleichung noch zwischen verschiedenen Stellen finden wird, müssen daher entweder der Thatsache, daß der letzte Essay nicht den vielen Revisionen wie sie der Verfasser besonders eingehend und gründlich vorzunehmen pflegte, unterzogen worden ist, oder jener Verschiedenheit des Tons und der Schätzung der relativen Bedeutung verschiedener Erwägungen zugeschrieben werden, welche sich aus den weiteren Gesichtspunkten und der Aufnahme einer größern Zahl von Erwägungen, als sie bei einer Behandlung einzelner Theile des Gegenstandes stattfinden würden, bei der Behandlung desselben als eines Ganzen ergiebt.

Die Thatsache daß der Verfasser den Essay über Natur 1873 herauszugeben beabsichtigte ist, wenn es dessen noch bedürfen sollte, ein hinreichender Beweis dafür, daß er den hiemit dem Publikum übergebenen Band nicht aus Besorgniß vor einem etwaigen Odium, welches er durch den freien Ausdruck seiner Ansichten über Religion auf sich laden könnte, zurückgehalten hatte. Daß er nicht beabsichtigte die beiden anderen Essays gleichzeitig zu veröffentlichen, entsprach durchaus der Gewohnheit des Verfassers in Betreff der öffentlichen Kundgebung seiner religiösen Ansichten. Denn während er bei der Bildung seiner Ansichten ungemein vorsichtig und langsam zu Werke ging, hatte er einen entschiedenen Widerwillen gegen das Aussprechen halbfertiger Ansichten. Er ließ sich auf keine Weise zu einer vorzeitigen Entscheidung über irgend einen Punkt drängen, mit welchem er sich nicht eingehend und hinreichend lange beschäftigt zu haben glaubte um denselben bis an die äußerste Grenze seiner Denkkraft zu verfolgen. Und ebenso ließ er sich, selbst nachdem er zu definitiven Schlüssen gelangt war, von der Neugierde anderer nicht zum Aussprechen derselben zwingen bevor er ihrem Ausdrucke die höchstmögliche Vollendung hatte angedeihen lassen und bevor daher nicht nur die Schlüsse selbst, sondern auch die Form welche er ihnen gegeben hatte, die Probe der Zeit bestanden hatten. Dieselben Gründe daher, welche ihn bei dem mündlichen Ausdrucke seiner Meinung in dem Maße vorsichtiger machten wie es nothwendig erschien zugleich präzise und verständlich zu sein um verstanden zu werden, was nach seinem Urtheile ganz vorzugsweise bei religiösen Spekulationen der Fall wär, waren es auch, welche ihn mit der Veröffentlichung seines Essay's über Natur länger als funfzehn Jahre zurückhalten ließen und ihn vielleicht veranlaßt haben würden die anderen welche jetzt in demselben Bande erscheinen noch ferner zurück zu halten.

Aus diesem Gesichtspunkte wird der Essay über Theismus zugleich werthvoller und weniger werthvoll erscheinen als irgend ein anderes Werk des Verfassers. Als die letzte bedeutende Arbeit welche er vollendete zeigt sie das letzte Stadium seiner geistigen Entwicklung, das sorgfältig abgewogene Ergebniß des Nachdenkens eines ganzen Lebens. Andererseits aber hatte die Zeit nicht hingereicht um diesen Essay der Revision zu unterziehen, welcher er die meisten seiner Schriften von Zeit zu Zeit unterzog, bevor er sie der Oeffentlichkeit übergab. Daher ist nicht nur der Stil weniger gefeilt als in irgend einem andern seiner veröffentlichten Werke, sondern auch der Stoff selbst ist, wenigstens in der Gestalt in welcher er hier erscheint, niemals der wiederholten Prüfung unterzogen worden, welche unfehlbar mit ihm vorgenommen worden wäre, bevor der Verfasser selbst ihn der Welt übergeben haben würde.

Helen Taylor.

# Inhalts-Verzeichniß.

Natur . . . . . . . . . . . . . . . . . . . . . . . . . . 1
Die Nützlichkeit der Religion . . . . . . . . . . . . . . 57
Theismus . . . . . . . . . . . . . . . . . . . . . . . . 105

### Erster Theil.

Einleitung . . . . . . . . . . . . . . . . . . . . . . . 107
Theismus . . . . . . . . . . . . . . . . . . . . . . . . 111
Die Beweise für den Theismus . . . . . . . . . . . . . . 117
Beweis für eine erste Ursache . . . . . . . . . . . . . 120
Beweis aus der allgemeinen Uebereinstimmung der Menschheit . 130
Der Beweis aus dem Bewußtsein . . . . . . . . . . . . . 135
Der teleologische Beweis . . . . . . . . . . . . . . . . 140

### Zweiter Theil.

Eigenschaften . . . . . . . . . . . . . . . . . . . . . 147

### Dritter Theil.

Unsterblichkeit . . . . . . . . . . . . . . . . . . . . 163

### Vierter Theil.

Offenbarung . . . . . . . . . . . . . . . . . . . . . . 176

### Fünfter Theil.

Endergebniß . . . . . . . . . . . . . . . . . . . . . . 201

# Natur.

# Natur.

Die Worte „Natur", „natürlich", und die von ihnen ab=
geleiteten oder ihnen etymologisch verwandten Ausdrücke, haben
zu allen Zeiten eine große Rolle in dem Denken und Fühlen
der Menschheit gespielt. Das kann uns nicht überraschen, wenn
wir erwägen, was diese Worte in ihrer primitiven und nächst=
liegenden Bedeutung besagen. Unglücklicherweise aber hat man
einer Gruppe von Wörtern, welche eine so große Rolle in der
ethischen und metaphysischen Spekulation spielen, viele Bedeu=
tungen beigelegt die von der ursprünglichen verschieden und doch
hinreichend mit derselben verknüpft sind, um eine Begriffsver=
wirrung herbeizuführen. Auf diese Weise haben sich diese Wörter
in viele fremde, meistens sehr einflußreiche und zähe Ideen so
fest eingedrängt, daß sie viele Gefühle erweckt haben und
deren Symbole geworden sind, welche ihre ursprüngliche Bedeu=
tung keineswegs gerechtfertigt haben würde und welche sie zu
einer der ergiebigsten Quellen falschen Geschmackes, falscher Phi=
losophie, falscher Sittlichkeit und selbst schlechter Gesetze ge=
macht haben.

Die wichtigste Anwendung der sokratischen Methode, wie
sie Plato dargelegt und verbessert hat, besteht darin, weite Ab=
straktionen dieser Art zu seciren, indem man die Bedeutung,
welche ihnen in dem populären Sprachgebrauche lediglich anhängt,
auf eine präzise Begriffsbestimmung zurückführt und die ver=
breiteten Maximen und Meinungen an denen sie Theil haben

untersucht und auf die Probe stellt. Es ist zu bedauern, daß Plato unter den instruktiven Proben dieser Art von Untersuchung, welche er hinterlassen hat und welchen spätere Zeiten für den durch sie erlangten Grad geistiger Klarheit so großen Dank schulden die Nachwelt nicht mit einem Dialog περὶ φύσεως beschenkt hat. Wenn er den durch dieses Wort bezeichneten Begriff seiner scharfen Analyse hätte unterwerfen und über die populären Gemeinplätze, in welchen es vorkommt, ein gewaltiges Gottesgericht ergehen lassen können, würden sich seine Nachfolger wahrscheinlich nicht so jäh in Gedankenreihen und Raisonnements verloren haben, deren Eckstein der auf Trugschlüssen beruhende Gebrauch jenes Wortes bildete — einer Art von Trugschlüssen, von der er sich in seltenem Grade frei zu halten gewußt hat.

Gemäß dieser platonischen Methode, welche noch immer das beste Vorbild für solche Untersuchungen ist, ist das erste, was mit einem so unbestimmten Ausdruck zu geschehen hat, seine Bedeutung genau festzustellen. Zu den Regeln dieser Methode gehört es auch daß man die Bedeutung eines Abstraktums am besten im Konkreten, eines Allgemeinen im Besondern, aufsucht. Wenn wir dieses Verfahren auf das Wort Natur anwenden, so haben wir zuerst zu fragen, was bedeutet die „Natur" eines gewissen Gegenstandes, wie des Feuers, des Wassers, oder einer bestimmten Pflanze oder eines bestimmten Thieres? Offenbar das Ganze oder den Inbegriff seiner Kräfte oder Eigenschaften; die Art und Weise wie er auf andere Dinge, (die Sinne des Beobachters mit einbegriffen) wirkt und die Art und Weise wie andere Dinge auf ihn wirken, wobei, wenn es sich um ein empfindendes Wesen handelt, auch seine Fähigkeit zu empfinden oder sich bewußt zu werden mit in Rechnung zu ziehen ist. Die Natur des Gegenstandes bedeutet alles das — bedeutet den Inbegriff seiner Fähigkeit, Erscheinungen hervorzubringen. Und da die Erscheinungen, welche die Dinge hervorbringen, wie sehr sie sich auch unter verschiedenen Umständen von einander unterscheiden mögen, unter denselben Umständen immer dieselben sind, so können sie durch allgemeine Ausdrücke bezeichnet werden, welche die Gesetze der Natur des Gegenstandes genannt werden. So ist es ein Gesetz der Natur des Wassers, daß es unter dem mittlern Druck der Atmosphäre auf dem Niveau des Meeres bei 212° Fahrenheit siedet.

Wie die Natur eines bestimmten Dinges in dem Inbegriffe seiner Kräfte und Eigenschaften besteht, so ist Natur in abstracto der Inbegriff der Kräfte und Eigenschaften aller Dinge. Natur bedeutet die Summe aller Erscheinungen zusammen mit den Ursachen welche sie hervorbringen, mit inbegriffen nicht nur alles was geschieht sondern auch alles was geschehen kann; denn die nicht zur Anwendung kommenden ursächlichen Kräfte bilden ebensowohl einen Bestandtheil der Idee der Natur als die wirkenden Kräfte. Da man bei allen hinreichend untersuchten Erscheinungen gefunden hat, daß sie nach bestimmten Regeln vor sich gehen, indem eine jede gewisse feste positive und negative Bedingungen hat, bei deren Zusammentreffen sie ausnahmslos eintritt, so hat die Menschheit theils durch direkte Beobachtungen, theils durch, auf dieselben gegründete Schlußfolgerungen die Bedingungen des Eintritts vieler Erscheinungen feststellen können, und der Fortschritt der Wissenschaft besteht wesentlich in der Feststellung dieser Bedingungen. Wenn diese Bedingungen entdeckt sind, so können sie in allgemeinen Sätzen, welche wir die Gesetze der besondern Erscheinung und noch allgemeiner die Gesetze der Natur nennen, ausgedrückt werden. So ist die Wahrheit, daß die Anziehungskraft, welche alle materiellen Theilchen auf einander üben, im graden Verhältnisse ihrer Massen und im umgekehrten der Quadrate ihrer Entfernung steht, ein Gesetz der Natur. Der Satz daß Luft und Nahrung für das animalische Leben unerläßlich sind, ist, wenn er, wie wir anzunehmen guten Grund haben, ausnahmslos wahr ist, auch ein Naturgesetz, obgleich die Erscheinung, deren Gesetz es ist, eine besondere und nicht wie die Gravitation eine universelle ist.

So ist also „Natur" in dieser einfachsten Bedeutung des Wortes ein Collektivname für alle wirklichen und möglichen Thatsachen, oder um genauer zu reden, ein Name für die uns theilweise bekannte, theilweise unbekannte Art und Weise, wie alles geschieht. Denn das Wort bezeichnet nicht sowohl das vielfache Detail der Erscheinungen als einen zusammenfassenden Begriff ihres Wesens, wie sich ihn ein, im Vollbesitze der Kenntniß dieses Wesens befindlicher Geist, als Anhaltspunkt bilden möchte. Und sich durch schrittweise Generalisirung auf dem Wege der Erfahrung zu diesem zusammenfassenden Begriffe zu erheben ist das Ziel der Wissenschaft.

Das ist also eine correkte Definition des Wortes „Natur". Aber diese Definition erschöpft nur **einen** Sinn dieses mehrdeutigen Ausdruckes. Dieselbe ist offenbar unanwendbar auf einige der Bedeutungen, in welchen das Wort in der Umgangssprache gebraucht wird. Sie paßt beispielsweise durchaus nicht auf den gewöhnlichen Sprachgebrauch, nach welchem „Natur" der „Kunst" und „natürlich" dem „künstlich" entgegengesetzt wird. Denn in dem eben definirten und streng wissenschaftlichen Sinne des Wortes „Natur" ist Kunst ebenso gut Natur wie alles andere und ist alles was künstlich ist natürlich. Die Kunst ist keine unabhängige Kraft, sie ist nur die Anwendung der Kräfte der Natur zu einem bestimmten Zwecke. Erscheinungen, welche durch menschliche Thätigkeit hervorgebracht werden, nicht minder als diejenigen, welche, so weit unsere Mitwirkung in Betracht kommt, unwillkürliche sind, sind bedingt durch die Eigenschaften der elementaren Kräfte, oder der elementaren Stoffe und ihrer Zusammensetzung. Die vereinigten Kräfte des ganzen menschlichen Geschlechtes wären nicht im Stande eine neue Eigenschaft des Stoffes im allgemeinen oder eines bestimmten Stoffes zu schaffen. Wir vermögen nichts als von den vorgefundenen Eigenschaften für unsere Zwecke Vortheil ziehen. Ein Schiff schwimmt nach denselben Gesetzen der spezifischen Schwere und des Gleichgewichtes wie ein, vom Winde entwurzelter und in's Wasser gewehter Baum. Das Getreide, welches die Menschen zu ihrer Nahrung ziehen, wächst und bringt sein Korn nach denselben Gesetzen der Vegetation hervor, nach welchen die wilde Rose und die Walderdbeere ihre Blumen und ihre Früchte hervorbringen. Ein Haus steht und hält zusammen vermöge der natürlichen Eigenschaften, dem Gewichte und der Cohäsions= kraft der Materialien aus welchen es besteht; eine Dampf= maschine arbeitet vermöge der natürlichen Expansivkraft des Dampfes, welche einen Druck auf einen bestimmten Theil einer Combination von Theilen übt, welcher Druck durch die mecha= nischen Eigenschaften des Hebels von diesem Theile auf einen andern übertragen wird, wo er ein mit demselben in Verbin= dung gebrachtes Gewicht hebt oder ein Hinderniß aus dem Wege räumt. Bei diesen wie bei allen übrigen künstlichen Operationen ist die Thätigkeit des Menschen, wie das schon oft bemerkt worden ist, eine sehr beschränkte; sie besteht lediglich darin die Dinge in eine gewisse Lage zu bringen. Wir be= wegen Gegenstände und bringen, indem wir das thun, Dinge, die bisher getrennt waren, mit einander in Berührung; oder trennen Dinge, die sich bisher berührt hatten. Und durch diese einfache Veränderung der Lage werden bisher schlummernde Naturkräfte zur Thätigkeit aufgerufen und bringen die ge= wünschten Wirkungen hervor. Selbst der Wille, welcher den Entschluß faßt, die Intelligenz welche die Ausführung ersinnt, und die Muskelkraft, welche diese geistigen Regungen zur Aus= führung bringt, sind Naturkräfte.

Es ergiebt sich demnach, daß wir dem Worte „Natur" mindestens zwei Hauptbedeutungen zuerkennen müssen. In dem einen Sinne bedeutet es alle in der äußern und innern Welt vorhandenen Kräfte und alles was vermöge dieser Kräfte ge= schieht. In einem andern Sinne bedeutet es nicht alles was geschieht, sondern nur das, was ohne die Mitwirkung, oder ohne die freiwillige und absichtliche Mitwirkung des Menschen geschieht. Diese Unterscheidung ist weit entfernt alle Bedeutungen des

Wortes zu erschöpfen; aber sie bietet den Schlüssel zu den meisten derjenigen Bedeutungen, von welchen wichtige Folgen abhängen.

Wenn also das die beiden Hauptbedeutungen des Wortes „Natur" sind, in welcher von beiden wird es — oder wird es in beiden gebraucht, wenn mit dem Worte und seinen Ableitungen Ideen der Empfehlung, der Billigung und selbst der moralischen Verpflichtung verknüpft werden?

Solche Ideen sind zu allen Zeiten mit solchen Wörtern verknüpft worden. Naturam sequi war das Fundamentalprinzip der Moral in vielen der berühmtesten philosophischen Schulen. Bei den Alten, namentlich in der Periode der Abnahme des antiken Geistes, war diese Maxime der Prüfstein aller Sittenlehren. Die Stoiker und die Epikureer waren sich, wie unversöhnlich ihre Systeme auch im übrigen einander gegenüberstehen mochten, doch darin einig, daß sie sich zu dem Nachweise für verpflichtet hielten, daß ihre respektiven Lebensregeln den Geboten der Natur entsprächen. Unter ihrem Einflusse stellten die römischen Juristen, als sie den Versuch machten das Recht in ein System zu bringen, an die Spitze ihrer Darstellung ein gewisses Jus Naturale, „quod natura," wie Justinian in den Institutionen erklärt „omnia animalia docuit" und da die Verfasser moderner Systeme, nicht nur des Rechtes sondern auch der Moralphilosophie, sich meistens die römischen Juristen zum Muster genommen haben, so sind eine Fülle von Abhandlungen über das sogenannte „Naturrecht" erschienen und alle Literaturen wimmeln von Hinweisen auf dieses Recht als eine höchste Regel und einen inappellablen Maßstab. Mehr als alle übrigen haben die Schriftsteller über das Völkerrecht dazu beigetragen dieser Art von sittlicher Betrachtungsweise Eingang zu verschaffen, insofern sie, da sie über kein positives Recht zu schreiben hatten und doch ängstlich darauf bedacht waren die verbreitetsten Ansichten in Betreff internationaler Sittlichkeit so viel wie möglich mit der Autorität des Rechtes

zu bekleiden, versuchten, eine solche Autorität in dem eingebil=
deten Naturrecht zu finden. Die christliche Theologie in der
Periode ihres größten Einflusses stellte den Anschauungen, welche
die Natur zum Kriterion der Sittlichkeit erhoben, einige wenn
auch nicht absolute Hindernisse entgegen, insofern nach dem
Glauben der meisten christlichen Bekenntnisse, — wiewohl sicher
nicht nach dem Glauben Christi —, der Mensch von Natur
sündig ist. Aber grade diese Lehre hat, vermöge der durch sie
bewirkten Reaktion dahin geführt, daß die deistischen Moralisten
fast einstimmig die Göttlichkeit der Natur proklamirt und ihre
eingebildeten Gebote als eine höchste Regel des Handelns auf=
gestellt haben. Ein Hinweis auf diesen vermeintlichen Maßstab
bildet den Hauptbestandtheil der Denk= und Gefühlsweise, als
deren erster Vertreter Rousseau erscheint und die im weitesten
Maße in den modernen Geist, denjenigen Theil desselben der
sich christlich nennt nicht ausgenommen, übergegangen ist. Die
Lehren des Christenthums haben sich zu allen Zeiten der grade
herrschenden Philosophie bedeutend anbequemt und das Christen=
thum unserer Tage hat ein gut Theil seiner Farbe und seines
Tones dem sentimentalen Deismus abgeborgt. Man kann nicht
behaupten, daß in unserer Zeit die Natur oder irgend ein an=
derer Maßstab, so wie es früher üblich war dazu verwendet
werde, daraus Regeln des Handelns mit juristischer Schärfe
oder mit dem Versuche herzuleiten, diese Verwendung auf die
gesammte menschliche Thätigkeit auszudehnen. Die Menschen
unserer Generation pflegen überhaupt keinen Werth auf die
gewissenhaft genaue Anwendung von Prinzipien zu legen, oder
sich zu irgend einem sittlichen Maßstabe, als ihrem alleinigen
Führer zu bekennen, sondern leben in einer Art von Vermen=
gung vieler solcher Maßstäbe, einem Zustande welcher der Bildung
fester moralischer Prinzipien nicht günstig, wohl aber denen be=
quem ist, die es mit ihren sittlichen Ansichten leicht nehmen,
da sie dadurch in den Besitz einer viel größern Reihe von Ar=
gumenten zur Vertheidigung der Lehre des Tages gelangen.

Aber wenn es auch heute vielleicht niemand mehr giebt, der, wie die Institutionenschreiber, das sogenannte Naturrecht als das Fundament der Sittenlehre betrachtet und es versucht ein zusammenhängendes System daraus herzuleiten, so müssen das Wort und seine Ableitungen doch immer noch zu denjenigen gerechnet werden, welche bei sittlichen Argumentationen eine große Rolle spielen. Daß irgend eine Art zu denken, zu fühlen oder zu handeln naturgemäß sei, gilt gemeinhin als ein starkes Argument für ihre Güte. Wenn sich mit einigem Anscheine von Begründung behaupten läßt, daß „die Natur etwas gebiete," betrachten die meisten Menschen die Angemessenheit des Gehorsams gegen ein solches Gebot als erwiesen. Und umgekehrt gilt die Beschuldigung, daß etwas der Natur zuwider sei, als eine Ausschließung jedes Anspruches der so bezeichneten Sache auf Duldung oder Entschuldigung und das Wort „unnatürlich" ist noch immer eines der tadelnsten Beiwörter der Sprache. Diejenigen, welche sich dieser Ausdrücke bedienen, lehnen es vielleicht ab, sich für irgend ein Fundamentalprinzip in Betreff des Maßstabes sittlicher Pflichten verantwortlich zu machen; aber sie bekennen sich darum nicht weniger implicite zu einer solchen Theorie und zwar zu einer Theorie welche substantiell dieselbe sein muß wie diejenige auf welche die logischeren Denker einer ernster arbeitenden Zeit ihre systematischen Abhandlungen über das Naturrecht gründeten.

Ist es nun erforderlich aus diesen Redewendungen noch eine andere bestimmte Bedeutung des Wortes „Natur" herzuleiten? Oder können dieselben in irgend rationeller Weise mit einer der beiden bereits abgehandelten Bedeutungen verknüpft werden? Auf den ersten Blick kann es scheinen daß uns nichts übrig bleibe als dem Ausdrucke hier noch eine neue Bedeutung zuzuerkennen. Alle Untersuchungen drehen sich entweder um das was ist, oder um das was sein sollte; die eraften Wissenschaften und die Geschichte gehören der erstern, die Kunst, Moral und Politik der letztern Kategorie an. Aber die beiden oben von uns entwickelten Bedeutungen des Wortes Natur haben das mit einander gemein, daß sie sich nur auf das was ist beziehen. In der ersten Bedeutung ist „Natur" ein Collektivname für alles was ist, in der zweiten ist sie ein Name für alles was ohne freiwillige menschliche Dazwischenkunft von selbst ist. Der Gebrauch des Wortes Natur als des Ausdruckes für einen ethischen Begriff scheint daher eine dritte Bedeutung zu involviren, in welcher „Natur" nicht das was ist, sondern das was sein sollte, oder den Maßstab dessen was sein sollte, bezeichnet. Bei geringem Nachdenken erkennen wir jedoch, daß hier kein Fall vorliegt der die Mehrdeutigkeit des Wortes Natur noch erhöhet; es liegt hier keine dritte Bedeutung des Wortes vor. Diejenigen, welche die Natur als einen Maßstab des Handelns aufstellen, beabsichtigen damit nicht eine bloße Frage des Ausdruckes zu lösen; sie wollen nicht sagen, daß der Maßstab, er möge sein welcher er wolle, „Natur" genannt werden müsse; nach ihrer Meinung geben sie eine Auskunft darüber worin der Maßstab des Handelns wirklich besteht. Diejenigen, welche behaupten, wir müßten den Geboten der Natur gemäß handeln, wollen damit nicht den rein tautologischen Satz aussprechen, daß wir thun müßten was wir thun müßten. Sie glauben, daß das Wort Natur ein äußeres Kriterion dessen biete, was wir thun müßten und wenn sie als Regel für das was sein sollte ein Wort aufstellen, welches in seiner eigentlichen Bedeutung das was ist bezeichnet, so thun sie das weil ihnen dabei deutlich oder undeutlich die Vorstellung vorschwebt, daß das was ist die Regel und den Maßstab für das was sein sollte bildet.

Die Untersuchung dieser Vorstellung ist der Zweck des vorliegenden Essays. Ich beabsichtige die Wahrheit der Lehren zu untersuchen, welche die Natur zu einem Prüfstein für Recht und Unrecht, Gut und Böse machen, oder welche es irgendwie für verdienstlich oder wünschenswerth erklären, der Natur zu folgen, sie nachzuahmen oder ihr zu gehorchen. Die vorstehende Erörterung über die Bedeutung von Ausdrücken war die unerläßliche Einleitung dieser Untersuchung. Die Sprache ist gewissermaßen die Atmosphäre der philosophischen Forschung, welche durchsichtig gemacht werden muß, bevor irgend etwas in ihr in seiner wahren Gestalt und Lage erkannt werden kann Im vorliegenden Falle haben wir uns noch vor einer fernern Undeutlichkeit des Ausdruckes zu hüten, welche zwar unmittelbar in die Augen springt, aber gleichwohl bisweilen selbst scharfsinnige Köpfe irregeleitet hat und von der es daher gerathen ist Notiz zu nehmen, bevor wir an unsere Untersuchung gehen.

Kein Wort wird häufiger mit dem Worte Natur in Verbindung gebracht als das Wort Gesetz und dieses letztere Wort hat zwei sehr verschiedene Bedeutungen, in deren einer es einen bestimmten Theil dessen was ist, in deren anderer dessen was sein sollte bezeichnet. Wir reden von dem Gesetze der Gravitation, den drei Gesetzen der Bewegung, dem Gesetze der bestimmten Proportionen in chemischen Verbindungen und den Lebensgesetzen organischer Geschöpfe. Alle diese Gesetze sind Theile dessen was ist. Wir reden aber auch von dem Criminalgesetze, von dem Civilgesetze, dem Gesetze der Ehre, dem Gesetze der Wahrhaftigkeit, dem Gesetze der Gerechtigkeit, welche sämmtlich Theile dessen sind was sein sollte, oder dessen was jemand in Betreff dessen was sein sollte meint, fühlt oder empfiehlt. Die erstere Art von Gesetzen, wie die Gesetze der Bewegung und der Gravitation sind nicht mehr und nicht weniger als beobachtete Uebereinstimmungen sei es nun des Nacheinander, oder des Nebeneinander gewisser Erscheinungen; das versteht man in der Wissenschaft und selbst im gewöhnlichen Sprachgebrauche unter Naturgesetzen. Gesetze der andern Art sind die Sittengesetze, die Gesetze eines Landes, das Völkerrecht, und in den Kreis dieser Gesetze haben, wie bereits bemerkt, Juristen und Publizisten etwas hineingezogen, was sie das Naturrecht zu nennen belieben. Wie leicht diese beiden Wörter der Verwechslung unterliegen, dafür kann es kein frappanteres

Beispiel geben, als das erste Kapitel im Montesquieu, wo er bemerkt, die materielle Welt habe ihre Gesetze, die niedrigen Thiere haben ihre Gesetze und der Mensch habe seine Gesetze und darauf aufmerksam macht, wie viel strikter die beiden ersten Klassen von Gesetzen befolgt würden als die letztgenannte; als ob es eine Inkonsequenz und ein Paradoxon wäre, daß die Dinge immer sind was sie sind, die Menschen aber nicht immer sind was sie sein sollten. Eine ähnliche Begriffsverwirrung tritt überall in den Schriften von George Combe hervor, von denen aus sie in ein großes Gebiet populärer Literatur eingedrungen ist und wir lesen jetzt fortwährend Aufforderungen, den physischen Gesetzen des Universums, als in demselben Sinne und in derselben Weise wie die Moral verpflichtenden, zu gehorchen. Die Vorstellung welche der Gebrauch des Wortes Natur in ethischem Sinne involvirt, daß nämlich zwischen dem was ist und dem was sein sollte ein enger Zusammenhang, wenn nicht eine absolute Identität bestehe, verdankt ihre Gewalt über die Gemüther sicherlich zum großen Theile der Gewohnheit, das was ist durch den Ausdruck „Naturgesetze" zu bezeichnen, während dasselbe Wort „Gesetz" auch, und noch gewöhnlicher und mit noch größerm Nachdrucke, zur Bezeichnung dessen gebraucht wird was sein sollte.

Wenn behauptet oder implicite ausgesprochen wird, daß wir uns nach der „Natur" oder nach den Naturgesetzen zu richten haben, wird da unter „Natur" Natur im erstern Sinne, das heißt alles was ist, die Kräfte und Fähigkeiten aller Dinge verstanden? In dieser Bedeutung bedarf es keiner Empfehlung, der Natur gemäß zu handeln, da niemand denkbarerweise anders kann als so handeln, gleichviel ob er gut oder böse handele. Es giebt keine Handlungsweise, welche nicht der Natur in diesem Sinne des Wortes entsprechend wäre und zwar sind es alle Arten zu handeln in ganz gleichem Grade. Jede Handlung ist die Geltendmachung einer Naturkraft und ihre Wirkungen aller Art sind ebenso viele durch die Kräfte und Eigenschaften eines Gegen-

ſtandes der Natur und zwar in genauer Befolgung eines oder
mehrerer Naturgeſetze hervorgebrachte Naturerſcheinungen. Wenn
ich freiwillig meine Organe dazu gebrauche Nahrung zu mir
zu nehmen, ſo findet dieſe Handlung mit ihren Folgen Natur=
geſetzen gemäß ſtatt; wenn ich ſtatt Nahrung Gift verſchlucke,
ſo liegt der Fall genau ebenſo. Die Menſchen auffordern ſich
nach den Naturgeſetzen zu richten, wo ſie doch keine anderen
Kräfte beſitzen, als welche ihnen die Naturgeſetze verleihen,
wo es doch eine phyſiſche Unmöglichkeit für ſie iſt, das Ge=
ringſte anders als in Gemäßheit eines oder mehrerer Natur=
geſetze zu thun, iſt eine Abſurdität. Was ihnen geſagt werden
müßte, iſt, welches beſondern Naturgeſetzes ſie ſich in einem be=
ſondern Falle zu bedienen hätten. Wenn z. B. jemand einen
Fluß auf einer ſchmalen Brücke ohne Geländer überſchreitet, wird
er gut thun, ſein Verfahren nach den Geſetzen des Gleichge=
wichtes für bewegte Körper zu reguliren, anſtatt ſich nur nach
dem Geſetze der Schwere zu richten und in's Waſſer zu fallen.

Und doch, ſo müßig es iſt die Menſchen zu ermahnen,
zu thun was ſie nicht umhin können zu thun, und ſo abſurd es
iſt als eine Regel richtigen Verhaltens vorzuſchreiben, was genau
ebenſo für verkehrtes Handeln paßt; ſo kann nichtsdeſtoweniger
eine rationelle Regel des Verhaltens aus dem Verhältniß in
welchem dieſelbe zu den Naturgeſetzen in dieſem weiteſten Sinne
des Wortes ſtehen müßte, hergeleitet werden. Der Menſch
gehorcht mit Nothwendigkeit den Naturgeſetzen oder mit anderen
Worten den Eigenſchaften der Dinge; aber er läßt ſich nicht
mit Nothwendigkeit von denſelben leiten. Obgleich jedes Ver=
halten Naturgeſetzen entſpricht, iſt doch nicht jedes Verhalten
auf die Kenntniß der Naturgeſetze gegründet und darauf ge=
richtet durch die intelligente Benutzung derſelben, Zwecke zu
erreichen. Obgleich wir uns nicht von den Naturgeſetzen
in ihrer Geſammtheit emanzipiren können, ſo können wir
doch jedem beſondern Naturgeſetze entgehen, wenn wir im
Stande ſind uns den Umſtänden unter welchen es wirkt zu ent=

ziehen. Obgleich wir anders als durch Naturgesetze überhaupt nichts thun können, können wir uns doch des einen dieser Naturgesetze bedienen, um einem andern entgegenzuwirken. Nach Bako's Maxime können wir der Natur in einer Weise gehorchen, daß wir über sie gebieten. Jede Veränderung der Umstände verändert mehr oder weniger auch die Naturgesetze, unter welchen wir handeln, und mit jeder Wahl die wir, sei es in Bezug auf Zwecke oder auf Mittel treffen, stellen wir uns in einem größern oder geringern Maße unter eine Klasse von Naturgesetzen anstatt unter eine andere. Wenn daher die nutzlose Vorschrift, der Natur zu folgen in die Vorschrift verwandelt würde, die Natur zu studiren, die Eigenschaften der Dinge, mit denen wir zu thun haben, so weit diese Eigenschaften im Stande sind einen bestimmten Zweck zu fördern oder zu beeinträchtigen, kennen zu lernen oder zu beachten, so wären wir bei dem ersten Prinzipe jedes intelligenten Handelns oder vielmehr bei der Definition des intelligenten Handelns selbst, angelangt. Und eine unklare Vorstellung dieses wahren Prinzipes schwebt unzweifelhaft vielen unter denjenigen vor, welche die nichtssagende Lehre, die mit diesem Prinzipe eine oberflächliche Aehnlichkeit hat, aufstellen. Sie beobachten, daß der wesentliche Unterschied zwischen weisem und thörichtem Handeln darin besteht, ob die besonderen Naturgesetze, von welchen ein wichtiges Resultat abhängt, befolgt werden oder nicht. Und sie glauben, daß man von jemand, der ein Naturgesetz zu dem Zwecke befolgt sein Verhalten danach zu regeln, sagen könne, daß er diesem Gesetze gehorche, während man von jemand der dieses Gesetz praktisch mißachtet und handelt als ob ein solches Gesetz garnicht existire, sagen könne daß er demselben ungehorsam sei; wobei sie den Umstand übersehen, daß das, was sie so Ungehorsam gegen ein Naturgesetz nennen, in der That Gehorsam gegen ein anderes oder vielleicht gar gegen eben dieses Gesetz ist. Wenn z. B. jemand in ein Pulvermagazin geht, ohne die Explosionskraft des Pulvers zu kennen oder zu beachten, wird er eine Handlung begehen in

Folge deren er wahrscheinlich, in Gemäßheit eben des Gesetzes das er mißachtet hat, in Stücke zerrissen werden wird.

Wie viel von ihrer Autorität aber auch die Lehre des Naturam sequi ihrer Vermischung mit der rationellen Vorschrift des Naturam observare verdanken möge, so haben doch die Freunde und Förderer jener Doktrin unstreitig viel mehr dabei im Sinne als diese Vorschrift. Sich Kenntnisse von den Eigenschaften der Dinge erwerben und sich nach diesen Kenntnissen richten ist eine Regel der Klugheit in Bezug auf die Anpassung von Mitteln an Zwecke, um unsere Wünsche und Absichten, sie mögen bestehen worin sie wollen, zur Ausführung zu bringen. Aber die Maxime des Gehorsams gegen die Natur oder der Uebereinstimmung mit der Natur wird nicht als eine einfache Vorschrift der Klugheit sondern als ein ethischer Grundsatz von denjenigen aufgestellt, welche von dem jus naturae sogar als von einem Gesetze reden, welches sich dazu eigne von Gerichten angewendet und zwangsweise zur Ausführung gebracht zu werden. Richtiges Handeln muß etwas mehr und etwas anders bedeuten, als bloß intelligentes Handeln und doch kann keine über dieses letztere hinausgehende Vorschrift an das Wort „Natur" in der weitern und philosophischern seiner beiden Bedeutungen geknüpft werden. Wir müssen es daher in seiner andern Bedeutung zu nehmen suchen, derjenigen, in welcher „Natur" der „Kunst" gegenübergestellt wird und nicht den ganzen Kreis der Erscheinungen, welche sich unserer Beobachtung darbieten, sondern nur die unwillkürlichen unter diesen Erscheinungen umfaßt.

Sehen wir daher ob wir mit der vermeintlichen praktischen Maxime, welche uns anweist der Natur zu folgen, in dieser zweiten Bedeutung des Wortes, in welcher „Natur" das bezeichnet was ohne menschliche Mitwirkung stattfindet, einen Sinn verbinden können. Ist der spontane Verlauf der sich selbst überlassenen Dinge in der so aufgefaßten Natur die Regel, welche wir bei dem Versuche, Dinge unserm Gebrauche anzupassen befolgen sollen? Es leuchtet sofort ein, daß die Maxime in diesem Sinne nicht nur wie in dem andern Sinne überflüssig und nichtssagend, sondern ersichtlich absurd und mit sich selbst im Widerspruche ist. Denn während menschliches Handeln nicht umhin kann, sich nach der Natur in der einen Bedeutung des Wortes zu richten, ist es das eigentliche Ziel und der Zweck des Handelns die Natur im andern Sinne zu verändern und zu verbessern. Wenn der natürliche Verlauf der Dinge vollkommen gut und befriedigend wäre, so wäre das Handeln überhaupt nichts als eine überflüssige Einmischung. Oder wenn das Handeln überhaupt zu rechtfertigen wäre, so könnte das doch nur für ein unmittelbar unseren Instinkten folgendes Handeln gelten, insofern man diese vielleicht als einen Theil der spontanen Ordnung der Natur betrachten könnte; aber irgend etwas mit Vorbedacht und im Hinblick auf einen bestimmten Zweck zu thun, würde eine Verletzung jener vollkommenen Ordnung sein. Wenn das Künstliche nicht besser ist als das Natürliche, wozu dienen alle Künste des Lebens? Graben, Pflügen, Bauen, Kleider tragen sind alles direkte Uebertretungen des Gebotes, der Natur zu folgen.

Dem gegenüber würde jeder, selbst unter den, am meisten von den Gefühlen welche das Gebot veranlassen Beherrschten, behaupten, daß, das Gebot auf Fälle wie die eben erwähnten anwenden, es zu weit treiben heiße. Jedermann bekennt sich zu zustimmender Bewunderung vieler großer Triumphe der Kunst über die Natur: wie der Ueberbrückung von Strömen deren Ufer die Natur getrennt hatte, der Trockenlegung von Sümpfen, der Aufdeckung von Quellen, der Förderung dessen was die Natur in die Tiefen der Erde vergraben hat an das Tageslicht, der Abwendung ihrer Blitze durch Blitzableiter, ihrer Ueberschwemmungen durch Eindeichungen, ihrer Meeresfluthen durch Wellenbrecher. Aber solche und ähnliche Werke rühmen heißt anerkennen, daß die Natur überwunden, nicht befolgt werden muß, daß ihre Gewalten dem Menschen oft als Feinde gegenüber stehen, deren er sich, soviel er es vermag, zu seinen Zwecken durch Kraft und Geschicklichkeit entledigen muß und daß er Beifall verdient, wenn das was er vermag etwas mehr ist, als man von seiner körperlichen Schwäche im Vergleich mit jenen gigantischen Gewalten hätte erwarten dürfen. Alles Lob der Civilisation, der Kunst oder der Geschicklichkeit ist ebenso viel Tadel der Natur; ein Zugeständniß der Unvollkommenheit, an deren fortwährender Verbesserung und Milderung zu arbeiten die Aufgabe und das Verdienst des Menschen sind.

Das Bewußtsein, daß alles was der Mensch thut um seine Lage zu verbessern eben deshalb einen Tadel und eine Abweichung von der spontanen Ordnung der Dinge enthalte, hat zu allen Zeiten dahin geführt, daß neue und unerhörte Versuche der Verbesserung anfänglich allgemein mit einem religiösen Argwohne zu kämpfen hatten, der sie als jedenfalls unschmeichelhaft und sehr wahrscheinlich beleidigend für die mächtigen Wesen, (oder, nach Verdrängung des Polytheismus durch den Monotheismus, für das allmächtige Wesen) betrachtete, von denen man annahm, daß sie die mannigfaltigen Erscheinungen des Universums regierten und daß der Lauf der Natur der Ausdruck ihres Willens sei. Jeder Versuch Naturerscheinungen dem Menschen dienstbar zu machen mußte leicht als eine Einmischung in die Regierung jener höheren Wesen erscheinen und obgleich das Leben ohne fortwährende derartige Einmischungen nicht hätte erhalten, geschweige angenehm gemacht werden können, wurde doch jeder neue Versuch unzweifelhaft mit Furcht und Zittern gemacht, bis die Erfahrung die Menschen gelehrt hatte, daß man den Versuch wagen könne, ohne die Rache der Götter zu reizen. Der Scharfsinn der Priester gab ihnen ein Mittel an die Hand, die Straflosigkeit besonderer Uebertretungen mit der Aufrechterhaltung der allgemeinen Furcht vor Eingriffen in die göttliche Regierung in Einklang zu bringen. Das erreichten sie dadurch, daß sie jede wichtige menschliche Erfindung als ein Geschenk und eine Gunst eines Gottes darstellten. Die alten Religionen boten auch viele Wege dar die Götter zu befragen und ihre

ausdrückliche Erlaubniß für das zu erlangen, was sonst als ein
Eingriff in ihre Vorrechte erschienen sein würde. Als die
Orakel aufgehört hatten boten alle Religionen, welche die Offen=
barung anerkannten, Auskunftsmittel zu demselben Zweck. Die
katholische Religion hatte das Mittel einer unfehlbaren Kirche,
welche autorisirt war zu erklären, in wie weit menschliche Ein=
griffe in den Lauf der Natur erlaubt oder verboten seien und
in Ermanglung dessen ließen sich in jedem einzelnen Falle
Argumente aus der Bibel dafür entnehmen, ob irgend eine be=
sondere Praxis ausdrücklich oder implicite sanktionirt worden
sei. Die Vorstellung dauerte fort, daß diese Freiheit der Ein=
mischung in die Natur dem Menschen nur vermöge einer be=
sondern Erlaubniß und soweit es für seine Bedürfnisse erfor=
derlich sei, zustehe und es bestand immer eine, wenn auch ab=
nehmende Tendenz, jeden Versuch, die Natur über einen gewissen
Grad und eine gewisse erlaubte Sphäre hinaus zu beherrschen,
als ein gottloses Bemühen, sich göttliche Macht anzumaßen und
mehr zu wagen als dem Menschen gestattet sei, zu betrachten.
Die Verse des Horaz in welchen die wohlbekannten Künste des
Schiffbaues und der Schifffahrt als vetitum nefas verworfen
werden, deuten darauf hin, daß selbst in jener skeptischen Zeit
eine noch nicht erschöpfte Ader dieser alten Anschauung floß.
Die Intensität der entsprechenden Anschauungen im Mittelalter
bietet wegen des damit verknüpften Aberglaubens in Betreff des
Verkehrs mit bösen Geistern keine ganz zutreffende Parallele;
aber die Anklage eines vorwitzigen Eindringens in die Geheim=
nisse des Allmächtigen blieb lange eine mächtige Angriffswaffe
gegen unpopuläre Naturforscher und der Beschuldigung eines
anmaßenden Versuches den Plänen der Vorsehung entgegen zu ar=
beiten wohnt noch jetzt so viel von ihrer ursprünglichen Kraft
inne, daß sie regelmäßig zu anderen Einwendungen mit in den
Kauf gegeben wird, so oft es sich darum handelt eine neue
Kundgebung menschlicher Voraussicht und Erfindungsgabe als
tadelnswerth hinzustellen. Zwar behauptet niemand mehr, daß

nach der Absicht des Schöpfers der ursprüngliche Zustand der
Schöpfung überhaupt nicht, oder auch nur, daß er nicht auf
eine bisher noch nicht versuchte Weise verändert werden solle;
aber noch immer erhält sich die unklare Vorstellung, daß, so
angemessen es auch sein möge eine oder die andere Naturer=
scheinung zu beherrschen, der allgemeine Plan der Natur ein
nachahmungswerthes Muster für uns sei, daß wir uns, mit
mehr oder weniger Freiheit im Einzelnen, im Ganzen von dem,
den Schöpfungen der Natur innewohnenden Geiste leiten lassen
sollten, daß sie Gottes Werke und als solche vollkommen seien,
daß der Mensch ihre tadellose Vorzüglichkeit nicht von fern er=
reichen und seine Geschicklichkeit und pietätvolle Gesinnung nicht
besser an den Tag legen könne, als indem er sich bestrebe, wenn
auch in noch so unvollkommener Weise etwas diesen Schöpfungen
ähnliches hervorzubringen und daß, wenn nicht der ganze ur=
sprüngliche Zustand der Schöpfung, so doch einige besondere
Theile desselben, (die je nach der Vorliebe des Behauptenden
verschieden bestimmt werden) in einem ganz besondern Sinne
Kundgebungen des Willens des Schöpfers seien — eine Art
von Wegweisern auf denen die Richtung angegeben sei, welche
die Dinge im allgemeinen und daher auch unsere freiwilligen
Handlungen zu nehmen bestimmt seien. Gefühle dieser Art,
werden zwar im gewöhnlichen Laufe der Dinge durch die ent=
gegenstehende Strömung des Lebens zurückgedrängt, brechen aber
rasch hervor, so oft die Sitte schweigt — so oft den angeborenen
Eingebungen des Gemüthes nur die Vernunft gegenüber steht und
fortwährend an diese Eingebungen von Rhetoren mit der Wir=
kung appellirt wird, daß sie, wenn auch nicht ihre Gegner über=
zeugen, doch wenigstens diejenigen, welche bereits der von den
Rhetoren vertretenen Ansicht anhängen, noch tiefer mit der Ueber=
zeugung ihrer Richtigkeit durchdringen. Denn heutzutage kommt
es wohl selten vor, daß jemand sich dadurch zu einer Handlungs=
weise bestimmen läßt, daß sie ihm eine Analogie mit der gött=
lichen Weltregierung zu bieten scheint, wenn ihm auch dieses

Argument zu Gunsten von etwas, mit dem er sich schon von vornherein einverstanden zu erklären geneigt ist, großen Eindruck macht und von ihm als eine mächtige Unterstützung seiner Ansicht empfunden wird.

Wenn aber diese Vorstellung von der Nachahmungswürdigkeit der Wege der Vorsehung wie sie sich in der Natur manifestiren, selten gradezu als Grundsatz verkündet wird, so wird derselben doch ebenso selten direkt widersprochen. Diejenigen welchen diese Vorstellung in den Weg tritt ziehen es vor das Hinderniß nicht anzugreifen sondern zu umschiffen; oft sind sie selbst von der fraglichen Anschauung nicht frei und unter allen Umständen fürchten sie, sich der Anklage der Gottlosigkeit dadurch auszusetzen, daß sie etwas sagen was für eine Verkleinerung der Werke des Allmächtigen gelten könnte. Meistentheils versuchen sie es daher lieber nachzuweisen, daß ihnen ebenso viele der Religion entnommene Argumente zu Gebote stehen wie ihren Gegnern und daß, wenn die von ihnen vertretene Auffassung nach einer Richtung hin mit den Wegen der Vorsehung in Conflikt zu gerathen scheine, sie nach einer andern Richtung hin den Wegen der Vorsehung besser entspreche als die von der andern Seite verfochtene Ansicht. Durch diese Art die großen a priori-Trugschlüsse zu behandeln beseitigt der Fortschritt besondere Irrthümer, während die Ursachen der Irrthümer noch bestehen bleiben und durch jeden Conflikt nur eine sehr geringe Schwächung erfahren. Aber doch häufen sich durch eine lange Reihe solcher theilweisen Siege die Präzedenzfälle, auf welche man sich jenen mächtigen Vorurtheilen gegenüber mit der wachsenden Hoffnung wird berufen dürfen, daß die unberechtigte Anschauung, nachdem sie so oft zu weichen gelernt hat, sich eines Tages zu einer bedingungslosen Ergebung genöthigt sehen werde.

Denn wie anstößig diese Ansicht auch vielen religiösen Personen erscheinen mag, so dürften doch auch diese sich der unleugbaren Thatsache nicht verschließen, daß die Ordnung der

Natur soweit der Mensch sie nicht modifizirt hat, eine derartige ist, wie kein Wesen, zu dessen Eigenschaften Gerechtigkeit und Wohlwollen gehören, sie mit der Absicht geschaffen haben würde, daß sie seinen vernünftigen Geschöpfen als Vorbild dienen solle. Wenn sie ganz von einem solchen Wesen und nicht theilweise von Wesen mit völlig anderen Eigenschaften geschaffen wäre, könnte das nur mit der bestimmten Absicht geschehen sein, ein unvollkommenes Werk zu schaffen, welches der Mensch in seiner beschränkten Sphäre zu vervollkommnen und damit Gerechtigkeit und Wohlwollen zu üben habe. Die besten Menschen haben das eigentliche Wesen der Religion stets darin erblickt, daß es die höchste Pflicht des Menschen auf Erden sei, sich zu vervollkommnen. Aber mit Ausnahme mönchischer Quietisten haben alle dieser Pflicht in ihrem innersten Herzen noch die fernere Pflicht hinzugefügt (wiewohl sie sie selten mit derselben Bestimmtheit aussprechen) die Welt zu vervollkommnen und zwar nicht nur so weit die Menschen zu dieser Welt gehören, sondern auch die materielle Welt, die physische Natur.

Bei der Betrachtung dieses Gegenstandes müssen wir uns nothwendiger Weise zunächst gewisser Vorbegriffe entledigen, welche man mit Recht als natürliche Vorurtheile bezeichnen kann, indem sie auf Gefühlen beruhen, welche, an und für sich natürlich und unvermeidlich, sich in Betrachtungen eindrängen, mit denen sie nichts zu thun haben sollten. Eines dieser Gefühle ist das sich zu ehrfurchtsvoller Scheu erhebende Staunen, welches uns unabhängig von allen religiösen Gefühlen alle größeren Naturerscheinungen einflößen. Ein Orkan, ein Bergsturz, die Wüste, der bewegte oder ruhige Ocean, das Sonnensystem und die großen kosmischen Kräfte welche es zusammenhalten, das unbegrenzte Firmament und für jeden gebildeten Geist jeder einzelne Stern, erwecken Gefühle welche alle menschlichen Unternehmungen und Kräfte so unbedeutend erscheinen lassen, daß es einem von solchen Eindrücken beherrschten Geiste wie eine unerträgliche Anmaßung vorkommt, wenn ein so unbedeutendes Wesen wie der Mensch Dinge die ihn so weit überragen kritisch betrachten, oder es wagen will sich mit der Größe des Universums zu messen. Aber eine etwas genauere Prüfung unseres eigenen Bewußtseins wird hinreichen uns zu überzeugen, daß, was diese Erscheinungen so gewaltig auf uns wirken läßt, einfach ihre Großartigkeit ist. Die ungeheure Ausdehnung in Raum und Zeit, und die ungeheure Gewalt die sie uns vor die Seele führen bildet ihre Erhabenheit, ein Gefühl das unter allen Umständen dem Schrecken näher verwandt ist, als einer sittlichen Regung. Und obgleich die Großartigkeit dieser Naturerscheinungen wohl Staunen erregen kann und jedem Gedanken an eine Nachahmung Hohn spricht, so ist doch die durch dieselben in uns erweckte Empfindung grundverschieden von dem Gefühl der Bewunderung für etwas Vortreffliches. Diejenigen bei welchen ehrfurchtsvolle Scheu Bewunderung hervorruft, mögen ästhetisch gebildet sein, sind aber sittlich ungebildet. Es gehört zu den Eigenthümlichkeiten des die Phantasie bildenden Theiles unserer geistigen Natur, daß die lebhafte Vergegenwärtigung von Vorstellungen der Größe und Macht ein Gefühl hervorruft, welches wir, obgleich es in seinen höheren Graden an Pein grenzt, den meisten Freuden vorziehen. Aber wir erfahren an uns diese Empfindung ebensowohl verderblichen Kräften gegenüber und diese Empfindung macht sich in uns den meisten Kräften des Universums gegenüber in dem Maße stärker geltend, wie wir ein deutlicheres Bewußtsein von ihrer Fähigkeit, Uebel über uns zu verhängen, haben. Es würde ein großer Irrthum sein, wollten wir daraus daß diese Naturkräfte das, worin wir es ihnen nicht nachzuthun vermögen, ungeheure Macht, besitzen und uns durch diese eine Eigenschaft mit starrer Ehrfurcht erfüllen, den Schluß ziehen, daß ihre übrigen Eigenschaften uns nachahmungswerth erscheinen müßten, oder daß es gerechtfertigt wäre, wenn wir mit unseren kleinen Kräften dem Beispiele folgen wollten, welches uns die Natur mit ihren ungeheuren Kräften giebt.

Denn, wie steht es damit? Die Eigenschaft dieser kosmischen Kräfte, welche nächst ihrer Größe jeden der feine Augen nicht dagegen verschließt am stärksten frappiren muß, ist ihre absolute Rücksichtslosigkeit. Sie gehen grade auf ihren Zweck los, ohne darauf zu achten was oder wen sie auf ihrem Wege zermalmen. Die Optimisten sehen sich bei ihren Versuchen zu beweisen daß: „alles was ist, gut sei", zu der Behauptung genöthigt, nicht daß die Natur je einen Schritt von ihrem Wege abweiche, um es zu vermeiden uns vernichtend nieder zu werfen, sondern daß es sehr unvernünftig von uns sein würde das von ihr zu erwarten. Pope's: „Soll die Schwerkraft nicht wirken weil Du vorüber gehst?" kann als eine gebührende Zurechtweisung aller derer gelten, die so unverständig sein möchten gewöhnliche menschliche Sittlichkeit von der Natur zu erwarten? Aber wenn es sich um das Verhältniß zweier Menschen zueinander, anstatt um das eines Menschen zu einer Naturerscheinung handelte, so würde man Pope's triumphirende Apostrophe als eine starke Unverschämtheit betrachten. Ein Mensch der dabei beharren würde Steine zu schleudern oder eine Kanone abzufeuern, während ein anderer Mensch vorüber ginge, und der, nachdem er diesen Menschen getödtet hätte, sich einer ähnlichen Einrede zum Nachweise seiner Schuldlosigkeit bedienen wollte, würde sehr verdientermaßen eines Mordes schuldig befunden werden.

Um es mit nackten Worten zu sagen: fast alles was den Menschen, wenn sie es einander thun, den Tod durch den Strang oder Gefängniß zuzieht, thut die Natur alle Tage. Das was menschliche Gesetze als die verbrecherischste Handlung betrachten, das Tödten, übt die Natur einmal an jedem lebenden Wesen und zwar in einer großen Reihe von Fällen nach langen Qualen, wie sie nur die ärgsten menschlichen Ungeheuer von denen wir lesen jemals absichtlich ihren lebenden Mitmenschen zufügten. Wenn wir nach einer willkürlichen Begriffsbestimmung nur das als Mord gelten lassen wollen, was eine gewisse, dem menschlichen Leben vermeintlich gewährte Frist abkürzt, so verübt die Natur

auch das an den überwiegend meisten lebenden Wesen und zwar
auf alle die gewaltsamen und hinterlistigen Arten, welche die
schlechtesten Menschen anwenden um sich einander das Leben zu
nehmen. Die Natur pfählt Menschen, zermalmt sie wie wenn sie
auf's Rad geflochten wären, wirft sie wilden Thieren zur Beute
vor, verbrennt sie, steinigt sie wie die ersten christlichen Märtyrer,
giebt sie dem Hungertode preis, läßt sie erfrieren, tödtet sie
durch das rasche oder langsame Gift ihrer Ausdünstungen und
hat noch hundert andere scheußliche Todesarten in Reserve, wie
sie die erfinderische Grausamkeit eines Nabis oder Domitian
nicht ärger zu ersinnen vermocht hat. Alles das thut die Natur
mit der hochmüthigsten Mißachtung alles Erbarmens und aller
Gerechtigkeit, indem sie ihre Pfeile, und zwar unterschiedslos
auf die Edelsten und Besten wie auf die Schlechtesten und Ge=
meinsten — auf die welche die reinsten und erhabensten Zwecke
erstreben, oft in Folge ihrer edelsten Handluugen und wie
es fast scheinen könnte als Strafe für diese, entsendet. Sie
tödtet diejenigen von deren Leben das Wohlergehen eines
ganzen Volkes, vielleicht die Aussichten der Menschheit auf
Generationen hinaus abhängen, mit ebenso wenig Bedenken,
wie diejenigen, deren Tod eine Erlösung für sie selbst, oder
ein Segen für die ist, welche unter ihrem schädlichen Einflusse
stehen. So verfährt die Natur mit dem Leben. Selbst wo
sie nicht zu tödten beabsichtigt, verhängt sie mit offenbarem
Muthwillen dieselben Qualen. In der plumpen Vorsorge,
welche sie für die beständige Erneuerung des animalischen
Lebens getroffen hat, und welche durch die kurze, von ihr in
jedem einzelnen Falle demselben gesteckte Frist nothwendig wird,
läßt sie nie ein menschliches Wesen zur Welt kommen, ohne
daß ein anderes menschliches Wesen auf Tage oder Stunden
buchstäblich auf die Folter gespannt und nicht selten dem Tode
preisgegeben wird. Dem Tödten zunächst (nach einer hohen
Autorität demselben gleich) steht das Rauben der Mittel durch
welche wir leben. Auch das thut die Natur im größten Umfange.

Ein einziger Orkan zerstört die Hoffnungen eines Jahres. Ein Heuschreckenschwarm oder eine Ueberschwemmung verheert eine Gegend; eine geringfügige chemische Veränderung einer eßbaren Wurzel bereitet einer Million Menschen den Hungertod. Die Wellen des Meeres ergreifen und eigenen sich wie Banditen die Schätze des Reichen und die geringe Habe des Armen an und fügen diesem Raube dieselbe Enblößung, Verwundung und Tödtung hinzu wie ihre menschlichen Antitypen. Kurz, alles, was die schlechtesten Menschen gegen Leben oder Eigenthum begehen, verüben Naturkräfte im weitesten Maße. Die Natur hat schlimmere Noyaden als die Carrier's, ihre Explosionen wirken so zerstörend wie Kanonen; ihre Pest und Cholera übertreffen an verderblicher Wirkung weit die Giftbecher der Borgias. Selbst die Liebe zur „Ordnung", in welcher man eine Befolgung der Wege der Natur zu erblicken glaubt, steht in Wahrheit in gradem Widerspruche zu denselben. Alles, wogegen sich die Menschen als gegen „Unordnung" verwahren mit seinen Folgen, ist gerade ein Abbild der Wege der Natur. Anarchie und Schreckensherrschaft werden von einem Orkane und einer Pest an Ungerechtigkeit, an Tod und Verwüstung weit übertroffen.

Aber man behauptet, alle diese Dinge hätten gute und weise Zwecke. Hier muß ich zunächst bemerken, daß die Frage, ob diese Zwecke gut oder schlecht seien, garnicht zur Sache gehört. Angenommen es sei wahr, daß, allem Anscheine entgegen, diese Greuel, wenn sie von der Natur verübt werden, zur Förderung guter Zwecke dienen, so kann doch, da niemand glaubt daß wir bei Befolgung des Beispieles gute Zwecke förderen würden, der Lauf der Natur für uns kein zur Nachahmung geeignetes Vorbild sein. Entweder ist es recht, daß wir tödten, weil die Natur tödtet, martern, weil die Natur martert, verwüsten, weil die Natur es thut, oder wir haben bei unseren Handlungen überhaupt nicht danach zu fragen, was die Natur thut, sondern nur danach, was zu thun recht ist. Wenn es überall eine reductio ad absurdum giebt, so liegt hier gewiß eine vor. Wenn es ein genügender Grund ist, eine Sache zu thun, weil die Natur sie thut, warum soll dieser Grund bei einer andern Sache nicht ausreichen? Wenn wir die Natur nicht in allem nachahmen sollen, warum in irgend etwas? Da die physische Weltregierung voll von Dingen ist, welche, wenn sie von Menschen begangen werden für die größten Ungeheuerlichkeiten gelten, so kann es keine religiöse oder sittliche Pflicht für uns sein, unsere Handlungen nach Analogien des Laufes der Natur zu regeln. Dieser Satz bleibt wahr, welche verborgene Kraft Gutes hervorzubringen auch immer jenen Kundgebungen, die für unsere Wahrnehmung höchst schädlich sind und die künstlich hervorzubringen niemand für etwas anders als für ein Verbrechen hält, der Natur inne wohnen mag.

Aber in Wahrheit glaubt niemand an eine solche verborgene Kraft. Die Redensarten, welche dem Wirken der Natur Vollkommenheit zuschreiben, können nur als die Uebertreibung einer poetischen oder frommen Empfindung gelten, die nicht mit der Absicht ausgesprochen werden, eine nüchterne Prüfung zu bestehen. Niemand, er sei religiös oder irreligiös, glaubt, daß die verderblichen Kräfte der Natur, als Ganzes betrachtet, in anderer Weise gute Zwecke fördern, als indem sie vernünftige menschliche Geschöpfe anreizen diese Wirkungen zu bekämpfen. Wenn wir glaubten, daß jene Kräfte von einer gütigen Vorsehung als ein Mittel in Bewegung gesetzt würden, weise Zwecke zu erfüllen, die ohne jene Mittel nicht erreicht werden könnten, müßte alles, was von der Menschheit geschieht, um diese Naturkräfte zu bändigen, oder ihre schädlichen Wirkungen zu beschränken, vom Austrocknen eines, pestilenzialische Dünste verbreitenden Sumpfes bis zum Kuriren des Zahnwehes oder dem Aufspannen eines Regenschirmes für gottlos gelten, wofür es doch sicherlich, wenn auch eine dahin neigende Empfindung gelegentlich mit unterläuft, niemand hält. Im Gegentheil, die Verbesserungen, auf welche der civilisirte Theil der Menschheit am stolzesten ist, bestehen in der immer erfolgreichern Abwehr jener Naturkräfte, welche wir, wenn wir wirklich glaubten was die meisten Menschen zu glauben behaupten, als von einem weisen Wesen für unser irdisches Dasein bestimmte Heilmittel verehren müßten. Und da jede Generation ihre Vorgängerin in Betreff der Masse von Uebeln, von denen es ihr gelingt die Menschheit zu befreien, weit übertrifft, so müßten wir, wenn jene Theorie wahr wäre, uns jetzt in einem namenlos unglücklichen Zustande befinden, gegen welchen die physischen Uebel, welche zu bemeistern wir gelernt haben, früher als ein Präservativ gedient hätten. Wer aber handeln wollte, als ob er glaube, daß das wirklich der Fall sei, würde, glaube ich, mehr Aussicht haben als Verrückter eingesperrt, denn als Heiliger verehrt zu werden.

Es ist unstreitig etwas sehr gewöhnliches, daß Gutes aus Bösem entstehet, und so oft das geschieht, ist es viel zu angenehm, als daß nicht die Menschen beflissen sein sollten, sich in Betrachtungen darüber zu ergehen. Aber erstens kommt das ebenso oft bei menschlichen Verbrechen wie bei verderblichen Naturereignissen vor. Der Brand von London, dem man eine so heilsame Wirkung auf die Gesundheit der Stadt zuschreibt, würde diese Wirkung ganz ebenso gut geübt haben, wenn er wirklich das Werk des „furor papisticus" gewesen wäre, von welchem so lange auf dem Denkmal zu lesen war. Der Tod derjenigen, welche Tyrannen oder Verfolger zu Märtyrern einer edlen Sache gemacht haben, hat der Menschheit Dienste geleistet, welche ihr nicht zu Gute gekommen sein würden, wenn jene Märtyrer in Folge eines Unglücksfalles oder einer Krankheit gestorben wären. Aber welche zufällige und unerwartete Wohlthaten auch durch Verbrechen herbeigeführt werden mögen, so sind sie doch darum nicht weniger Verbrechen. Zweitens, kommt, wenn Gutes oft aus Bösem entstehet, das Umgekehrte, daß Böses aus Gutem entstehet, ganz ebenso häufig vor. Jedem Ereignisse des öffentlichen oder Privatlebens, welches, bei seinem

Eintritte beklagt, später wegen einer unvorhergesehenen guten Folge für providentiell erklärt wurde, könnte man ein anderes Ereigniß gegenüber stellen, welches, bei seinem Eintritte freudig begrüßt, sich später als unheilbringend oder verhängnißvoll für diejenigen erwies, für welche es eine Wohlthat zu sein geschienen hatte. Solche Gegensätze des Anfanges und des Endes oder des Ereignisses und des Ausganges der daran geknüpften Erwartungen sind ebenso häufig und werden ebenso oft als bemerkenswerth hervorgehoben bei traurigen Fällen wie bei angenehmen; aber es besteht nicht dieselbe Neigung zum Generalisiren in beiden Fällen; oder wenigstens werden sie von den Menschen der modernen Zeit nicht wie von den Alten gleicherweise als ein Anzeichen der göttlichen Absichten betrachtet. Die Menschen thun sich selbst ein Genüge durch das Moralisiren über die Unvollkommenheit unserer Voraussicht, die Unsicherheit der Ereignisse und die Eitelkeit menschlicher Erwartungen. Die Sache ist einfach die: die menschlichen Interessen sind so komplizirt und die Wirkungen jedes Vorfalles so zahlreich, daß, wenn der Vorfall die Menschheit überhaupt berührt, sein Einfluß auf sie in den überwiegend meisten Fällen sowohl gut wie schlecht ist. Wenn die größere Zahl persönlicher Unglücksfälle ihr Gutes hat, so ist doch auch wohl kaum je einem etwas Glückliches widerfahren, das nicht ihm oder einem anderen zu einem Bedauern Veranlassung gegeben hätte, und unglücklicherweise giebt es viele so überwältigende Unglücksfälle, daß ihre gute Seite, wenn sie überall vorhanden ist, ganz in den Schatten gestellt wird und bedeutungslos erscheint, während sich das bei Glücksfällen selten entsprechend verhält. Auch hängen die Wirkungen jeder Ursache so sehr von den Umständen ab, welche dieselbe zufällig begleiten, daß sicherlich viele Fälle vorkommen, bei welchen sogar das Gesammtresultat den berechtigtsten Erwartungen nicht entspricht: Und so hat nicht nur das Gute seine schlechte und das Schlechte seine gute Seite, sondern das Gute bewirkt oft überwiegend Böses und das Böse oft überwiegend Gutes. Das ist jedoch

keineswegs die allgemeine Tendenz beider Erscheinungen. Im
Gegentheil, beides, Gutes und Böses, hat die natürliche Tendenz,
ein jedes sich in seiner Weise fruchtbar zu erweisen, indem
Gutes Gutes und Böses Böses hervorbringt. Es ist eine der
allgemeinen Regeln der Natur und ein Theil ihrer gewöhnlichen
Ungerechtigkeit, daß dem, der hat, gegeben, dem aber, der nicht
hat, selbst das was er hat genommen wird. Die gewöhnliche
und vorherrschende Tendenz des Guten ist, noch mehr Gutes
hervorzubringen. Gesundheit, Stärke, Reichthum, Wissen, Tu=
gend sind nicht nur an und für sich gut, sondern erleichtern
und befördern den Erwerb von fernerm Guten, sowohl der
gleichen als auch anderer Art. Leicht lernen kann der, der bereits
viel weiß; der Starke, nicht der Kränkliche, kann alles thun
was der Gesundheit besonders förderlich ist. Die Reichen, nicht
die Armen, finden es leicht, Geld zu verdienen, während Ge=
sundheit, Stärke, Kenntniß und Talente alles Mittel sind, sich
Reichthum zu erwerben und Reichthum oft ein unerläßliches
Mittel ist, dieser Dinge theilhaftig zu werden. Und ebenso
umgekehrt, was man auch von dem Bösen, das sich in Gutes
verkehrt, sagen mag, die allgemeine Tendenz des Bösen ist
ferner Böses hervorzubringen. Körperliche Krankheit macht den
Körper empfänglicher für Krankheiten; sie bewirkt die Unmög=
lichkeit körperlicher Bewegung, bisweilen Geistesschwäche und
oft den Verlust der Subsistenzmittel. Jeder heftige körperliche
oder geistige Schmerz hat die Tendenz, die Empfindlichkeit
gegen Schmerz für alle spätere Zeit zu steigern. Armuth ist
die Mutter unzähliger geistiger und sittlicher Uebel und was
noch schlimmer ist, die Gewohnheit sich gekränkt und unterdrückt
zu sehen wirkt erniedrigend auf den ganzen Charakter. Eine
schlechte Handlung führt zu anderen sowohl bei dem Thäter
und den Zuschauern, als auch bei denen, die zunächst von den
Wirkungen der That betroffen werden. Alle schlechten Eigen=
schaften nehmen durch Gewohnheit zu und alle Laster und
Thorheiten haben die Tendenz sich zu verbreiten. Geistige

Mängel erzeugen sittliche Mängel und umgekehrt und jeder geistige oder sittliche Mangel erzeugt andere und so fort ohne Ende.

Jene vielbelobte Klasse von Autoren, die Schriftsteller über natürliche Theologie, haben, ich wage es zu behaupten, ihr Ziel ganz verfehlt und haben sich die einzige Art von Argumenten entgehen lassen, welche ihre Spekulationen für jemand, der den Widerspruch zweier Behauptungen zu erkennen vermag, hätten annehmbar machen können. Sie haben die ganze Sophistik erschöpft, um es plausibel zu machen, daß alle Leiden in der Welt existiren, nur um größere zu verhindern, — daß Elend bestehe aus Furcht, es könne Elend entstehen —, ein Satz, der, wenn auch noch so geschickt verfochten, doch nur dazu führen könnte, die Werke beschränkter Wesen, welche sich, von ihrem eigenen Willen unabhängigen Bedingungen zu unterwerfen genöthigt sind, zu erklären und zu rechtfertigen, aber keine Anwendung finden kann auf einen Schöpfer, von dem angenommen wird, daß er allmächtig sei, der, wenn er sich einer vermeintlichen Nothwendigkeit beugt, diese Nothwendigkeit selbst schafft. Wenn der Schöpfer der Welt alles kann was er will, so will er das Elend; diesem Schlusse ist nicht zu entgehen. Die Consequenteren unter denen die sich berufen geglaubt haben, die Wege Gottes den Menschen gegenüber zu rechtfertigen, haben es versucht, die Alternative dadurch zu umgehen, daß sie ihr Herz verhärtet und geleugnet haben, daß das Elend ein Uebel sei. Die Güte Gottes, sagen sie, besteht nicht darin, daß er das Glück seiner Geschöpfe, sondern daß er ihre Tugend will und das Universum ist, wenn auch kein glückliches, doch ein gerechtes Universum. Aber wenn man die Einwendungen gegen dieses System der Ethik erwägt, so findet man, daß die vorhandene Schwierigkeit durch dasselbe keineswegs gehoben wird. Wenn der Schöpfer der Menschheit gewollt hat, daß alle Menschen tugendhaft seien, so sind seine Absichten ebenso vollständig vereitelt, wie wenn er gewollt hätte, daß sie alle glücklich seien.

Denn die Ordnung der Natur zeugt von noch weniger Rücksicht auf die Erfordernisse der Gerechtigkeit, als auf die einer wohlwollenden Gesinnung. Wenn das Gesetz der ganzen Schöpfung Gerechtigkeit und der Schöpfer allmächtig wäre, dann müßte, in welchem Umfange auch immer Leiden und Glück der Welt beschieden sein möchten, doch der Antheil jedes Einzelnen daran seinen guten oder bösen Handlungen genau entsprechen. Kein Mensch würde, ohne daß sein Verdienst geringer wäre, ein schlimmeres Loos haben, als ein anderer. Zufall oder Günstlingswirthschaft würden in einer solchen Welt keine Stätte finden, sondern in jedem menschlichen Leben würde sich ein vollkommen moralisches Drama abspielen. Niemand kann sich gegen die Thatsache verschließen, daß die Welt, in der wir leben, einer solchen Welt nicht im mindesten ähnlich sieht. Das ist so wenig der Fall, daß die Nothwendigkeit, das Gleichgewicht wieder herzustellen, immer als eines der stärksten Argumente für ein Leben nach dem Tode gegolten hat, was dem Zugeständnisse gleichkommt, daß die Ordnung der Dinge in diesem Leben oft ein Bild der Ungerechtigkeit, nicht der Gerechtigkeit ist. Wenn behauptet wird, daß Gott Vergnügen und Schmerz zu gering achte, um sie zu Mitteln der Belohnung und der Strafe für die Guten und die Bösen zu machen, sondern daß Tugend und Laster an und für sich das höchste Gut und das größte Uebel seien, so müßten doch wenigstens Tugend und Laster unter alle, nach dem Maße ihrer Verdienste gleich vertheilt sein. Statt dessen finden wir die Massen durch das Verhängniß ihrer Geburt, durch die Schuld ihrer Eltern, der Gesellschaft oder unabwendbarer Umstände, sicherlich aber nicht durch ihre eigene Schuld, mit jeder Art sittlicher Verderbtheit behaftet. Selbst der verschrobensten und verrenktesten Theorie des Guten, welche religiöser oder philosophischer Fanatismus je ausgeklügelt hat, kann es nicht gelingen, das Walten der Natur so darzustellen, daß es als Ausfluß der Güte und Allmacht eines höchsten Wesens erscheine.

Die einzige sittlich zulässige Theorie der Schöpfung ist, daß das göttliche Prinzip die Gewalt des physischen oder sittlichen Bösen nicht sofort und gänzlich bezwingen, daß es die Menschheit nicht in eine Welt versetzen konnte, wo sie der Nothwendigkeit eines unabläßlichen Kampfes mit den bösen Mächten überhoben gewesen wäre, sie aber fähig machen konnte und gemacht hat, den Kampf kräftig und mit zunehmendem Erfolge zu führen. Von allen religiösen Erklärungen der Ordnung der Natur, ist diese allein weder mit sich selbst noch mit den Thatsachen, die sie zu erklären versucht, im Widerspruche. Ihr gemäß würde die Pflicht des Menschen darin bestehen, nicht einfach sein eigenes Interesse durch den Gehorsam gegen eine unwiderstehliche Macht wahrzunehmen, sondern als ein nicht unwirksamer Helfer einem vollkommen wohlwollenden Wesen gegenüber zu stehen, ein Glaube, der viel besser geeignet scheint, ihn im Gebrauch seiner Kräfte zu stärken, als ein unbestimmtes und inconsequentes Vertrauen auf einen Urheber des Guten, der zugleich für den Urheber des Bösen gilt. Und ich wage zu behaupten, daß das in der That, wenn auch oft unbewußt, der Glaube Aller gewesen ist, welche Kraft und würdige Unterstützung aus dem Vertrauen auf eine allwaltende Vorsehung geschöpft haben. Es giebt keinen Gegenstand, in Betreff dessen der praktische Glaube der Menschen durch die Worte, mit denen sie demselben Ausdruck geben, ungenauer wiedergegeben wird, als die Religion. Viele haben ein unwürdiges Vertrauen aus der Einbildung geschöpft, daß sie die Lieblinge einer allmächtigen, aber launenhaften und despotischen Gottheit seien. Aber diejenigen, die sich durch das Vertrauen auf die theilnehmende Unterstützung eines mächtigen und guten Lenkers der Welt im Guten bestärkt fühlten, haben, davon bin ich überzeugt, niemals wirklich geglaubt, daß dieser Lenker im strengen Sinne des Wortes allmächtig sei. Sie haben immer seine Güte auf Kosten seiner Macht gerettet. Sie haben vielleicht geglaubt, daß er, wenn er wollte, ihren besondern Lebensweg von allen Sorgen befreien könnte, aber nicht, ohne einem andern größeres Leid zuzufügen, oder ohne einen Zweck von größerer Wichtigkeit für die allgemeine Wohlfahrt zu vereiteln. Sie haben geglaubt, daß er jedes einzelne, aber nicht jede Combination von Dingen vollführen könne, daß seine Regierung, wie eine menschliche Regierung ein System von Anordnungen und Compromissen, und daß die Welt, seiner Absicht entgegen, unvermeidlich unvollkommen sei.\*) Und da die Ausübung seiner ganzen Macht, die Welt so wenig unvollkommen wie möglich zu machen, dieselbe nicht besser macht als sie ist, können sie diese, wenn auch die menschliche Schätzung weit überragende Macht, doch nur als an und für sich nicht nur begrenzt, sondern außerordentlich beschränkt betrachten. Sie sind z. B. verpflichtet anzunehmen, daß das Beste, was er für seine menschlichen Geschöpfe zu thun vermochte, darin bestand, daß er die ungeheure Mehrheit aller derer, die bis jetzt existirt haben, ohne ihre Schuld als Patagonier oder Esquimos oder etwas dem an Brutalität und Entwürdigung ähnliches, hat geboren werden lassen, ihnen aber Fähigkeiten verliehen hat, welche, viele Jahrhunderte hindurch in Arbeit und Leiden entwickelt, und nachdem viele der

---

\*) Diese unabweisbare Ueberzeugung macht sich in den Schriften der Religionsphilosophen genau in dem Verhältniß der Klarheit ihres Verständnisses geltend. Dieselbe tritt nirgends so deutlich hervor, wie in Leibnitz' berühmter Theodicee, die man so seltsam mißverständlich für ein optimistisches Werk gehalten, und über welche Voltaire satirische Bemerkungen auf Gründe hin gemacht hat, welche den Gedankengang des Verfassers nicht einmal berühren. Leibnitz behauptet nicht, daß diese Welt die beste aller erdenklichen Welten, sondern nur daß sie die beste aller möglichen Welten sei, was, argumentirt er, nicht anders sein kann, da Gott, der die absolute Güte ist, diese und nicht eine andere Welt gewählt hat. Auf jeder Seite des Werkes nimmt er stillschweigend eine von der göttlichen Macht unabhängige abstrakte Möglichkeit und Unmöglichkeit an und obgleich seine Frömmigkeit ihn diese Macht noch immer als Allmacht bezeichnen läßt, erklärt er doch diesen Ausdruck so, daß darunter eine Macht zu verstehen sei, welche sich auf alles das erstreckt, was innerhalb der Grenzen jener abstrakten Möglichkeit liegt.

Besten ihres Geschlechtes ihr Leben für diesen Zweck geopfert hatten, endlich eine Anzahl von Auserwählten der Gattung in den Stand gesetzt haben, etwas Besseres zu werden, das wieder im Stande sein wird, sich in ferneren Jahrhunderten zu etwas wirklich Gutem zu vervollkommnen, wie es bisher nur in einzelnen Individuen verkörpert gewesen ist. Es mag möglich sein mit Plato zu glauben, daß vollkommene, durch die spröde Zähigkeit des Stoffes nach jeder Richtung hin beschränkte und behinderte Güte das so gemacht habe, weil sie es besser zu machen nicht im Stande war. Aber anzunehmen, daß dasselbe vollkommen weise gute Wesen absolute Gewalt über die Materie habe und sie freiwillig zu dem gemacht habe was sie ist, muß jedem unmöglich erscheinen, der die einfachsten Begriffe von sittlich Gutem und Bösem hat. Und kein solcher kann, welcher Art von religiösen Phrasen er sich auch bedienen möge, anders als glauben, daß, wenn die Natur und der Mensch beides die Werke eines vollkommen gütigen Wesens sind, dieses Wesen die Natur in der Absicht schuf, daß sie vom Menschen verbessert, nicht nachgeahmt werden solle.

Wenn aber auch die Menschen nicht glauben können, daß die Natur als Ganzes eine Verwirklichung der Absichten vollkommener Weisheit und Güte sei, so entsagen sie doch ungern der Idee, daß wenigstens ein Theil der Natur in der Absicht geschaffen sei, als Vorbild und Typus zu dienen, daß einem oder dem andern Theile der Werke des Schöpfers das Bild der sittlichen Eigenschaften, die wir ihm zuzuschreiben gewohnt sind, aufgeprägt sein müsse, daß, wenn nicht alles was ist, doch wenigstens etwas von dem was ist, nicht nur ein tadelloses Muster dessen was sein sollte, sondern dazu geschaffen sein müsse, uns bei der Verbesserung des übrigen als Maßstab und Führer zu dienen. Es genügt ihnen nicht zu glauben, daß das was zum Guten tendire, nachgeahmt und vervollkommnet und daß das was zum Bösen tendire, verbessert werden müsse. Sie verlangen nach einem bestimmtern Anzeichen der Absichten des

Schöpfers, und da sie überzeugt sind, daß dieses Anzeichen sich irgendwo in seinen Werken finden müsse, laden sie sich die gefährliche Verantworlichkeit auf, diese Werke darnach zu durchsuchen und eine Wahl zu treffen, welche, außer insofern sie von dem allgemeinen Grundsatze geleitet wird, daß der Schöpfer nur Gutes und nichts Böses beabsichtige, nothwendiger Weise vollkommen willkürlich, und wenn sie zu anderen Schlüssen führt als die aus diesem Grundsatze abgeleitet werden können, genau in diesem Verhältnisse verderblich sein muß.

Nie hat irgend eine zu Ansehen gelangte Doktrin festzustellen vermocht, welche besonderen Gebiete der Ordnung der Natur als für unsere sittliche Instruktion und Leitung bestimmt zu betrachten seien und demgemäß haben die individuellen Neigungen, oder die augenblickliche Convenienz jedes Einzelnen darüber entschieden, die Analogie welcher Theile der göttlichen Regierung den praktischen Schlüssen, welche er zu ziehen wünschte, zur Empfehlung gereichen solle. Eine solche Empfehlung muß grade so trügerisch sein wie jede andere; denn es ist unmöglich zu bestimmen, inwiefern gewisse Werke des Schöpfers in höherm Grade als die übrigen als der wahre Ausdruck seines Wesens zu betrachten seien, und die einzige Auswahl, welche nicht zu unmoralischen Resultaten führt, ist eine Auswahl derjenigen Werke, welche am meisten auf das allgemeine Gute hinleiten, mit anderen Worten derjenigen, welche auf einen Zweck hinweisen, der, wenn der ganze Plan der Ausdruck eines einzigen, allmächtigen und mit sich selbst im Einklange stehenden Willens ist, offenbar nicht der von demselben beabsichtigte Zweck ist.

Es giebt indessen im Weltplane ein besonderes Element, welches Geistern, die darauf ausgingen bestimmte Anzeichen für den Willen des Schöpfers zu finden, nicht ohne Schein der Begründung, besonders geeignet erschienen ist diese Anzeichen zu bieten, nämlich die thätigen Triebe der Menschen und anderer lebender Wesen. Man kann sich in die Argumentation solcher Menschen hineindenken, derzufolge der Schöpfer der Natur, wenn er nur Umstände geschaffen hätte, vielleicht nicht beabsichtigte, die Art und Weise anzugeben, wie seine vernünftigen Geschöpfe sich diesen Umständen anpassen sollten, daß es aber, wenn er diesen Geschöpfen selbst positive Antriebe einpflanzte, welche sie zu einer bestimmten Art des Handelns anregen, unmöglich sei, zu bezweifeln, daß es in seiner Absicht gelegen habe, daß sie diese Art des Handelns ausüben sollten. Dieses Raisonnement würde, konsequent durchgeführt, zu dem Schlusse führen, daß die Gottheit alles was menschliche Wesen thun, beabsichtigt habe und billige. Da alles was sie thun die Folge eines der Antriebe sei, mit welchen ihr Schöpfer sie ausgestattet haben müsse, so müsse alles gleichmäßig als im Gehorsam gegen seinen Willen geschehen betrachtet werden. Da man vor diesem praktischen Schlusse zurückschreckte, so erschien es nothwendig, eine Unterscheidung aufzustellen und zu erklären, daß nicht die ganze thätige Natur der Menschheit, sondern nur Theile derselben auf eine besondere Absicht des Schöpfers in Bezug auf ihr Verhalten hindeuten. Diese Theile, schien es nothwendig anzunehmen, mußten diejenigen sein, in welchen sich die Hand des Schöpfers deutlicher offenbaret, als die des Menschen selbst und daher die häufig aufgestellte Antithese zwischen dem Menschen wie Gott ihn geschaffen und dem Menschen wie er sich selbst geschaffen hat. Da das, was der Mensch mit Ueberlegung thut, mehr als sein eigenes Thun erscheint und er als dafür unbedingter verantwortlich, denn für das was er aus plötzlichem Antriebe thut, angesehen wird, so müßte man füglich das Moment der Ueberlegung im menschlichen Verhalten als den Antheil des Menschen und das was unüberlegt geschieht als den göttlichen Antheil daran bezeichnen. Das Resultat ist die in der modernen Welt so verbreitete, den alten Philosophen unbekannte sentimentale Anschauung, welche den Instinkt auf Kosten der Vernunft hoch hält, eine Verirrung, die noch verderblicher durch die gemeinhin Hand in Hand mit ihr gehende Ansicht wird, daß jedes oder fast jedes Gefühl und jeder Impuls, welcher zu raschem Handeln antreibe, ohne daß er uns Zeit lasse nach der Berechtigung zu fragen, ein Instinkt sei. So erhält fast jeder unreflektirte und unberechnete Impuls eine Art von Weihe, mit Ausnahme derer, welche, obgleich im Augenblicke unreflektirt, ihre Entstehung früheren Gewohnheiten der Reflektion verdanken und welche sich, indem sie offenbar nicht instinktiver Natur sind, nicht der gleichen Gunst wie die übrigen Impulse erfreuen, so daß alle unreflektirten Impulse eines höhern Ansehens als die Vernunft genießen, ausgenommen die einzigen, welche höchst wahrscheinlich die richtigen sind. Ich meine natürlich nicht, daß auch nur der Anspruch erhoben werde, diese Art des Urtheils konsequent durchzuführen. Das Leben könnte nicht fortgehen, wenn es nicht anerkannt wäre, daß Impulse beherrscht werden müssen und daß die Vernunft unsere Handlungen leiten solle. Der Anspruch geht nicht dahin, der Vernunft das Steuer zu entwinden, sondern vielmehr sie zu verpflichten nur in einer besondern Richtung zu steuern. Der Instinkt soll nicht herrschen, aber die Vernunft soll dem Instinkte einen unbestimmten undefinirbaren Grad von ehrerbietiger Rücksicht erweisen. Wenn auch die Anschauung zu Gunsten des Instinktes als einer besondern Manifestation der göttlichen Absichten nicht in die Form einer zusammenhängenden allgemeinen Theorie gebracht ist, so bleibt sie doch ein stehendes Vorurtheil, welches sich in jedem Falle, wo ein Ausspruch des vernünftigen Denkens sich nicht auf das Ansehen der Verjährung stützen kann, leicht bis zur Feindseligkeit gegen die Vernunft steigert.

Ich will hier nicht näher auf die psychologische Frage eingehen, was und was nicht Instinkte sind, der Gegenstand würde ein Buch für sich erfordern. Es ist aber auch, ohne irgend einen bestreitbaren theoretischen Punkt näher zu berühren, möglich, darüber zu urtheilen wie wenig der instinktive Theil der menschlichen Natur es verdient, als etwas sehr vorzügliches, als der Theil in welchem das Walten unendlicher Güte und Weisheit besonders sichtbar wird, hingestellt zu werden. Wenn man auch alles als Inſtinkt gelten laſſen will was je dafür ausgegeben worden iſt, ſo bleibt es doch wahr, daß faſt jede achtungswerthe Eigenſchaft der Menſchheit das Ergebniß, nicht des Inſtinktes ſondern eines Sieges über den Inſtinkt iſt und daß es in dem natürlichen Menſchen faſt nichts ſchätzenswerthes giebt als Fähig= keiten, eine ganze Welt von Möglichkeiten, die alle zu ihrer Verwirklichung einer in eminentem Sinne künſtlichen Disziplin bedürfen.

Erſt nach einer höchſt künſtlichen Entwicklung der menſch= lichen Natur entſtand und konnte glaube ich die Vorſtellung entſtehen, daß Güte etwas natürliches ſei, weil erſt nach Verlauf einer langen künſtlichen Erziehung gute Gefühle ſo gewöhnlich und ſo überwiegend über böſe Gefühle wurden, daß ſie auch ohne Geheiß entſtehen konnten, wenn die Gelegenheit ſie ver= anlaßte. In den Zeiten, wo die Menſchheit ihrem natürlichen Zuſtande noch näher war, betrachteten gebildete Beobachter den natürlichen Menſchen als eine Art von wildem Thier, das ſich von den übrigen wilden Thieren weſentlich nur dadurch unter= ſcheide, daß es ſchlauer ſei, und alle Würde des Charakters galt für das Ergebniß einer Art von Zähmung, ein Ausdruck, deſſen ſich die alten Philoſophen oft für die angemeſſene Disziplin menſchlicher Weſen bedienen. Die Wahrheit iſt, daß es kaum eine einzige gute menſchliche Charaktereigenſchaft giebt, welche nicht dem natürlichen Menſchen, ſo lange ſeine Gefühle unerzogen ſind, entſchieden widerſtrebte.

Wenn es eine Eigenſchaft giebt, die wir mehr als jede andere in einem unciviliſirten Staate zu finden erwarten und wirklich finden, ſo iſt es die Tugend des Muthes. Und doch iſt dieſe Tugend von Anfang bis zu Ende ein, über eine der mächtigſten Regungen der menſchlichen Natur vollbrachter Sieg. Wenn es irgend eine Empfindung oder Eigenſchaft giebt, welche menſchlichen Weſen natürlicher iſt als alle anderen, ſo iſt es die Furcht und es kann keinen ſchlagendern Beweis für die Macht künſtlicher Disziplin geben, als der Sieg den dieſelbe zu allen Zeiten und an allen Orten über ein so mächtiges und so allgemein verbreitetes Gefühl zu erringen sich fähig gezeigt hat. Der größte Unterschied zwischen zwei menschlichen Wesen besteht unzweifelhaft in der Leichtigkeit oder Schwierigkeit, mit welcher sie sich diese Tugend aneignen. Es giebt kaum eine gute menschliche Seite, bei welcher sich die Verschiedenheit des ursprünglichen Temperamentes in so hohem Grade geltend macht. Aber man darf füglich bezweifeln, daß irgend ein menschliches Wesen von Natur muthig sei. Viele sind von Natur streitsüchtig, oder reizbar, oder enthusiastisch, und diese Eigenschaften können sie, wenn stark erregt, unempfindlich gegen Furcht machen. Aber man beseitige die leidenschaftliche Erregung und die Furcht gewinnt wieder die Oberhand; dauernder Muth ist immer die Wirkung der Bildung. Der Muth, den man gelegentlich, wenn auch keineswegs allgemein, bei wilden Stämmen findet, ist ebensosehr das Ergebniß der Erziehung wie der Muth der Spartaner oder der Römer. Bei allen solchen Stämmen sucht die öffentliche Meinung höchst beflissen nach jedem Mittel des Ausdrucks, durch welches dem Muthe Ehre erwiesen und die Feigheit der Verachtung und dem Spotte preisgegeben werden kann. Darin wird man vielleicht Anlaß zu der Behauptung finden, daß, da der Ausdruck einer Empfindung das Vorhandensein dieser Empfindung involvire, die Erziehung der Jugend zum Muthe auf ein ursprünglich muthiges Volk schließen lasse. Es läßt aber nur auf das schließen worauf alle guten Sitten schließen lassen, daß es nämlich Individuen gegeben haben müsse, die, besser als die übrigen, diese Sitten eingebürgert haben. Einige Individuen, welche wie andere Menschen ihre Furchtsamkeit zu überwinden hatten, müssen Geistesstärke und Entschlossenheit genug besessen haben, um dieser Furchtsamkeit bei sich selbst Herr zu werden. Diese erlangten dann den Einfluß von Helden; denn das was zugleich erstaunlich und handgreiflich nützlich ist erregt immer Bewunderung und theils in Folge dieser Bewunderung, theils in Folge der Furcht die sie selbst erwecken erlangen sie dann die Gewalt von Gesetzgebern und können alle Sitten die ihnen gut scheinen einführen.

Betrachten wir demnächst eine Eigenschaft, welche den in die Augen fallendsten und einen der tiefgreifendsten moralischen Unterschiede zwischen menschlichen Wesen und den meisten niedrigeren Geschöpfen begründet, die Eigenschaft, deren Abwesenheit mehr alles andere, Menschen zu Thieren macht, die Eigenschaft der Reinlichkeit. Kann es etwas ausschließlicher künstliches geben? Kinder und die unteren Klassen in den meisten Ländern scheinen den Schmutz gradezu zu lieben; der überwiegenden Mehrzahl der Menschen ist er gleichgültig; ganze Nationen von übrigens civilisirten und gebildeten Menschen ertragen ihn in einer seiner schlimmsten Formen und nur eine sehr kleine Minorität fühlt sich dadurch verletzt. In der That scheint ein für diesen Gegenstand allgemein gültiges Gesetz sich dahin aussprechen zu lassen, daß Unreinlichkeit nur denen zuwider ist, die nicht daran gewöhnt sind, so daß diejenigen, welche in einem so künstlichen Zustande gelebt haben, daß sie mit der Unreinlichkeit in keiner Form vertraut sind, die einzigen sind, welche dieselbe in jeder Gestalt anekelt. Von allen Tugenden ist die Reinlichkeit die am offenbarsten nicht instinktive, sie ist vielmehr ein Triumph über den Instinkt. Sicherlich ist weder die Reinlichkeit noch die Liebe zur Reinlichkeit, sondern nur die Fähigkeit sich diese Liebe anzueignen dem Menschen natürlich.

Bisher haben wir unsere Beispiele den persönlichen, oder wie Bentham sie nennt, auf Selbstachtung beruhenden Tugenden entnommen, weil man von diesen noch am ersten annehmen könnte, daß sie selbst dem ungebildeten Geiste sympathisch seien. Von den sozialen Tugenden zu reden scheint fast überflüssig, so entschieden bestätigt alle Erfahrung, daß Selbstsucht natürlich ist. Damit will ich durchaus nicht leugnen, daß auch die Sympathie natürlich ist, ich glaube im Gegentheil daß auf dem Vorhandensein dieses wichtigen Faktors die Möglichkeit jeder Entwicklung des Guten und Edlen und die Hoffnung beruhet, daß das Gute und Edle schließlich die Oberhand gewinnen werden. Aber sympathisch angelegte Charaktere sind, wenn sie unentwickelt und ihren sympathischen Instinkten überlassen bleiben, so selbstsüchtig wie andere. Der Unterschied liegt nur in der Art der Selbstsucht; ihre Selbstsucht ist keine isolirte, sondern eine sympathische, l'égoisme à deux, à trois, ou à quatre und sie können sehr liebenswürdig und angenehm für diejenigen, mit welchen sie sympathisiren und gröblich ungerecht und theilnahmlos in Betreff aller übrigen Menschen sein. Ja die feineren nervösen Organisationen, welche der Sympathie am fähigsten und am bedürftigsten sind, haben eben in Folge der Feinheit ihrer Organisation so viel stärkere Impulse aller Art, daß sie oft die frappantesten Beispiele des Egoismus liefern, der bei ihnen nur weniger abstoßend wirkt, als bei kälteren Naturen. Ob es jemals einen Menschen gegeben hat, bei welchem, abgesehen von aller Unterweisung durch Lehrer, Freunde oder Bücher und von jeder bewußten, auf ein Ideal gerichteten Selbsterziehung, natürliches Wohlwollen eine mächtiger wirkende Eigenschaft war als Selbstsucht in irgend einer ihrer Formen, mag unentschieden bleiben. Daß solche Fälle außerordentlich selten sind, muß jeder zugeben und das genügt hier.

Aber, um nicht von der Selbstbeherrschung zum Besten anderer, sondern nur von der gewöhnlichsten Selbstbeherrschung zu unserm eigenen Besten zu reden, jener Fähigkeit, einen augenblicklichen Wunsch einem entfernten oder allgemeinen Zwecke zu opfern, welche unerläßlich ist, um die Handlungen des Individuums mit seinen eigenen Begriffen von seinem persönlichen Besten in Einklang zu bringen — selbst diese einfachste Selbstbeherrschung ist undisziplinirten Menschen höchst unnatürlich, wie man aus der langen Lehrzeit, welche Kinder in dieser Selbstbeherrschung durchzumachen haben, aus der sehr unvollkommenen Art wie zur Herrschaft geborene Menschen, die selten auf Widerstand gegen ihren Willen stoßen und alle, denen frühzeitig und

viel nachgegeben worden ist, dieselbe erlangen, endlich aus der sehr
auffallenden Abwesenheit dieser Eigenschaft bei Wilden, Soldaten
und Seeleuten und in einem etwas geringern Grade bei fast
der Gesammtheit der ärmeren Klassen in England und vielen
anderen Ländern, ersehen kann. Hinsichtlich des Punktes der
uns hier beschäftigt besteht ein wesentlicher Unterschied zwischen
dieser Tugend und anderen, nämlich der, daß sie zwar gleich
den übrigen erlernt werden muß, daß der Mensch sie aber besser
als die meisten übrigen sich selbst lehren kann. Es ist männiglich
bekannt, daß man Selbstbeherrschung nur durch Erfahrung
lernen kann, und diese Fähigkeit hat nur insofern einen größern
Anspruch, als die übrigen Tugenden von denen wir gesprochen
haben, darauf natürlich genannt zu werden, als persönliche Er=
fahrung ohne äußere Einschärfung sie bis zu einem gewissen
Grade hervorbringen kann. Die Natur verleihet diese Tugend
so wenig wie andere Tugenden von selbst; aber sie ertheilt oft
die Belohnungen und verhängt die Strafen, welche diese Tu=
gend fördern und welche in anderen Fällen für den bestimmten
Zweck künstlich geschaffen werden müssen.

Es könnte scheinen, als ob die Wahrhaftigkeit von allen
Tugenden den begründetsten Anspruch darauf habe, für natürlich
zu gelten, da die menschliche Rede in Ermanglung von Motiven
für das Gegentheil mit den Thatsachen in Einklang oder
wenigstens nicht absichtlich mit ihnen in Widerspruch zu stehen
pflegt. Demgemäß lieben es Schriftsteller wie Rousseau das
Leben der Wilden mit dieser Tugend zu schmücken und dasselbe
in einen günstigen Kontrast zu dem Verrath und der Betrügerei
der Civilisation zu stellen. Unglücklicherweise ist aber eine solche
Darstellung ein reines Phantasiegemälde, dem das wirkliche
Leben der Wilden durchaus widerspricht. Wilde sind immer
Lügner. Sie haben nicht den entferntesten Begriff von der
Wahrheit als einer Tugend. Sie haben eine Vorstellung davon,
daß sie Personen, gegen welche sie eine besondere Verpflichtung
zu haben glauben, ihren Anführer, vielleicht ihren Gast oder

ihren Freund nicht zu ihrem Schaden verrathen, sowie überhaupt nicht schädigen dürfen. Und diese Gefühle bilden die Lehren der Sittlichkeit bei den Wilden, wie sie sich aus ihren eigenthümlichen Verhältnissen ergeben. Aber von einem point d'honneur, die Wahrheit um der Wahrheit willen zu sagen, haben sie nicht den entferntesten Begriff, so wenig wie der ganze Orient und der größere Theil von Europa, und in den wenigen Ländern, die hinlänglich vorgeschritten sind, um ein solches point d'honneur zu haben, beschränkt sich dasselbe doch auf eine kleine Minorität, die allein sich unter allen Umständen und allen Versuchungen gegenüber von demselben leiten läßt.

Aus dem allgemeinen Gebrauch des Ausdrucks „natürliche Gerechtigkeit" muß man annehmen, daß die Gerechtigkeit eine Tugend ist, von der allgemein geglaubt wird, daß sie uns direkt von der Natur eingepflanzt sei. Ich glaube jedoch, daß das Gefühl der Gerechtigkeit rein künstlichen Ursprunges ist; denn der Begriff der natürlichen Gerechtigkeit geht dem der conventionellen Gerechtigkeit nicht voraus, sondern folgt ihm. Je weiter wir auf die anfängliche Denkweise des Menschengeschlechtes zurückblicken, sei es daß wir die ältesten Zeiten, die des alten Testamentes mit einbegriffen, oder solche Bestandtheile der Menschheit in's Auge fassen, die sich noch jetzt in einem Zustande der Entwicklung befinden, der dem der ältesten Zeiten entspricht, desto mehr finden wir die Begriffe der Menschen von Gerechtigkeit durch ausdrückliche Gesetzesvorschriften bestimmt und begrenzt. Unter den begründeten Rechten eines Menschen verstand man die Rechte welche das Gesetz ihm verlieh; ein gerechter Mann war der welcher in das gesetzliche Eigenthum oder andere gesetzliche Rechte anderer sich nie einen Eingriff erlaubte. Die Idee einer höhern Gerechtigkeit, welcher sich die Gesetze fügen müssen und durch welche das Gewissen sich ohne eine positive Gesetzesvorschrift gebunden fühlt, ist eine spätere Ausdehnung der durch die Analogie der gesetzlichen Gerechtigkeit an die Hand gegebenen und derselben folgenden Ideen, hält mit dieser in allen Nuancen und Abstufungen des Gefühles Schritt und entlehnt derselben fast ihre ganze Phraseologie.

Wenn man behauptet daß die Keime aller dieser Tugenden in der menschlichen Natur liegen müssen, weil die Menschheit sie sonst nicht würde erwerben können, so bin ich unter gewissen einschränkenden Erklärungen bereit die Thatsache zuzugeben. Aber das Unkraut, welches diesen wohlthätigen Keimen den Boden streitig macht besteht nicht aus Keimen, sondern ist eine üppig wildwachsende Wucherpflanze und würde in allen Fällen, vielleicht einen unter tausenden ausgenommen, jene Keime völlig ersticken und zerstören, läge es nicht so sehr im Interesse der Menschen, diese guten Keime gegenseitig zu pflegen, daß sie es immer thun, so weit es der in diesen wie in anderen Beziehungen noch sehr unvollkommene Grad ihrer Intelligenz zuläßt. Dank einer solchen frühzeitig begonnenen und nicht durch ungünstige Einflüsse behinderten Förderung werden bei einigen, unter besonders glücklichen Verhältnissen erwachsenen Exemplaren des Menschengeschlechtes die erhabensten Gefühle, deren die Menschheit fähig ist, zu einer zweiten Natur, welche stärker ist als die erste und welche die ursprüngliche Natur nicht sowohl bezwingt als in sich aufgehen läßt. Selbst jene be= gabten Organisationen welche die gleiche Vortrefflichkeit durch Selbsterziehung erlangt haben, verdanken dieselbe wesentlich der= selben Ursache; denn wie wäre eine Selbsterziehung möglich ohne die Unterstützung der allgemeinen Gefühle der Menschheit, wie sie uns in Büchern überliefert werden, und der Betrachtung wirklicher oder idealer erhabener Charaktere. Diese künstlich geschaffene, oder wenigstens künstlich vervollkommnete menschliche Natur der besten und edelsten menschlichen Wesen ist die einzige Natur, welcher zu folgen empfehlenswerth erscheint. Es ist fast überflüssig zu bemerken, daß selbst diese Natur nicht als ein Muster des Verhaltens aufgestellt werden kann, da sie selbst die Frucht einer Erziehung und Bildung ist, deren Wahl wenn sie rationell und nicht zufällig ist, bereits durch ein schon gewähltes Muster bestimmt gewesen sein muß.

Dieser kurze Ueberblick reicht vollkommen hin zu beweisen, daß die Pflicht des Menschen dieselbe in Bezug auf seine eigene Natur wie in Bezug auf die Natur aller übrigen Dinge ist, nämlich, nicht ihr zu folgen sondern sie zu verbessern. Einige Leute jedoch gehen zwar nicht so weit zu leugnen, daß der Instinkt sich der Vernunft unterordnen müsse, glauben aber die Natur doch in soweit respektiren zu müssen, daß sie behaupten, jede natürliche Neigung müsse sich in einem gewissen Umfange geltend machen können. Alle natürlichen Wünsche, sagen sie, müssen uns zu einem bestimmten Zwecke eingepflanzt sein, und darin gehen sie oft so weit, daß man sie behaupten hört, jeder Wunsch, den zu hegen man für natürlich halte, müsse in der Ordnung des Universums eine entsprechende Möglichkeit der Erfüllung finden, so daß z. B. der Wunsch einer unbegrenzten Lebensdauer von vielen an und für sich für einen hinlänglichen Beweis, daß es wirklich ein künftiges Leben geben müsse, gehalten wird.

Nach meiner Ansicht sind alle diese Versuche die Absichten der Vorsehung im einzelnen zu entdecken, um der Vorsehung, wenn sie entdeckt sind, bei ihrer Ausführung behülflich zu sein, gründlich absurd. Diejenigen welche aus besonderen Anzeichen schließen, daß die Vorsehung dieses oder jenes beabsichtigte, glauben entweder, daß der Schöpfer alles kann was er will, oder glauben es nicht. Wenn man das erstere annimmt, wenn man annimmt, daß die Vorsehung allmächtig ist, so liegt alles was geschieht in der Absicht der Vorsehung und die Thatsache daß es geschieht beweist, daß die Vorsehung es beabsichtigt. Wenn dem so ist, so ist alles was ein menschliches Wesen thun kann von der Vorsehung prädestinirt und ist eine Erfüllung ihrer Absichten. Wenn aber, nach der religiösern Annahme, nicht alles was geschieht, sondern nur das was gut ist in der Absicht der Vorsehung liegt, dann hat der Mensch es in seiner Gewalt

durch freiwillige Handlungen die Absichten der Vorsehung zu
unterstützen; aber er kann diese Absichten nur ergründen, wenn
er das was das allgemeine Beste zu fördern geeignet ist und
nicht das was den natürlichen Neigungen des Menschen ent=
spricht in Betracht zieht; denn wer weiß ob, beschränkt wie die
göttliche Gewalt nachgewiesenermaßen durch unerforschliche
aber unübersteigbare Hindernisse sein muß, der Mensch ohne
Wünsche, welche nie in Erfüllung gehen werden und auch besser
nie in Erfüllung gehen sollten, hätte geschaffen werden können?
Die Neigungen, mit denen der Mensch ausgestattet worden,
sind vielleicht, gleich allen übrigen Veranstaltungen der Natur,
der Ausdruck, nicht des göttlichen Willens sondern der Fesseln,
welche die freie Bethätigung desselben behindern und, sich diese Fesseln
als Leitstern für unser Verhalten dienen lassen, heißt vielleicht
in eine, vom bösen Feinde gestellte Falle gehen. Die Annahme,
daß alles was eine unendliche Güte wünschen kann wirklich in
diesem Universum geschieht, oder daß wir wenigstens niemals
sagen oder glauben dürfen, es geschehe nicht, ist nur derer wür=
dig, die, von sklavischer Furcht getrieben, die Lüge einem Wesen
als Huldigung darbringen, welches, wie sie laut bekennen, auf
keine Weise betrogen werden kann und jede Falschheit ver=
abscheuet.

Was die besondere Hypothese betrifft, daß alle natürlichen
Impulse und alle Neigungen von hinlänglich allgemeinem und
spontanem Charakter, um für Instinkte gelten zu können, zu
guten Zwecken vorhanden sein müssen und nur regulirt, nicht
unterdrückt werden sollten, so ist das natürlich von der Mehrzahl
derselben richtig; denn die Fortdauer der Gattung würde nicht
möglich gewesen sein, wenn nicht die meisten ihrer Neigungen
auf, für ihre Erhaltung nothwendige oder nützliche Dinge ge=
richtet gewesen wäre. Aber wenn wir die Instinkte nicht auf
eine äußerst kleine Anzahl beschränken wollen, muß zugegeben
werden, daß wir auch schlechte Instinkte haben, welche, nicht
einfach zu reguliren sondern auszurotten, oder vielmehr (was

auch mit einem Instinkte möglich ist) durch Nichtgebrauch absterben zu lassen, das Ziel der Erziehung sein müßte. Diejenigen, welche geneigt sind die Anzahl der Instinkte zu vervielfachen, begreifen gewöhnlich unter dieselben auch einen den sie den Zerstörungssinn nennen und unter welchem sie einen Instinkt der Zerstörung um des Zerstörens willen verstehen. Mir ist kein guter Grund für die Erhaltung dieses Instinktes erfindlich, ebenso wenig wie für die Erhaltung einer andern Neigung, welche wenn nicht ein Instinkt doch einem solchen sehr ähnlich ist, des sogenannten Instinktes der Herrschaft, einer Freude daran, Despotismus zu üben, andere Wesen unserm Willen zu unterjochen. Der Mensch, welcher seine Freude an der bloßen Ausübung der Autorität, abgesehen von dem Zweck zu welchem sie ausgeübt werden soll, findet, ist der letzte, dessen Händen man dieselbe gern anvertrauen möchte. Wiederum giebt es Menschen, die ihrer Charakteranlage nach, oder wie man zu sagen pflegt, von Natur grausam sind, die ein wahres Vergnügen daran finden, anderen Schmerzen zu bereiten, oder bereitet zu sehen. Diese Art der Grausamkeit ist nicht nur Hartherzigkeit, nicht nur die Abwesenheit von Mitleid oder Gewissensskrupeln, sie ist etwas positives, eine besondere Art wollüstiger Aufregung. Der Orient und Süd-Europa haben eine Fülle von Beispielen dieser verabscheuungswürdigen Neigung geboten und bieten sie wahrscheinlich noch. Ich denke, man wird zugeben, daß das keine der natürlichen Neigungen sei, die zu unterdrücken Unrecht sein würde. Die einzige Frage könnte die sein, ob es nicht Pflicht wäre, zugleich mit der Neigung den Menschen selbst zu unterdrücken.

Aber selbst wenn es wahr wäre, daß jeder einzelne unter den elementaren Impulsen der menschlichen Natur seine gute Seite habe und durch einen hinlänglichen Aufwand von künstlicher Erziehung mehr nützlich als schädlich gemacht werden könne, wie wenig würde dabei herauskommen, wenn es unter allen Umständen zugegeben werden muß, daß sie alle, selbst die zu

unserer Erhaltung nothwendigen, ohne solche Erziehung die Welt
mit Elend erfüllen und das menschliche Leben zur Karrikatur
des widerlichen Schauspieles der Gewaltthätigkeit und Tyrannei
machen würden, wie es die übrigen Bewohner des Thierreiches
darbieten soweit sie nicht von Menschen gezähmt und geschult sind.

Diejenigen, welche sich schmeicheln, die Absichten des
Schöpfers in seinen Werken lesen zu können, hätten hier konse=
quenter Weise Veranlassung zu Schlüssen finden müssen,
welche zu ziehen sie sich aber gescheuet haben. Wenn es in
der Schöpfung überall Anzeichen besonderer Absichten giebt,
so ist es eine der erweislichen Absichten, daß eine große Zahl
aller lebenden Geschöpfe ihr Leben damit zubringen soll,
andere Geschöpfe zu quälen und zu verzehren. Sie sind mit
den, zu diesem Zweck nothwendigen Werkzeugen verschwenderisch
ausgestattet, ihre stärksten Instinkte treiben sie dazu an und viele
von ihnen scheinen so organisirt zu sein, daß sie gar nicht im
Stande wären, sich anders zu ernähren. Wenn der zehnte
Theil der Mühe, die man sich gegeben hat, wohlwollende Ab=
sichten in der ganzen Natur aufzusuchen, darauf verwandt worden
wäre, Stoff für die Anschwärzung des Charakters des Schöpfers
zu sammeln, welchen Spielraum für unterstützende Erläuterungen
würde man nicht in der Existenz der niedrigeren Thiere ge=
funden haben, die fast ausnahmslos in Verzehrer und Verzehrte
zerfallen — eine Beute tausender von Uebeln, gegen welche sich
zu schützen ihnen die nöthigen Fähigkeiten versagt worden sind.
Wenn wir nicht zu glauben genöthigt sind, daß die lebendige
Schöpfung das Werk eines bösen Geistes sei, so hat das seinen
Grund darin, daß wir sie uns nicht als von einem Wesen von
unbegrenzter Macht geschaffen vorzustellen brauchen. Aber wenn
die Nachahmung des Willens des Schöpfers, wie er sich in der
Natur offenbaren soll, in diesem Falle als eine Regel des Ver=
haltens angewandt würde, würden die ungeheuerlichsten Scheuß=
lichkeiten der schlechtesten Menschen durch die anscheinende Absicht
der Vorsehung, in der ganzen belebten Natur den Schwachen

durch den Starken verzehren zu lassen, mehr als gerechtfertigt erscheinen.

Die vorstehenden Bemerkungen sind weit entfernt die fast unbegrenzte Mannigfaltigkeit von Arten und Veranlassungen, wie und bei welchen die Idee der Uebereinstimmung mit der Natur als ein Element der ethischen Würdigung von Handlungen und Neigungen erscheint, zu erschöpfen. Dasselbe günstige Vorurtheil begleitet das Wort „Natur" in den zahlreichen Bedeutungen, in welchen dasselbe als ein bestimmter Ausdruck für gewisse Bestandtheile des Wesens der Menschheit im Gegensatz zu anderen Bestandtheilen gebraucht wird. Bisher haben wir uns auf die Betrachtung einer dieser Bedeutungen beschränkt, in welcher das Wort als allgemeine Bezeichnung für diejenigen Bestandtheile unseres geistigen und sittlichen Wesens gilt, welche zur Unterscheidung von den erworbenen für angeboren gehalten werden, wie wenn Natur in Gegensatz zu Erziehung gebracht, oder wenn Wildheit, ohne Gesetze, Künste oder Wissenschaften ein Naturzustand genannt, oder wenn die Frage aufgeworfen wird, ob Wohlwollen und sittliches Gefühl angeboren oder erworben sei, oder ob einige Menschen Dichter und Redner von Natur und andere es nicht seien. Aber in einem andern und noch weitern Sinne werden irgend welche Kundgebungen menschlicher Wesen oft natürlich genannt, wenn nur ausgedrückt werden soll, daß sie nicht studirt oder in dem besondern Falle speziell beabsichtigt seien, wie wenn man von einem Menschen sagt, er rede oder bewege sich mit natürlicher Grazie, oder wenn man sagt, das natürliche Benehmen oder der natürliche Charakter eines Menschen sei so oder so und damit meint, daß dieses Benehmen und dieser Charakter so sei, wenn er keinen Versuch mache, sich zu beherrschen oder etwas zu verhüllen. In einem noch weitern Sinne sagt man, ein Mensch sei von Natur das was er war ehe eine besondere Ursache auf ihn gewirkt hatte und wovon man annimmt, daß er es sein würde, wenn eine solche Ursache wegfiele. So sagt man von einem Menschen, er

sei von Natur ohne geistige Interessen, habe sich aber durch
Fleiß und Ausdauer solche Interessen angeeignet, er sei von
Natur heiter aber durch das Unglück verbittert, von Natur ehr=
geizig, aber durch Mangel an Gelegenheit niedergehalten. End=
lich scheint das Wort „natürlich" in seiner Anwendung auf
Gefühle oder Benehmen oft nichts weiter zu besagen, als daß
diese Gefühle und dieses Benehmen die bei menschlichen Wesen
gewöhnlichen seien; wie wenn man von einem Menschen sagt,
er habe bei einer bestimmten Gelegenheit so gehandelt, wie zu
handeln natürlich gewesen sei, oder es sei vollkommen natürlich durch
einen Anblick oder einen Ton oder einen Gedanken, oder einen
Vorfall im Leben in besonderer Weise afficirt zu werden.

In allen diesen Bedeutungen des Wortes ist die als „natür=
lich" bezeichnete Eigenschaft sehr oft zugestandenermaßen schlechter
als die zu derselben in Gegensatz gebrachte Eigenschaft; aber so
oft diese Beschaffenheit nicht so klar zu Tage tritt, daß sie nicht
in Frage gestellt werden kann, scheint doch in allen diesen Fällen
die Idee vorzuwalten, daß durch die Bezeichnung „natürlich"
etwas einer sehr günstigen Präsumption gleichkommendes gesagt
worden sei. Ich für mein Theil kenne nur eine Bedeutung
in welcher Natur und Natürlichkeit bei einem Menschen wirklich
Ausdrücke des Lobes sind und auch dann ist das Lob nur ein
negatives, nämlich wenn diese Ausdrücke gebraucht werden, um
die Abwesenheit von Affektation zu bezeichnen. Man kann
Affektation als das Bemühen definiren zu scheinen was man
nicht ist, wenn das Motiv oder die Veranlassung dazu nicht
entweder der Art sind, daß das Bemühen entschuldbar erscheint
oder daß es den noch gehässigern Namen der Heuchelei verdient.
Hinzugefügt muß werden, daß der Täuschende die Täuschung oft
ebensosehr gegen sich selbst wie gegen andere zu üben versucht.
Er ahmt die äußeren Zeichen der Eigenschaften die er gern
hätte in der Hoffnung nach, sich zu überreden, daß er dieselben
habe. Affektation gilt, gleichviel ob sie in der Gestalt der
Täuschung oder der Selbsttäuschung, oder als etwas zwischen

diesen beiden schwankendes auftritt, mit vollem Rechte für etwas tadelnswerthes und Natürlichkeit, in der Bedeutung des Gegentheiles von Affektation für etwas verdienstliches. Aber ein passenderer Ausdruck zur Bezeichnung dieser schätzenswerthen Eigenschaft wäre Aufrichtigkeit, ein Ausdruck, der von seiner ursprünglichen hohen Bedeutung herabgesunken ist und im gewöhnlichen Sprachgebrauche nur eine untergeordnete Seite der Cardinaltugend bezeichnet, die er früher als Ganzes bedeutete.

Bisweilen, in Fällen wo der Ausdruck Affektation unpassend sein würde, weil das fragliche Benehmen oder Verhalten in der That lobenswerth ist, sagen auch die Leute, in der Absicht die Person um die es sich handelt herabzusetzen, daß ein solches Benehmen oder Verhalten ihr nicht natürlich sei und stellen unvortheilhafte Vergleiche zwischen ihr und einer andern Person an, der es natürlich sei, indem sie meinen, daß das was ihnen bei dem einen vortrefflich erscheint, die Wirkung einer vorübergehenden Aufregung oder einer großen Selbstüberwindung, bei dem andern aber ein Ausfluß seines gewöhnlichen Charakters gewesen sei. Gegen diese Ausdrucksweise läßt sich nichts einwenden, da das Wort „Natur" hier einfach zur Bezeichnung des natürlichen Charakters eines Menschen gebraucht wird, und wenn er gelobt wird so geschieht es nicht dafür daß er natürlich, sondern dafür daß er von Natur gut ist.

Uebereinstimmung mit der Natur hat durchaus nichts mit Recht und Unrecht zu thun. Für ethische Erörterungen ist dieselbe durchaus nicht zu verwenden, ausgenommen gelegentlich und theilweise bei der Frage nach dem Grade der Verschuldung. Um diesen Punkt in's Klare zu stellen wollen wir das Wort, durch welches der stärkste Grad einer verurtheilenden Empfindung in Verbindung mit der Idee der Natur zum Ausdruck gebracht wird, das Wort „unnatürlich" etwas näher ins Auge fassen. Daß etwas unnatürlich sei, besagt, sofern man dem Worte irgend eine präzise Bedeutung beilegt, keineswegs daß es tadelnswerth sei, da die verbrecherischsten Akte bei einem Wesen wie es der

Mensch ist nicht unnatürlicher sind als die meisten Tugenden. Der Erwerb der Tugend hat zu allen Zeiten für eine mühsame und schwierige Arbeit gegolten, während dagegen der descensus Averni sprichwörtlich leicht ist, und es erfordert unzweifelhaft bei den meisten Menschen eine größere Ueberwindung einer größern Zahl von natürlichen Neigungen, höchst tugendhaft, als über alle Begriffe lasterhaft zu werden. Wenn man aber aus anderen Gründen eine Handlung oder Neigung für tadelnswerth hat erklären müssen, so kann die Thatsache, daß diese Neigung oder Handlung unnatürlich ist, das heißt einer bei menschlichen Wesen gewöhnlichen starken Empfindung widerstrebt, einen erschwerenden Umstand bilden, da der böse Hang, er bestehe worin er wolle, sich offenbar durch die Ueberwindung dieses Widerstrebens als ebenso stark wie tief gewurzelt erweist. Diese Voraussetzung trifft selbstverständlich nicht zu, wenn das Individuum nie ein solches Widerstreben zu überwinden hatte, und auf die ganze Argumentation ist nur Werth zu legen insofern das Gefühl, welches durch die Handlung verletzt wird, nicht nur sich rechtfertigen läßt und vernünftig, sondern derartig ist, daß es Tadel verdient desselben baar zu sein.

Die entsprechende Entschuldigung zur Verminderung einer Schuld, daß dieselbe natürlich oder durch ein natürliches Gefühl veranlaßt gewesen sei, ist nach meiner Meinung nie zulässig. Es wird kaum je eine schlechte Handlung begangen, welche nicht vollkommen natürlich und deren Motive nicht vollkommen natürliche Gefühle wären. Vernünftigerweise kann das daher keine Entschuldigung sein, es ist aber ganz „natürlich" daß es in den Augen der Menge dafür gilt, weil sie damit ausdrücken will, daß sie ein kameradschaftliches Gefühl für den Uebelthäter habe. Wenn die Menschen erklären, daß etwas wovon sie nicht umhin können zuzugeben, daß es tadelnswerth ist gleichwohl natürlich sei, so meinen sie, daß sie sich die Möglichkeit sich selbst zu der Begehung desselben versucht zu fühlen, vorstellen können. Die meisten Menschen sind zu großer

Nachsicht gegen alle Handlungen geneigt, zu denen sie die Anlage in sich selber fühlen und behalten sich ihre strenge Verurtheilung für solche Handlungen vor, von denen sie, obgleich dieselben vielleicht in der That weniger schlimm sind, nicht begreifen können, wie es möglich sei dieselben zu begehen. Wenn sie sich, wie es oft aus sehr verschiedenen Gründen geschieht, bei einer Handlung überzeugt fühlen, daß der Mensch, welcher dieselbe begehet, ein ihnen völlig unähnliches Wesen sein müsse, so nehmen sie es selten genau mit der Prüfung des Grades des diesem Menschen gebührenden Tadels, oder auch nur mit der Prüfung der Frage, ob er überall Tadel verdiene. Sie bemessen den Grad der Schuld nach der Stärke ihrer Antipathie und daher sind Verschiedenheiten der Ansichten und sogar Verschiedenheiten des Geschmackes, Gegenstände eines ebenso intensiven moralischen Abscheus gewesen wie die scheußlichsten Verbrechen.

Es wird nützlich sein die leitenden Gesichtspunkte dieses Essay's mit einigen Worten zu resümiren.

Das Wort Natur hat zwei Hauptbedeutungen; entweder bezeichnet es die Gesammtheit der Dinge mit dem Inbegriff ihrer Eigenschaften, oder es bezeichnet die Dinge wie sie, abgesehen von menschlicher Dazwischenkunft, sein würden.

In der ersten dieser Bedeutungen hat die Lehre, daß der Mensch der Natur folgen müsse, überall keinen Sinn, da der Mensch bei dieser Bedeutung des Wortes garnicht anders kann als der Natur folgen; alle seine Handlungen geschehen vermittelst eines bestimmten oder vieler geistiger oder physischer Naturgesetze, oder in Gehorsam gegen diese Gesetze.

In der zweiten Bedeutung des Wortes ist die Lehre, daß der Mensch der Natur folgen oder mit anderen Worten sich den spontanen Lauf der Dinge zum Muster für seine freiwilligen Handlungen nehmen müsse, ebenso unvernünftig wie unsittlich, — unvernünftig weil jede menschliche Handlung in einer Veränderung und jede nützliche Handlung in einer Ver-

besserung der Natur besteht, unsittlich, weil, da alle Natur=
erscheinungen vielfach so wirken, daß, wenn menschliche Wesen
in gleicher Weise thätig wären, sie höchst verabscheuungswürdig
erscheinen würden, jeder der es versuchen würde in seinen Hand=
lungen den natürlichen Lauf der Dinge nachzuahmen, allgemein
für den schlechtesten Menschen gelten würde.

Der Plan der Natur als eines Ganzen kann das Beste
menschlicher oder anderer fühlender Wesen nicht zu seinem ein=
zigen oder auch nur zu seinem Hauptzwecke gehabt haben. Was
sie ihnen Gutes bringt ist meistens das Ergebniß ihrer eigenen
Anstrengungen; was in der Natur auf wohlwollende Absichten
hindeutet, beweist, daß dieses Wohlwollen nur mit einer sehr
beschränkten Macht ausgestattet ist und die Pflicht des Menschen
besteht darin mit den wohlwollenden Kräften zusammen zu
wirken, nicht dadurch daß er den Lauf der Natur nachahmt,
sondern ihn beständig zu verbessern strebt und den Theil der=
selben, auf den wir zu wirken im Stande sind in bessere Ueber=
einstimmung mit dem höchsten Maßstabe der Gerechtigkeit und
Güte bringt.

Die

# Nützlichkeit der Religion.

# Die Nützlichkeit der Religion.

Es ist schon öfter bemerkt worden, wie viel sowohl von Freunden wie von Feinden über die Wahrheit der Religion und wie wenig, zum mindesten in der Sphäre der Diskussion oder Controverse, über ihre Nützlichkeit geschrieben worden ist. Indessen kann das nicht überraschen; denn in Angelegenheiten, die uns so tief berühren, ist die Wahrheit unser höchstes Interesse. Wenn die Religion oder eine besondere Form derselben wahr ist, so bedarf ihre Nützlichkeit keines weitern Beweises. Wenn es nicht nützlich wäre mit Sicherheit zu erfahren in welchem Zustande der Dinge, unter welcher Weltregierung zu leben unsere Bestimmung ist, so läßt sich kaum etwas denken was nützlich wäre. Ob jemand an einem angenehmen oder an einem unangenehmen Aufenthalte, ob in einem Palaste oder in einem Gefängnisse sei, immer kann es nur nützlich für ihn sein, zu wissen wo er ist. So lange daher die Menschen die Lehren ihrer Religion als positive Thatsachen und als etwas ebenso unzweifelhaftes wie ihre eigene Existenz, oder die Existenz der sie umgebenden Gegenstände betrachteten, konnte es ihnen nicht in den Sinn kommen, nach der Nützlichkeit des Glaubens an dieselben zu fragen. Die Nützlichkeit der Religion brauchte nicht behauptet zu werden, bis die Argumente für ihre Wahrheit in hohem Maße ihre überzeugende Kraft verloren hatten. Die Menschen mußten entweder aufgehört haben zu glauben, oder sich auf den Glauben anderer zu verlassen, bevor sie sich auf diesen unter-

geordneten Boden der Vertheidigung stellen konnten, ohne sich
bewußt zu werden, daß sie das was sie zu erheben versuchten
herabsetzten. Ein Argument für die Nützlichkeit der Religion ist
ein Appell an Ungläubige, sich einer wohlgemeinten Heuchelei
zu befleißigen, oder an Halbgläubige, ihre Blicke von dem ab=
zukehren, was möglicherweise ihren schwankenden Glauben er=
schüttern könnte, oder endlich an die Menschen im allgemeinen,
sich der Aeußerung irgend welcher, ihnen aufstoßender Zweifel
zu enthalten, da ein Gebäude von so ungeheurer Wichtigkeit
für die Menschheit auf so unsicherm Grunde ruhe, daß die
Menschen, aus Furcht es umzublasen, in seiner Nähe den Athem
anhalten müßten.

In der gegenwärtigen Periode der Geschichte scheinen wir
jedoch an einem Zeitpunkte angelangt zu sein, wo unter den
Argumenten für und gegen die Religion diejenigen welche sich
auf ihre Nützlichkeit beziehen eine wichtige Stelle einnehmen.
Wir leben in einem Zeitalter schwachen Glaubens und in welchem
der Glaube den die Menschen haben viel mehr durch ihren
Wunsch zu glauben als durch die Ueberzeugung von seiner
Beweiskraft bestimmt wird. Der Wunsch zu glauben erwächst
nicht nur aus selbstsüchtigen, sondern oft aus den uneigennützigsten
Gefühlen und obgleich er nicht mehr das unerschütterliche und
vollkommene Vertrauen wie es einst bestand hervorzubringen
vermag, so umhegt er doch alles was von der Jugenderziehung
übrig bleibt, ist oft die Veranlassung, daß wir direkte Zweifel
nicht in uns aufkommen lassen und veranlaßt vor allem die
Menschen fortzufahren ihr Leben in Gemäßheit von Lehren ein=
zurichten, welche einen Theil ihrer Gewalt über die Gemüther
verloren haben und der Welt gegenüber dieselbe oder vielmehr
eine noch demonstrativere Haltung zu behaupten als sie sie zu
einer Zeit zur Schau zu tragen für nöthig hielten wo ihr per=
sönlicher Glaube tiefer gewurzelt war.

Wenn religiöser Glaube der Menschheit wirklich so noth=
wendig ist, wie man uns fortwährend versichert, so ist es gewiß

sehr zu beklagen, daß die günstigen Gründe für denselben
einer Unterstützung durch moralische Bestechung oder Verleitung
des Verstandes bedürfen. Ein solcher Zustand der Dinge ist
höchst unbehaglich selbst für diejenigen welche sich ohne eigentliche Unaufrichtigkeit als Gläubige bezeichnen können und noch
schlimmer für diejenigen, welche, nachdem sie mit Bewußtsein
aufgehört haben die Beweise für die Religion überzeugend zu
finden, sich, durch die Besorgniß dazu mitzuhelfen der Menschheit
ein nicht wieder gut zu machendes Unrecht anzuthun, davon ab-
halten lassen das auszusprechen. Es ist eine höchst peinliche
Lage für einen gewissenhaften und gebildeten Geist sich bei der
Verfolgung der beiden edelsten Ziele der Menschheit: der Wahrheit und des allgemeinen Besten, nach verschiedenen Richtungen
hingezogen zu sehen. Ein solcher Conflikt muß unvermeidlich
eine wachsende Gleichgültigkeit gegen eines oder das andere dieser
Ziele, höchst wahrscheinlich gegen beide, nach sich ziehen. Viele,
welche sowohl der Wahrheit als der Menschheit Riesendienste
leisten könnten, wenn sie glaubten, daß sie der einen ohne Verlust für die andere dienen könnten, sehen sich durch die Besorgniß, daß jede wahre Freiheit der Spekulation oder jede er-
hebliche Kräftigung oder Erweiterung der denkenden Fähigkeiten
der Menschheit im allgemeinen sie zu Ungläubigen und so auf
die sicherste Weise lasterhaft oder elend machen würden, entweder völlig gelähmt oder veranlaßt ihre Bemühungen auf gering-
fügigere Dinge zu beschränken. Viele wieder, welche erhabene
Gefühle an anderen beobachtet oder an sich selbst erfahren haben,
von denen sie glauben, daß sie unmöglich einer andern Quelle
als der Religion entsprungen sein können, haben eine aufrichtige
Abneigung gegen alles was, wie sie sagen, die Quelle solcher
Gefühle versiegen zu machen geeignet sei. Sie verhalten
sich daher entweder aller Philosophie gegenüber ablehnend oder
herabsetzend, oder geben sich mit intolerantem Eifer solchen
Formen derselben hin, in welchen Intuition die Stelle des Beweises einnimmt und innere Empfindung zum Maßstabe objek-

tiver Wahrheit gemacht wird. Der überwiegende Theil der ganzen, in diesem Jahrhunderte herrschenden Metaphysik ist ein Gewebe eines zu Gunsten der Religion, oft nur des Deismus zugestutzten Beweises, begreift aber unter allen Umständen eine Mißanwendung edeler Antriebe und spekulativer Fähigkeiten in sich, die zu den beklagenswerthesten jener nichtswürdigen Vergeudungen menschlicher Kräfte gehört, welche uns staunen machen, daß noch genug übrig bleibt, um die Menschheit, wenn auch noch so langsam, fortschreiten zu lassen.

Es ist wohl Zeit, unparteiischer und daher ruhiger als es gewöhnlich geschieht zu erwägen, ob dieses ganze, angestrengte Hinarbeiten auf das Stützen eines Glaubens, welcher zu seiner Aufrechterhaltung eines so großen Aufwandes von geistiger Arbeit und von Scharfsinn erfordert, einen hinreichenden Ertrag für das menschliche Wohlergehen gewährt und ob dieser Zweck nicht besser erreicht werden würde durch das offene Zugeständniß, daß gewisse Gegenstände unserm Verständnisse unerreichbar sind und durch die Anwendung derselben geistigen Fähigkeiten zur Stärkung und Erweiterung jener anderen Quellen der Tugend und des Glückes, welche der Unterstützung oder der Sanktion übernatürlichen Glaubens oder übernatürlicher Reizmittel nicht bedürfen.

Auf der andern Seite aber lassen sich die Schwierigkeiten der Frage nicht so rasch hinwegräumen wie skeptische Philosophen bisweilen zu glauben geneigt sind. Es ist nicht genug in allgemeinen Ausdrücken zu behaupten, daß nie ein Conflikt zwischen Wahrheit und Nützlichkeit entstehen, daß, wenn die Religion falsch sei aus ihrer Verwerfung nur Gutes hervorgehen könne. Denn obgleich die Kenntniß jeder positiven Wahrheit ein nützlicher Erwerb ist, kann doch diese Lehre nicht ohne Vorbehalt auf negative Wahrheiten angewandt werden. Wenn die einzige festzustellende Wahrheit darin besteht, daß wir nichts wissen können, gewinnen wir durch diese Kenntniß keine neue Thatsache die uns leiten könnte; wir werden im besten Falle nur über

Die Nützlichkeit der Religion.

unser Vertrauen zu einem frühern Wegweiser enttäuscht, welcher, wenn auch an und für sich trügerisch, uns doch in derselben Richtung wie die besten uns zu Gebote stehenden Anweisungen geleitet und, wenn er zufällig in die Augen fallender und lesbarer war, uns wo wir jene Anweisungen vielleicht übersehen haben würden, auf dem rechten Wege erhalten haben kann. Kurz, es läßt sich vollkommen begreifen, daß Religion sittlich nützlich sein kann ohne geistig haltbar zu sein und es würde ein Beweis von großem Vorurtheil bei jedem Ungläubigen sein zu leugnen, daß es Zeitalter gegeben hat und daß es noch jetzt sowohl Nationen als Individuen giebt, in Betreff deren dies wirklich der Fall ist. Ob es im allgemeinen und in Bezug auf die Zukunft der Fall ist, das zu untersuchen ist die Aufgabe dieser Abhandlung.

Ich beabsichtige zu untersuchen ob der Glaube an Religion aus dem Gesichtspunkte einer reinen Ueberzeugung, abgesehen von der Frage ihrer Wahrheit wirklich unerläßlich für die zeitliche Wohlfahrt der Menschheit ist, ob der Nutzen des Glaubens innerlich und allgemein, oder lokal vorübergehend und in gewissem Sinne zufällig ist, und ob die Wohlthaten welche er gewährt nicht auf anderm Wege, ohne den sehr bedeutenden Beisatz von Uebeln, mit welchen diese Wohlfahrten selbst in den besten Formen des Glaubens versetzt sind, erlangt werden könnten.

Mit den Argumenten für die eine Seite der Frage sind wir alle vertraut; religiöse Schriftsteller haben es nicht versäumt die Vortheile, sowohl der Religion im allgemeinen als ihres speziellen religiösen Glaubens im besondern nach Kräften zu verherrlichen. Aber die Vertreter der entgegengesetzten Ansicht haben sich im allgemeinen damit begnügt auf die mehr in die Augen fallenden und flagranten unter den positiven Uebeln hinzuweisen, welche durch vergangene und gegenwärtige Formen religiösen Glaubens erzeugt worden sind. Und in der That sind die Menschen von den Zeiten des Opfers der Iphigenia bis zu den Dragonnaden Ludwig's des Vierzehnten (um nicht noch tiefer herabzusteigen) so unablässig bemühet gewesen sich gegenseitig im Namen der Religion Uebles zuzufügen, daß kein Bedürfniß vorlag zu irgend einem unmittelbaren Zwecke nach fernerliegenden Argumenten zu suchen. Diese gehässigen Folgen gehören jedoch nicht der Religion an und für sich, sondern besonderen Formen derselben an und bieten kein Argument gegen die Nützlichkeit irgend welcher Religionen, außer derjenigen von welchen solche Ungeheuerlichkeiten ermuthigt werden. Ueberdies sind die schlimmsten dieser Uebel bereits in großem Umfange durch die verbesserteren Formen der Religion ausgerottet und in dem Maße wie die Menschheit in ihren Ideen und Gefühlen fortschreitet nimmt dieser Prozeß der Ausrottung seinen unausgesetzten Fortgang; die unmoralischen oder sonst verderblichen Konsequenzen, welche aus der Religion gezogen worden sind, werden eine nach der andern aufgegeben und werden, nachdem lange um sie, als um das wahre Wesen der Religion gekämpft worden ist, leicht von derselben trennbar befunden. Diese Uebel bleiben, nachdem sie vorüber sind, wenn auch nicht mehr als Argumente gegen die Religion, doch immer als redende Beweise für die Beschränktheit ihres wohlthätigen Einflusses bestehen, indem sie zeigen, daß einige der größten, je in den sittlichen Gefühlen der Menschheit gemachten Verbesserungen ohne dieselbe und trotz derselben stattgefunden haben und daß das was wir als den hauptsächlichsten aller verbessernden Einflüsse zu betrachten gelehrt werden in der Praxis so weit von dieser Eigenschaft entfernt geblieben ist, daß eine der schwersten, den übrigen guten Einflüssen der menschlichen Natur auferlegten Lasten darin bestanden hat, die Religion selbst zu verbessern. Gleichwohl hat die Verbesserung stattgefunden, sie nimmt noch ihren Fortgang und wir wollen der Billigkeit halber annehmen, sie sei vollendet. Wir wollen annehmen, die Religion habe sich die beste menschliche Sittlichkeit, welche Vernunft und Güte aus philosophischen, christlichen oder anderen Elementen herausarbeiten können, angeeignet. Wenn sie sich so von den verderblichen Folgen, welche sich aus ihrer Identifizirung mit einer schlechten Moral ergeben, befreiet hat, ist der Boden für die Betrachtung, ob ihre nützlichen Eigenschaften ihr ausschließlich inhärent sind, oder ob die Wohlthaten derselben ohne sie erlangt werden können, bereitet.

Dieser wesentliche Theil der Untersuchung des zeitlichen Nutzens der Religion ist der Gegenstand des vorliegenden Essay's. Es ist das ein Theil, welcher noch wenig von skeptischen Schriftstellern behandelt worden ist. Die einzige mir bekannte direkte Erörterung desselben findet sich in einer kurzen, angeblich theilweise aus Manuskripten Bentham's*) zusammengestellten Abhandlung, welche überreich an treffenden und tiefen Bemerkungen ist, welche aber, wie mir scheint, in ihrer Beweisführung vielfach zu weit geht. Diese Abhandlung und die beiläufigen, in den Schriften Comte's zerstreuten Bemerkungen sind die einzigen mir bekannten Quellen, aus welchen etwas den Gegenstand gründlich erfassendes für die skeptische Seite der Beweisführung herangezogen werden kann. Ich werde von beiden im Verlaufe dieser Abhandlung reichlichen Gebrauch machen.

Die Untersuchung zerfällt in zwei Theile, welche den beiden Seiten des Gegenstandes, seiner socialen und seiner individuellen Seite entsprechen. Was thut die Religion für die Gesellschaft und was für das Individuum; wie viele Wohlthaten für sociale Interessen im gewöhnlichen Sinne des Wortes erwachsen aus religiösem Glauben und welchen Einfluß übt sie auf die Verbesserung und Veredlung der individuellen menschlichen Natur?

Die erste Frage interessirt jedermann, die letztere nur die besten; für diese aber ist dieselbe, wenn ein Unterschied für sie besteht, die wichtigere von beiden. Wir wollen mit der erstern,

---

*) Analysis of the Influence of Natural Religion on the Temporal Happiness of Mankind. By Philip Beauchamp.

als derjenigen welche sich am besten dazu eignet leicht zu einem präzisen Abschlusse gebracht zu werden, beginnen.

Wenn wir also zuerst von religiösem Glauben als einem Werkzeuge zur Förderung des socialen Besten zu reden haben, müssen wir zunächst einen gemeinhin übersehenen Unterschied aufstellen. Sehr gewöhnlich wird der Religion als solcher die ganze, einem Systeme sittlicher Pflichten innewohnende, durch Erziehung eingepflanzte und durch die geltende Meinung zur Herrschaft gebrachte Macht zugeschrieben. Unzweifelhaft würde die Menschheit sich in einem beklagenswerthen Zustande befinden, wenn keine Prinzipien oder Lehren der Gerechtigkeit, der Wahrhaftigkeit, der Wohlthätigkeit öffentlich oder privatim gelehrt und wenn nicht durch das Lob und den Tadel, durch die günstige und die ungünstige Meinung der Menschheit diese Tugenden ermuntert und die entgegengesetzten Laster unterdrückt würden. Und da fast alles dieser Art was geschieht im Namen der Religion geschieht, da fast allen, welche in der Moral unterwiesen werden, diese Unterweisung als Religion und durch's ganze Leben hindurch hauptsächlich in dieser Eigenschaft eingepflanzt wird, so gilt die Wirkung, welche die Lehren als Lehren hervorbringen für eine religiöse Wirkung und der Religion wird der gesammte Einfluß, welcher in menschlichen Angelegenheiten einem angenommenen Systeme von Regeln für die Leitung und Lenkung des menschlichen Lebens zukommt, zugeschrieben.

Wenige haben genügend darüber nachgedacht, wie groß dieser Einfluß ist, eine wie ungeheure Wirkung nothwendigerweise jede Lehre, welche einigermaßen einstimmig als wahr angenommen und dem Gemüthe von frühester Jugend an als Pflicht eingeprägt wird, üben muß. Ein wenig Nachdenken wird uns denke ich zu dem Schlusse führen, daß es das ist was die große sittliche Gewalt in menschlichen Angelegenheiten übt und daß die Religion nur deshalb so mächtig erscheint, weil diese gewaltige Macht unter ihrer Herrschaft gestanden hat.

Man betrachte zunächst den ungeheuern Einfluß der Autorität

auf das menschliche Gemüth. Ich rede jetzt von dem unwillkür=
lichen Einflusse, von der Wirkung auf die Ueberzeugung der Men=
schen, auf ihre unwillkürlichen Gefühle. Autorität ist der Beweis
auf welchen hin die Masse der Menschen alles glaubt, wovon man
ihnen sagt, daß sie es wissen, außer Thatsachen von denen sie mit
ihren eigenen Sinnen Kenntniß genommen haben. Sie ist der
Beweis auf welchen hin selbst die Weisesten alle jene Wahrheiten
der Wissenschaft, oder Thatsachen der Geschichte oder des Lebens
annehmen, deren Beweise sie nicht persönlich geprüft haben.
Für die ungeheuere Mehrzahl der Menschen ist die allgemeine
Meinung der Menschheit übermächtig; was ihnen so als gewiß
übermittelt wird, glauben sie mit einer Festigkeit der Zuversicht,
welche sie nicht einmal dem was sie durch ihre Sinne wahr=
nehmen entgegenbringen, wenn die allgemeine Meinung der
Menschheit dem entgegensteht. Sobald daher eine Regel des
Lebens und der Pflicht, gleichviel ob auf Religion gegründet
oder nicht, augenfällig die allgemeine Zustimmung erlangt hat,
so setzt sie sich in dem Glauben eines jeden Individuums fester
als es der Fall gewesen sein würde, selbst wenn es durch die
inhärente Kraft seines eigenen Verstandes dazu gelangt wäre.
Wenn Novalis, nicht ohne guten Sinn, sagen konnte: „Mein
Glaube hat von dem Augenblicke an, wo ein anderes mensch=
liches Wesen angefangen hat, dasselbe zu glauben, unendlich an
Festigkeit für mich gewonnen, wieviel mehr muß das der Fall
sein wenn es sich nicht um eine andere Person, sondern um
alle Menschen handelt von denen man weiß. Einige werden
vielleicht als einen Einwand hervorheben, daß kein System der
Moral sich dieser allgemeinen Zustimmung erfreue und daß
niemand daher aus dieser allgemeinen Zustimmung irgend eine
Macht über das Gemüth herleiten könne. Soweit es sich um
das gegenwärtige Zeitalter handelt, ist diese Behauptung richtig
und bekräftigt die Argumentation, welcher sie auf den ersten
Blick entgegenzustehen scheinen könnte; denn genau in dem
Maße wie die hergebrachten Glaubenssätze bestritten worden sind

und es bekannt geworden ist, daß es viele giebt die nicht mit ihnen übereinstimmen, hat ihre Macht über den allgemeinen Glauben und ihr praktischer Einfluß auf das Verhalten der Menschen abgenommen, und da ihnen das begegnet ist unerachtet der religiösen Sanktion die ihnen innewohnte, so kann es keinen stärkern Beweis dafür geben, daß sie nicht als Religion, sondern als allgemein von der Menschheit angenommene Glaubenssätze ihre Gewalt übten. Menschen, welche an ihre Religion so fest glauben wie jemand glaubt, daß Feuer seine Hand verbrennen werde wenn er sie hineinsteckt, finden wir nur in jenen orientalischen Ländern, in welchen die Europäer noch nicht die Mehrzahl bilden, oder in der europäischen Welt zu der Zeit, wo sie noch allgemein katholisch war. Die Menschen waren auch in jenen Zeiten oft ungehorsam gegen die Gebote ihrer Religion, weil ihre menschlichen Leidenschaften und Begierden zu stark für dieselben waren, oder weil die Religion selbst Auskünfte der Nachsicht gegen die Uebertretung ihrer Gebote gewährte; aber wenn sie auch ungehorsam waren, so ließen sie sich doch in den meisten Fällen keine Zweifel beikommen. Es bestand in jenen Tagen ein absoluter und zweifelloser Glaube, wie er seitdem in Europa nicht wieder allgemein geherrscht hat.

Nachdem wir so die nur von der Autorität, dem bloßen Glauben und dem Zeugniß unserer Nebenmenschen über die Menschheit geübte Herrschaft kennen gelernt haben, betrachten wir demnächst die ungeheure Gewalt der Erziehung. Wie unaussprechlich groß ist der Einfluß den es auf Menschen übt wenn sie von frühester Kindheit an in einem Glauben und in darauf gegründeten Gewohnheiten aufwachsen. Man erwäge auch, daß in allen Ländern und von den frühesten Zeiten bis auf die Gegenwart nicht nur diejenigen, welche in einem beschränkten Sinne des Wortes die Gebildeten heißen, sondern alle oder fast alle, welche von Eltern oder von jemand der sich für sie interessirte erzogen sind, von ihrer frühesten Jugend an in irgend einer Art von religiösem Glauben und in gewissen Lehren

Die Nützlichkeit der Religion.

als den für sie und die Menschheit geltenden Geboten der himm=
lischen Mächte unterwiesen worden sind. Und da nicht anzu=
nehmen ist, daß die Gebote Gottes für kleine Kinder etwas mehr
sind als die Gebote ihrer Eltern, so kann man vernünftiger=
weise nur glauben, daß ein System socialer Pflichten, welches
die Menschheit sich aneignen möchte, selbst unabhängig von der
Religion, mit demselben Erfolge von Kindheit auf eingepflanzt
werden könnte und diesen Erfolg künftig in viel größerm Maße
haben würde, als irgend eine Lehre ihn gegenwärtig hat, da die
Gesellschaft jetzt viel mehr geneigt ist als früher, sich die sittliche
Erziehung jener zahlreichen Klassen angelegen sein zu lassen,
deren Erziehung bisher so sehr dem Zufalle überlassen geblieben
ist. Nun ist es aber besonders charakteristisch für die Eindrücke
der frühesten Erziehung, daß sie das üben was für spätere Ueber=
zeugungen so viel schwieriger zu erlangen ist — Herrschaft über
die Gefühle. Wir sehen täglich eine wie gewaltige Macht diese
ersten Eindrücke über die Gefühle selbst derjenigen behaupten,
welche die Ansichten, die ihnen frühzeitig beigebracht wurden,
aufgegeben haben, während es andererseits nur bei Menschen
von viel größerer natürlicher Empfindsamkeit und einem viel
schärfern Verstande als überall gewöhnlich ist, vorkommt, daß
ihre Gefühle sich mit ähnlicher Energie Ansichten zuwenden,
welche sie sich kraft eigener Forschung im spätern Leben an=
geeignet haben, und selbst wenn sie es thun, dürfen wir mit
Wahrheit sagen, daß sie es thun weil das starke moralische
Pflichtgefühl, der Ernst, der Muth und die Hingebung, welche
sie dazu in den Stand setzen, selbst die Früchte früher Ein=
drücke sind.

Die Macht der Erziehung ist fast grenzenlos; es giebt keine
einzige natürliche Neigung, welche sie nicht stark genug wäre
einzuschränken und wenn es erforderlich ist durch Entwöhnung
zu zerstören. An dem größten, von der Geschichte berichteten
Siege, welchen Erziehung jemals über eine ganze Schar von
natürlichen Neigungen in einem ganzen Volke errungen hat,

der Jahrhunderte langen Aufrechterhaltung der Institutionen des Lykurg, hatte die Religion den allergeringsten, wenn überall einen Antheil; denn die Götter der Spartaner waren dieselben wie die anderer griechischer Staaten und obgleich ohne Zweifel jeder griechische Staat glaubte, daß seine besondere Verfassung bei ihrer ersten Gründung eine Art göttlicher Sanktion (meistens die des Delphi'schen Orakels) erhalten habe, so hatte es doch selten eine Schwierigkeit dieselbe oder eine ebenso mächtige Sanktion für eine Veränderung zu erlangen. Nicht die Religion bildete die Stärke der spartanischen Institutionen; das System wurzelte in der Hingebung an Sparta, an das Ideal des Landes oder des Staates, — einer Hingebung, welche, zu einer idealen an ein noch größeres Land, an die Welt, ausgedehnt, dasselbe und noch viel größeres leisten würde. Bei den Griechen war die sociale Moral im allgemeinen in hohem Grade unabhängig von der Religion. Es war mehr das umgekehrte Verhältniß, welches bei ihnen bestand; die Anbetung der Götter wurde hauptsächlich als eine sociale Pflicht eingeprägt insofern man glaubte daß, wenn sie vernachlässigt oder beleidigt würden, ihr Zorn nicht schwerer auf das Individuum als auf den Staat oder die Gemeinde fallen würde, welche es erzogen und geduldet hatten. Die sittliche Unterweisung wie sie in Griechenland bestand, hatte sehr wenig mit Religion zu thun; man nahm nicht an, daß die Götter sich viel um das Verhalten der Menschen gegen einander bekümmerten, außer wenn die Menschen es möglich gemacht hatten die Götter selbst dadurch in ihre Angelegenheiten hineinzuziehen, daß sie eine Behauptung oder eine Verpflichtung durch Eid oder Gelübde unter die Sanktion eines feierlichen Appells an die Götter gestellt hatten. Ich gebe zu, daß Sophisten und Philosophen und selbst populäre Redner ihr bestes thaten die Religion in den Dienst ihrer speziellen Zwecke zu pressen und die Menschen glauben zu machen, daß die Gefühle, welche sie ihnen einzupflanzen beflissen waren, den Göttern besonders angenehm seien; aber das scheint doch nur in Fällen einer direkten Beleidigung gegen die Würde der Götter selbst die Haupterwägung gewesen zu sein. Für die Einschärfung menschlicher Moralvorschriften verließ man sich fast ausschließlich auf weltliche Beweggründe. Griechenland ist, glaube ich, das einzige Beispiel eines Landes, das den unaussprechlichen Vortheil gehabt hat, eine andere als religiöse Unterweisung zur Basis der Erziehung zu haben und obgleich sich viel gegen einen Theil dieser Unterweisung einwenden läßt, so läßt sich doch äußerst wenig gegen ihre Wirksamkeit sagen. Das denkwürdigste Beispiel von der Macht der Erziehung über menschliches Verhalten bietet, wie bereits erwähnt, eben dieser exceptionelle Fall und gewährt so eine starke Präsumtion, daß in anderen Fällen frühzeitige religiöse Unterweisung ihre Gewalt über die Menschheit mehr ihrer Frühzeitigkeit als ihrem religiösen Charakter verdankt habe.

Wir haben jetzt zwei Gewalten betrachtet, die der Autorität und die der frühen Erziehung, welche beide auf dem Wege eines unwillkürlichen Glaubens, der Gefühle und Wünsche der Menschen ihre Wirkung üben und welche die Religion bisher als ihr fast ausschließliches Zubehör angesehen hat.

Betrachten wir jetzt eine dritte Macht, welche direkt auf die Handlungen der Menschen wirkt, gleichviel ob ihre unwillkürlichen Empfindungen dabei ins Spiel kommen oder nicht. Das ist die Macht der öffentlichen Meinung, des Lobes und des Tadels, der Gunst und der Ungunst unserer Nebenmenschen; diese Quelle starker, jedem Systeme allgemein angenommener sittlicher Ueberzeugungen innewohnender Einflüsse.

Die Menschen sind so gewohnt den Beweggründen, welche ihre Handlungen bestimmen, schmeichelhaftere Namen zu geben als ihnen von Rechtswegen zukommen, daß sie meistens garnicht wissen, wie sehr diejenigen Momente ihres Benehmens auf die sie am stolzesten sind, (ebenso gut wie einige deren sie sich schämen) durch das Motiv der öffentlichen Meinung bestimmt werden. Natürlich gebietet die öffentliche Meinung meistentheils dieselben Dinge, welche von der recipirten socialen Moral ge=

boten werden, indem diese Moral in Wahrheit der Inbegriff des Verhaltens ist, von welchem jeder aus der Menge, gleichviel ob er selbst es irgendwie genau beobachtet oder nicht, wünscht, daß andere es gegen ihn beobachten möchten. Die Menschen schmeicheln sich daher gern mit dem Glauben, daß sie aus Gewissensdrang handeln, wenn sie im Gehorsam gegen das niedrigere Motiv Dinge thun, welche ihr Gewissen billigt. Wir sehen fortwährend, wie groß die Macht der öffentlichen Meinung im Widerspruche mit dem Gewissen ist, wie die Menschen „einer Menge folgen, um Uebles zu thun", wie oft die öffentliche Meinung sie verleitet zu thun was ihr Gewissen mißbilligt und wie viel öfter sie sie noch verhindert zu thun, was es gebietet. Aber wenn das Motiv der öffentlichen Meinung in derselben Richtung mit dem Gewissen wirkt, was sie, da sie selbst gewöhnlich ursprünglich das Gewissen geschaffen hat, meistentheils natürlich thut, so ist es von allen Motiven das auf die Masse der Menschen am überwältigendsten wirkende.

Die Namen aller sich in der menschlichen Natur manifestirenden stärksten Leidenschaften (mit Ausnahme der rein thierischen) sind ein jeder, ein Name für nur einen Theil des aus dem was ich hier öffentliche Meinung nenne, hergeleiteten Motives. Die Ruhmsucht, die Freude am Lobe, die Sucht nach Anerkennung, der Wunsch sich geehrt und geachtet zu sehen, selbst das Verlangen nach Sympathie sind nur Theile der anziehenden Kraft der öffentlichen Meinung. Eitelkeit ist eine tadelnde Bezeichnung für die anziehende Kraft der öffentlichen Meinung im allgemeinen, wenn sie als übermäßig betrachtet wird. Die Furcht vor Schande, die Besorgniß vor schlechtem Ruf oder vor Unbeliebtheit oder Haß sind die direkten und einfachen Formen ihrer abschreckenden Gewalt. Aber die abschreckende Gewalt der ungünstigen Gesinnungen unserer Mitmenschen besteht nicht allein in der Peinlichkeit des Bewußtseins, selbst der Gegenstand dieser Gesinnungen zu sein; sie begreift alle die Strafen in sich, welche die Gesinnungen über uns verhängen können: die Ausschließung von

dem gesellschaftlichen Verkehr und von den unzähligen guten
Diensten welche die Menschen von einander verlangen, das Ver=
wirken alles dessen was Erfolg im Leben heißt, oft eine be=
deutende Verminderung oder den gänzlichen Verlust der Sub=
stiftenzmittel, endlich positive schlimme Dienste verschiedener Art,
welche hinreichen das Leben elend zu machen und in einigen
Gesellschaftszuständen einer Verfolgung bis zum Tode gleich=
kommen. Und wiederum begreift der anziehende oder antreibende
Einfluß der öffentlichen Meinung das ganze Gebiet dessen in
sich, was wir gewöhnlich Ehrgeiz nennen; denn ausgenommen
in Zeiten einer gesetzlosen militärischen Gewaltherrschaft können
die Ziele des gesellschaftlichen Ehrgeizes nur vermöge der gu=
ten Meinung und der günstigen Stimmung unserer Mit=
menschen erreicht werden, auch würden unter neun von zehn
Fällen diese Ziele garnicht einmal wünschenswerth erscheinen,
wenn es nicht um der Macht willen wäre, die sie über die
Gesinnungen der Menschen verleihen. Selbst das Vergnügen
der Selbstzufriedenheit hängt in der Mehrzahl der Fälle von
der Meinung anderer ab. So groß ist der unwillkürliche Ein=
fluß der öffentlichen Meinung auf gewöhnliche Gemüther, daß
Menschen sich schon über das Durchschnittsmaß erheben müssen,
um sich sicher zu fühlen, daß sie im Rechte sind, wenn die Welt,
d. h. ihre Welt sie im Unrechte glaubt; auch giebt es für die
meisten Menschen keinen sprechendern Beweis für ihre eigene
Tugend oder ihre Talente, als daß die Menschen im allgemeinen
daran zu glauben scheinen. In allen Gebieten menschlicher
Angelegenheiten ist die Rücksicht auf die Gesinnungen unserer
Mitmenschen in einer oder der andern Gestalt bei fast allen
Charakteren das durchgehende Motiv. Und wohlgemerkt dieses
Motiv ist von Natur am stärksten bei den sensitivsten Naturen,
welche das vielverheißendste Material für die Entwicklung großer
Tugenden bilden. Wie weit die Macht dieses Motives reicht,
dafür liegt eine zu reiche Erfahrung vor, als daß es hier noch
eines weitern Beweises oder einer Illustration bedürfte. Wenn

der Mensch einmal die Mittel zu seiner Existenz erworben hat, ist der bei weitem größere Theil der Arbeit und Mühen, die ihm noch auf Erden übrig bleiben, auf die Erwerbung der Achtung, oder der günstigen Meinung der Menschen, darauf gerichtet, daß sie zu uns empor, auf keinen Fall auf uns herabschauen. Die industrielle und commerzielle Thätigkeit, welche die Civilisation fördert, die Frivolität, Verschwendung und die eigennützige Begier nach Ausbreitung, welche sie hemmen, fließen gleichmäßig aus derselben Quelle, während, um ein Beispiel für die Macht, welche die Furcht vor der öffentlichen Meinung übt, anzuführen, es bekannt ist, wie viele Morde begangen worden sind, nur um einen Zeugen zu beseitigen der um ein Geheimniß, das Schande über den Mörder gebracht haben würde, wußte und es voraussichtlich enthüllt haben würde.

Wer den Gegenstand gerecht und unparteiisch betrachtet, wird die Annahme berechtigt finden, daß jene großen Wirkungen auf das menschliche Verhalten, welche gemeinhin direkt der Religion entnommenen Motiven zugeschrieben werden, meistens zu ihrer nächsten Quelle den Einfluß der öffentlichen Meinung haben. Die Religion ist mächtig gewesen nicht durch ihre innere Kraft, sondern weil sie jene gewaltigere Macht in Bewegung gesetzt hat. Die Religion hat ungeheuren Einfluß auf die Richtung der öffentlichen Meinung geübt, welche in vielen höchst wichtigen Beziehungen ganz und gar durch sie bestimmt worden ist. Aber abgesehen von der besondern, durch die öffentliche Meinung ertheilten Sanktion haben ihre eigenen Sanktionen, außer bei exceptionellen Charakteren oder in besonderen Stimmungen, nachdem die Zeiten vorüber waren, in welchen man glaubte, daß zeitliche Strafen und Belohnungen gewöhnlich unmittelbar durch göttliche Fügung verhängt und ertheilt würden, niemals einen sehr mächtigen Einfluß geübt. Als die Menschen noch fest glaubten, daß, wenn sie die Heiligkeit einer besonders geweihten Stätte verletzten, sie auf der Stelle todt zu Boden sinken oder plötzlich von tödtlicher Krankheit befallen werden würden, hüteten sie sich ohne Zweifel wohl, sich dieser Strafe auszusetzen; sobald aber ein einziger den Muth gehabt hatte der Gefahr zu trotzen und straflos davon kam, war der Zauber gebrochen. Wenn je ein Volk gelehrt worden war, daß es unter göttlicher Regierung stehe und daß Untreue gegen seine Religion und sein Gesetz von oben mit weltlicher Strafe heimgesucht werden würde, waren es die Juden. Und doch war ihre Geschichte nichts als eine Reihe von Rückfällen ins Heidenthum. Ihre Propheten und Geschichtsschreiber die an den alten Glaubenssatzungen festhielten, — obgleich sie denselben eine so freie Auslegung gaben, daß sie es für eine genügende Kundgebung des göttlichen Zornes gegen einen König hielten, wenn seinem Urenkel ein Unglück begegnete —, wurden nie müde, sich darüber zu beklagen, daß ihre Landsleute taub gegen ihre Weissagungen seien und daher konnten sie in ihrem Glauben, daß die göttliche Regierung mit weltlichen Strafen zu Werke gehe nicht, — wie Mirabeau's Vater es ohne solchen Glauben am Vorabende der französischen Revolution zu thun im Stande war —, ihre Augen gegen den allgemeinen Umsturz (la culbute générale) verschließen; ein Umsturz welcher, zum Glück für ihren Kredit als Propheten, wirklich eintrat, ungleich der Prophezeiung des Apostels Johannes, welcher, in der einzigen verständlichen Weissagung in seiner Offenbarung, der Sieben-Hügel-Stadt ein Schicksal gleich dem Niniveh's und Babylon's voraussagte, welche Weissagung bis auf diese Stunde unerfüllt geblieben ist. Unzweifelhaft trug die Ueberzeugung, welche die Erfahrung bei Zeiten allen, außer den ganz Unwissenden, aufdrängte, daß göttliche Strafen nicht zuversichtlich in weltlicher Form erwartet werden dürften, viel zu dem Sturze der alten Religionen und zu der allgemeinen Annahme einer Religion bei, welche, ohne providentielle Einmischungen in diesem Leben, zum Zweck der Strafe für Schuld oder der Belohnung für Verdienste, auszuschließen, den Hauptschauplatz göttlicher Vergeltung in eine Welt nach dem Tode verlegte. Aber Belohnungen und Strafen die so weit hinaus gerückt sind und niemals mit dem Auge wahrgenommen werden, sind, selbst wenn unendlich und ewig, nicht dazu geeignet auf gewöhnliche Gemüther, starken Versuchungen gegenüber, einen sehr mächtigen Einfluß zu üben. Schon ihre Ferne allein thut ihrer Wirkung ungeheuren Eintrag bei solchen Gemüthern, welche der einschränkenden Gewalt der Strafe am meisten bedürfen. Einen noch größern Eintrag bewirkt die Ungewißheit, welche ihnen der Natur der Sache nach anhaftet; denn Belohnungen und Strafen, welche nach dem Tode ertheilt und verhängt werden, müssen schließlich nicht nach bestimmten Handlungen sondern nach einem allgemeinen Ueberblick über das ganze Leben eines Menschen bemessen werden und der Mensch überredet sich leicht, daß, was immer seine kleinen Sünden gewesen sein mögen, schließlich ein Ueberschuß zu seinen Gunsten herauskommen werde. Alle positiven Religionen unterstützen diese Selbsttäuschung. Schlechte Religionen lehren, daß die göttliche Rache durch Opfer oder allgemeine Buße abgekauft werden könne; bessere Religionen legen, um die Sünder nicht zur Verzweiflung zu bringen, so großes Gewicht auf die göttliche Gnade, daß kaum je ein Mensch sich für unabwendbar verdammt zu halten braucht. Die einzige Seite dieser Strafen, die darauf berechnet scheinen könnte sie wirksam zu machen, ihre überwältigende Größe ist an und für sich ein Grund, daß niemand, mit Ausnahme vielleicht eines oder des andern Hypochonders, jemals wirklich glaubt, daß er in einer ernsten Gefahr sei diesen Strafen zu verfallen. Selbst der schlimmste Uebelthäter ist kaum im Stande zu glauben, daß er durch ein Verbrechen, welches zu begehen in seiner Macht gelegen oder durch ein Uebel welches er während der kurzen Dauer dieses Lebens zugefügt habe, ewige Qualen verdient haben könne.

Bentham, den ich bereits als einen der wenigen Autoren erwähnt habe, die etwas den Kern der Sache wirklich treffendes über die Sanktion der Religion gesagt hat, bringt mehrere Fälle zum Beweise dafür bei, daß Pflichterfüllung aus Religion, wenn

sie nicht durch die öffentliche Meinung eingeschärft wird, kaum
irgend eine Wirkung auf das Verhalten der Menschen übt. Sein
erstes Beispiel ist das der Eide. Alle Gerichtseide und solche
Eide, auf deren gewissenhafte Beobachtung die Gesellschaft der
großen Wichtigkeit wegen, welche diese Beobachtung für sie hat,
streng hält, werden als wirkliche und bindende Verpflichtungen
betrachtet. Aber Universitätseide und Eide vor Zollbehörden
werden, obgleich von religiösem Gesichtspunkte aus ebenso ver-
pflichtend, in der Praxis selbst von, in anderen Beziehungen
ehrenwerthen Männern auf das äußerste mißachtet. Der Uni-
versitätseid auf die Befolgung der Statuten ist seit Jahrhunderten
unter allgemeiner Zustimmung für nichts geachtet und im Zoll-
hause geschieht es täglich, oder pflegte es wenigstens täglich zu
geschehen, daß gänzlich falsche Angaben ohne Erröthen von Personen beschworen wurden, welche alle gewöhnlichen Verpflichtungen
des Lebens so gewissenhaft beobachteten wie andere Menschen.
Die Erklärung liegt darin, daß Wahrhaftigkeit in diesen Dingen
kein Gebot der öffentlichen Meinung war. Der zweite Fall den
Bentham citirt, ist der des Duellirens, einer jetzt in England
veralteten aber in verschiedenen anderen christlichen Ländern noch
in voller Blüthe stehenden Sitte, deren Sündhaftigkeit von fast
allen denen anerkannt und zugestanden wird, welche sich nichtsdestoweniger, um der öffentlichen Meinung zu willfahren und
persönlicher Demüthigung zu entgehen, derselben schuldig machen.
Der dritte Fall ist der, unerlaubten geschlechtlichen Umganges.
Derselbe gilt bei beiden Geschlechtern für eine der größten
Sünden gegen die Religion; gleichwohl aber haben die Männer,
da diese Sünde von der öffentlichen Meinung für das männliche
Geschlecht nicht streng beurtheilt wird, im allgemeinen sehr geringe Skrupel dieselbe zu begehen, während die Frauen, obgleich
die religiöse Verpflichtung für sie nicht stärker ist, dieselbe
doch, weil die öffentliche Meinung ihr ernsthaft zur Seite steht,
gewöhnlich erfüllen.

Es läßt sich ohne Zweifel manches gegen Bentham's Bei-

spiele einwenden, wenn man sie als strenge Proben auf die
Macht der religiösen Sanktion betrachten will, denn, wird man
vielleicht sagen, die Menschen glauben in diesen Fällen nicht
wirklich, daß Gott sie mehr als die Menschen bestrafen werde.
Und diese Behauptung ist unzweifelhaft richtig in dem Falle
jener Universitäts= und anderer Eide, welche gewöhnlich ohne
jede Absicht sie zu halten geschworen werden. Der Eid wird in
diesen Fällen als eine reine Formalität betrachtet, welcher es
angesichts der Gottheit an jeder ernsten Bedeutung fehlte und
der gewissenhafteste Mensch hält sich, selbst wenn er sich vor=
wirft einen Eid geschworen zu haben, von dem niemand glaubt
daß er gehalten werden müsse doch in seinem Gewissen keines
Meineides sondern nur der Entweihung einer Ceremonie für
schuldig. Das ist also kein gutes Beispiel dafür daß die Wir=
kung religiöser Beweggründe, wenn sie von dem Motive der
öffentlichen Meinung getrennt auftreten, schwach seien. Der
Punkt, welchen dieses Beispiel illustrirt, ist vielmehr die Tendenz
des einen Motives mit dem andern Hand in Hand zu gehen,
so daß, wo die Strafen der öffentlichen Meinung aufhören,
auch das religiöse Motiv aufhört. Ein gleiches kritisches Be=
denken trifft indessen Benthams andere Beispiele, das Duelliren
und geschlechtliche Ausschweifungen, nicht. Diejenigen, welche diese
Handlungen begehen, die erste auf das Geheiß der öffentlichen
Meinung, die letztere unter ihrer Duldung, glauben in den meisten
Fällen wirklich, daß sie Gott erzürnen. Ohne Zweifel glauben
sie nicht ihn in solchem Grade zu erzürnen, daß sie ihr Seelen=
heil ernstlich dadurch gefährden. Ihre Zuversicht auf seine
Gnade überwiegt ihre Furcht vor seinem Zorne, was wieder ein
Beleg für die Richtigkeit der bereits gemachten Bemerkung ist,
daß die unvermeidliche Ungewißheit religiöser Strafen sie als
abschreckendes Motiv schwach erscheinen läßt. Ein schwaches
Motiv sind sie selbst bei Handlungen, welche die Meinung der
Menschen verurtheilt, und noch viel mehr bei solchen gegen welche
sie Nachsicht übt. Von dem was die Menschen für verzeihlich

halten, glauben sie fast nie, daß Gott es streng verurtheilen
werde, wenigstens diejenigen nicht, welche in sich Neigung ver=
spüren, es zu begehen.

Es fällt mir keinen Augenblick ein zu leugnen, daß es
Gemüthszustände giebt, in welchen die Idee einer religiösen
Strafe mit überwältigender Kraft wirkt. Bei hypochondrischen
und solchen Menschen, bei denen Gedanken und Einbildungskraft
in Folge großer Enttäuschungen oder anderer moralischer Ur=
sachen eine gewohnheitsmäßig melancholische Färbung angenom=
men haben, führt diese Vorstellung, indem sie mit der bereits
vorhandenen Gemüthsverfassung zusammenfällt, zu Bildern,
welche wohl dazu geeignet sind den unglücklichen Dulder zum
Wahnsinn zu treiben.

Oft gewinnen diese Ideen während eines vorübergehenden
Zustandes der Niedergeschlagenheit eine solche Macht über das
Gemüth, daß sie den Charakter dauernd umgestalten und das
ist der gewöhnlichste Fall dessen was in der Sektirer=Sprache
Bekehrung heißt. Aber wenn der Zustand der Niedergeschlagen=
heit nach der Bekehrung wieder aufhört, wie es gewöhnlich ge=
schieht und der Convertit nicht wieder in seinen alten Zustand
verfällt sondern in seinem neuen Lebenslaufe beharrt, so zeigt
sich der Hauptunterschied zwischen diesem und dem alten Zustande
gewöhnlich darin, daß der Betreffende sein Leben jetzt nach der
Meinung seiner religiösen Genossen regelt, wie er es früher
nach der der profanen Welt modelte. Unter allen Umständen
giebt es einen klaren Beweis dafür, wie wenig die Menschen
im allgemeinen, gleichviel ob sie religiös oder weltlich gesinnt
sind, in Wahrheit ewige Strafen fürchten, nämlich den, daß bei
der Annäherung des Todes, wo die Strafen, welche bisher in
weiter Ferne lagen, was ihnen so viel von ihrer Wirkung be=
nahm, in die allernächste Nähe gerückt erscheinen, fast alle
Menschen, die sich nicht eines furchtbaren Verbrechens schuldig
gemacht haben und selbst die, welche sich eines solchen Verbrechens
bewußt sind, sich durchaus von keiner Besorgniß in Betreff ihrer

Aussichten in einer andern Welt behelligt finden und sich nie auch nur einen Augenblick von einer wirklichen Gefahr ewiger Bestrafung bedroht glauben.

Was die grausamen Todesarten und körperlichen Martern betrifft, welche Bekenner eines Glaubens und Märtyrer so oft um der Religion willen erduldet haben, so möchte ich ihr Verdienst nicht dadurch herabsetzen, daß ich diesen bewunderungswürdigen Muth und diese Beständigkeit auch nur zum geringsten Theile dem Einflusse menschlicher Meinung zuschreibe. Menschliche Meinung hat sich zwar fähig erwiesen eine ganz ähnliche Festigkeit bei Menschen hervorzubringen, die sich sonst keineswegs durch sittliche Vortrefflichkeit auszeichneten, wie z. B. die nordamerikanischen Indianer wenn sie am Pfahl stehen. Aber wenn es nicht der Gedanke des Ruhmes in den Augen ihrer Glaubensgenossen war, was diese heldenmüthigen Dulder in ihren Todeskämpfen aufrecht erhielt, so glaube ich doch ebenso wenig, daß es, allgemein gesprochen, der Gedanke an die Freuden des Himmels oder an die Qualen der Hölle war. Ihr Antrieb war eine göttliche Begeisterung, eine selbstvergessene Hingebung an eine Idee, ein Zustand der Ekstase, welcher keineswegs der Religion eigenthümlich, sondern welchen hervorzurufen das Vorrecht jeder großen Sache ist. Diese Erscheinung gehört in das Bereich der kritischen Momente des Lebens, nicht in das des gewöhnlichen Wirkens menschlicher Motive und aus ihr kann nichts in Betreff der Wirksamkeit der, gleichviel ob religiösen oder anderen Ideen welchen sie entsprungen war, in Bezug auf die Ueberwindung gewöhnlicher Versuchungen und die Regulirung des täglichen Lebenslaufes geschlossen werden.

Wir dürfen jetzt wohl diese Seite unseres Gegenstandes, welche doch am Ende die untergeordnetste ist, als erledigt betrachten. Der Werth der Religion als einer Ergänzung menschlicher Gesetze, einer schlauern Art von Polizei, eines Beistandes für den Diebsfänger und den Scharfrichter, ist nicht derjenige Theil ihrer Ansprüche, auf welchen die edler gesinnten ihrer Ver-

## Die Nützlichkeit der Religion.

ehrer den meiften Werth legen und fie würden wahrfcheinlich fo bereit wie irgend jemand fein zuzugeben, daß, wenn man der edleren Dienfte der Religion für die Seele entrathen könnte, man leicht einen Erfatz für ein fo gemeines und felbftfüchtiges fociales Werkzeug wie es die Furcht vor der Hölle ift würde finden können. Nach ihrer Auffaffung der Sache bedürfen die beften Menfchen der Religion durchaus zur Vervollkommnung ihres eigenen Charakters, wenn auch die fchlechteften vielleicht ohne ihre Hülfe bezwungen werden können.

Selbft aus dem focialen Geficht spunkte jedoch, in feiner erhabenften Auffaffung behaupten diefe edleren Geifter im all= gemeinen die Nothwendigkeit der Religion als Belehrungs=, wenn nicht als Einschärfungsmittel der focialen Moral. Sie fagen, daß nur die Religion uns lehren könne was Moral fei, daß alle, je von der Menfchheit anerkannte höchfte Moral von der Religion gelernt worden fei; daß die größten nicht infpirirten Philofophen in ihrem höchften Fluge weit hinter der chriftlichen Moral zurückgeblieben feien und daß fie, zu was immer für einer geringern Moral fie (nach der Meinung vieler mit Hülfe dunkler, den jüdifchen Religionsbüchern oder einer uranfäng= lichen Offenbarung entnommenen Traditionen) gelangt fein möchten, fie doch nie die große Maffe ihrer Mitbürger hätten vermögen können diefelbe von ihnen anzunehmen; daß die Menfchen im allgemeinen eine Moral nur wenn fie fie von den Göttern ftammend glauben, annehmen, fich um fie fcharen und ihre menfchliche Sanktion dazu herleihen diefelbe zu erzwingen, daß, felbft die Zulänglichkeit menfchlicher Motive um der Regel Ge= horfam zu verfchaffen zugegeben, wir doch diefe Regel, wenn es nicht um der religiöfen Idee willen wäre, gar nicht haben würden.

Vieles von diefen Behauptungen hat aus dem hiftorifchen Gefichtspunkte betrachtet feine Berechtigung. Die alten Völker haben im allgemeinen wenn nicht immer, ihre Moral, ihre Ge= fetze, ihre Ueberzeugungen und felbft ihre praktifchen Künfte des

Lebens, kurz alles was dazu diente sie zu leiten oder zu dis=
zipliniren, als Offenbarungen von den höheren Mächten erhalten
und hätten nicht leicht auf eine andere Weise bewogen werden
können alles das anzunehmen. Das war theilweise die Wirkung
ihrer Befürchtungen und Hoffnungen in Betreff jener Mächte,
deren Gewalt in früheren Zeiten viel größer und allgemeiner
war, da noch das Wirken der Götter in den täglichen Ereig=
nissen des Lebens erblickt wurde, da die Erfahrung noch nicht
die festen Gesetze hatte erkennen lassen, in Gemäßheit deren die
Naturerscheinungen eine auf die andere folgen. Dazu kam, daß,
unabhängig von ihren persönlichen Befürchtungen und Hoff=
nungen, die unwillkürliche Ehrfurcht, welche diese rohen Gemüther
vor ihnen überlegenen Mächten empfanden und die Geneigtheit
zu glauben, daß Wesen von übermenschlicher Macht auch ein
übermenschliches Wissen und eine übermenschliche Weisheit be=
sitzen müssen, sie ohne eigennütziges Interesse wünschen ließ, ihr
Verhalten den muthmaßlichen Neigungen dieser mächtigen Wesen
anzupassen und sich keine neue Handlungsweise ohne ihre frei=
willig ertheilte oder erbetene und erlangte Autorisation an=
zueignen.

Folgt aber daraus, weil die Menschen, als sie noch
Wilde waren, keine, weder sittliche noch wissenschaftliche Wahr=
heit angenommen haben würden, wenn sie nicht geglaubt hätten,
sie sei ihnen auf übernatürliche Weise zugekommen, daß sie jetzt an
sittlicher Wahrheit irgend weniger als an wissenschaftlicher festhalten
würden, weil sie sie keiner höhern Quelle als weisen und edlen
menschlichen Herzen entsprungen glauben? Sind nicht sittliche
Wahrheiten in ihrer innern Beweiskraft stark genug, um unter
allen Umständen die Ueberzeugungen der Menschen festzuhalten
nachdem ihnen dieselben einmal gesichert sind? Ich gebe zu, daß
einige der Lehren Christi, wie sie in den Evangelien dargelegt
sind, und die sich weit über dem Paulismus, welcher die Grund=
lage des gangbaren Christenthums bildet, erheben, sittliche
Güte in einigen Beziehungen auf eine höhere Stufe gehoben

haben, als sie je zuvor erreicht hatte, obgleich die Meditationen des Markus Antoninus, von denen wir keinen Grund haben anzunehmen, daß sie dem Christenthume etwas entlehnt haben, sich vielem, selbst von dem was man für jenen Lehren eigenthümlich hält, an die Seite stellen lassen. Aber diese Wohlthat ist erworben. Die Menschheit ist in ihren Besitz gelangt. Sie ist das Eigenthum der Menschheit geworden und kann jetzt nicht anders wieder verloren gehen, als durch eine Rückkehr zu uranfänglicher Barbarei. Das neue Gebot:*) „Liebet Euch unter einander", die Anerkennung daß die größten die sind, welche dienen, nicht die welchen andere dienen, die Ehrfurcht vor den Schwachen und Niedrigen, welche die Grundlage der Ritterlichkeit bildet, indem die Schwachen und nicht die Starken als diejenigen bezeichnet werden, welche bei Gott den ersten Platz einnehmen und den ersten Anspruch an ihre Nebenmenschen haben; die in der Parabel vom Barmherzigen Samariter enthaltene Moral; und die des Wortes: „Wer unter Euch ohne Sünde ist der werfe den ersten Stein auf sie"; die Vorschrift, daß wir handeln sollen wie wir wollen, daß man an uns handele und andere edle sittliche Lehren, wie sie sich, mit einigen poetischen Uebertreibungen und einigen Maximen, deren eigentlicher Zweck schwer zu bestimmen ist, untermischt, in den authentischen Reden Jesu von Nazareth finden, stehen sicherlich zu sehr in Einklang mit dem Denken und Fühlen jedes guten Menschen, um in Gefahr zu gerathen wieder fallen gelassen zu werden, nachdem sie einmal als der Glaube des besten und vorgeschrittensten Theiles der Menschheit anerkannt sind. Was die Befolgung derselben anlangt, wird sie noch lange Zeit mangelhaft bleiben, wie sie es immer gewesen ist; daß sie aber je vergessen werden, oder auf-

---

Anmerk. d. Verf.: Das jedoch ein neues Gebot nicht eigentlich ist. Die Gerechtigkeit gegen die großen jüdischen Gesetzgeber gebietet uns, eingedenk zu bleiben, daß die Vorschrift: „Liebe Deinen Nächsten als Dich selbst" bereits im fünften Buche Mose stand. Und daß es dort steht ist in der That sehr überraschend.

hören könnten ihren Einfluß auf das menschliche Gewissen zu üben, kann man ein für allemal als unmöglich bezeichnen.

Andererseits aber ergiebt sich ein sehr reelles Uebel daraus, daß man den angenommenen Maximen der Moral einen übernatürlichen Ursprung zuschreibt. Dieser Ursprung heiligt sie als ein Ganzes und schützt sie gegen Diskussion und Kritik. So daß, wenn sich unter den, als ein Theil der Religion überkommenen sittlichen Lehren einige finden sollten, welche unvollkommen sind, — welche entweder von Haus falsch oder nicht gehörig begrenzt und vorsichtig ausgedrückt waren, oder welche, wenn auch einst nichts gegen dieselben einzuwenden war, doch nicht mehr zu den, in den menschlichen Beziehungen stattgehabten Veränderungen passen (und nach meiner festen Ueberzeugung finden sich Beispiele von jeder dieser Arten in der sogenannten christlichen Moral) —, so werden diese Lehren als für das Gewissen ebenso bindend betrachtet wie die edelsten, dauerndsten und universellsten Lehren Christi. Wo immer der Moral ein übernatürlicher Ursprung zugeschrieben wird, da wird sie stereotyp, wie es das Gesetz aus denselben Ursachen bei den Gläubigen des Koran ist.

Der Glaube an das Uebernatürliche kann daher, so große Dienste er auch in den frühen Stadien der menschlichen Entwicklung geleistet hat, nicht mehr als erforderlich betrachtet werden sei es um uns in den Stand zu setzen, zu wissen was, vom Standpunkte der socialen Moral aus, recht und unrecht ist, oder um uns Motive an die Hand zu geben, recht zu thun und uns des Unrechtes zu enthalten. Ein solcher Glaube ist daher für sociale Zwecke nicht nothwendig, wenigstens von dem niedrigen Standpunkte aus, auf welchem diese Zwecke von dem Charakter des menschlichen Individuum trennbar erscheinen. Inwiefern jener Glaube aber aus einem höhern Gesichtspunkte für sociale Zwecke erforderlich erscheinen könne bleibt, nun noch zu erwägen übrig. Wenn der Glaube an das Uebernatürliche wirklich nothwendig für die Vervollkommnung des einzelnen Charakters ist, so ist er

## Die Nützlichkeit der Religion.

auch nothwendig für die höchste Vortrefflichkeit im socialen Verhalten, nothwendig in einem viel höhern Sinne als jenem vulgären welcher diesen Glauben in den Augen der Menge zu einer so großen Stütze der Sittlichkeit macht.

Betrachten wir jetzt was in der Natur des Menschen ihn nach einer Religion verlangen läßt, welche Bedürfnisse des menschlichen Gemüthes sie befriedigt und welche Eigenschaften sie entwickelt. Wenn wir uns darüber klar geworden sind, werden wir besser im Stande sein zu beurtheilen, inwiefern diese Bedürfnisse auch auf andere Weise befriedigt und jene oder ihnen gleichkommende Eigenschaften durch andere Mittel entwickelt und zur Vollkommenheit gebracht werden können.

Das alte Wort: „Primus in orbe Deos fecit timor" halte ich für unwahr oder wenigstens für nur zum kleinsten Theile wahr. Der Glaube an Götter hat nach meiner Auffassung selbst bei den rohesten Gemüthern einen ehrenwerthen Ursprung. Die Allgemeinheit desselben hat man sehr rationeller Weise durch die spontane Richtung des Gemüthes erklärt, ein ähnliches Leben und Wollen, wie es selbst empfindet, allen natürlichen Gegenständen und Erscheinungen, welche sich nach eigener Bestimmung zu bewegen scheinen, beizumessen. Das war eine plausible Vorstellung, welche anfänglich durch keine bessere Theorie ersetzt werden konnte. Bei dieser Vorstellung beharrte man natürlich so lange wie die Bewegungen und Thätigkeiten dieser Gegenstände willkürlich zu sein und auf keine andere Weise als durch die freie Wahl der höchsten Macht erklärt werden zu können schienen. Ohne Zweifel hielt man anfänglich die Gegenstände selbst für lebendig und dieser Glaube besteht noch heute bei den afrikanischen Fetischanbetern. Aber da es bald als absurd erschienen sein muß, daß Dinge, welche so viel mehr vermochten als der Mensch, nicht das thun konnten oder wollten was der Mensch thut, wie z. B. sprechen, so ging man zu der Annahme über, daß der den Sinnen gegenwärtige Gegenstand leblos, aber das Geschöpf und das Werkzeug eines unsichtbaren

Wesens von ähnlicher Gestalt und ähnlichen Organen wie die menschlichen sei.

Nachdem man erst einmal angefangen hatte an diese Wesen zu glauben, stellte sich die Furcht vor ihnen als nothwendige Folge ein, da man ihnen die Macht zuschrieb nach ihrem Belieben über menschliche Wesen große Uebel zu verhängen, welche die Betroffenen weder abzuwenden noch vorauszusehen vermochten, deren Abstellung und Voraussicht sie vielmehr durch Bitten von den Gottheiten zu erwirken, versuchen mußten. Es ist daher richtig, daß die Furcht eine große Rolle in der Religion spielte; aber der Glaube an die Götter ging voraus und ging nicht aus Furcht hervor, wenn auch die Furcht, nachdem sie sich eingestellt hatte, eine starke Stütze des Glaubens wurde, da nichts als eine so große Beleidigung gegen die Gottheiten galt, wie der geringste Zweifel an ihrem Dasein.

Es ist unnöthig die Naturgeschichte der Religion hier weiter zu verfolgen, da wir uns hier mit der Erklärung, nicht ihres Ursprunges in rohen Gemüthern, sondern ihrer Fortdauer in gebildeten Gemüthern zu beschäftigen haben.

Eine genügende Erklärung für diese Fortdauer ist, glaube ich, die enge Begrenzung des menschlichen Wissens und die Unbegrenztheit seines Verlangens nach Wissen. Das menschliche Dasein ist in Geheimniß gehüllt; die enge Sphäre unserer Erfahrung ist ein kleines Eiland inmitten eines unbegrenzten Meeres, welches durch seine Weite und Dunkelheit unsere Gefühle mit Ehrfurcht erfüllt und unsere Einbildung spornt. Das Geheimniß wird noch geheimnißvoller dadurch, daß das Gebiet unseres irdischen Daseins nicht nur ein Eiland in einem unendlichen Raume sondern auch in einer unendlichen Zeit ist. Die Vergangenheit und die Zukunft sind uns gleich sehr verhüllt: wir kennen weder den Ursprung von etwas was ist noch seine schließliche Bestimmung. Wenn wir ein lebhaftes Verlangen empfinden zu wissen, daß es Myriaden von Welten in einer unermeßlichen und für unsere Fähigkeiten unfaßbaren räumlichen

Die Nützlichkeit der Religion. 87

Entfernung von uns giebt; wenn wir eifrig bestrebt sind das wenige was unserer Wahrnehmung zugänglich ist von diesen Welten zu erforschen und wenn wir, so wenig wir auch wissen können was sie sind, uns doch nicht daran ersättigen können darüber zu spekuliren was sie wohl sein könnten — ist es da nicht ein Gegenstand von unendlich viel höherm Interesse für uns zu erfahren oder auch nur Vermuthungen darüber anzustellen, woher diese nähere Welt die wir bewohnen kommt, welche Ursache oder Kraft sie zu dem gemacht habe was sie ist und von welchen Mächten ihr zukünftiges Schicksal abhängt? Wer sollte nicht nach dieser Kunde ein sehnlicheres Verlangen getragen haben, als nach einem andern faßbaren Wissen, so lange noch die leiseste Hoffnung vorhanden zu sein schien dazu zu gelangen? Was würde man nicht für eine einzige glaubhafte Nachricht aus jener geheimnißvollen Region geben, in welche der kleinste Einblick etwas Helligkeit über ihr Dunkel für uns verbreiten würde, besonders für eine Theorie derselben, an die wir glauben dürften und die sie uns von einem wohlwollenden und nicht von einem feindlichen Einflusse beherrscht darstellte! Aber da wir in diese Region nur mit der Einbildungskraft, unterstützt von scheinbaren, aus inconcludenten menschlichen Kräften und Plänen hergenommenen Analogien, eindringen können, so hat die Phantasie freies Spiel, die Lücken mit den ihr selbst homogensten Gebilden auszufüllen — erhabenen und erhebenden, wenn die Phantasie eine hehre, niedrigen und gemeinen wenn sie eine am Boden klebende ist.

Religion und Poesie wenden sich, wenigstens in einer Beziehung an dieselbe Seite des menschlichen Wesens; sie befriedigen beide dasselbe Bedürfniß, das ideeler Vorstellungen, welche größer und schöner sind als wir sie in der Prosa des menschlichen Lebens verwirklicht finden. Die Religion in ihrem Unterschiede von der Poesie ist das Produkt der Sehnsucht, zu erfahren ob diesen Vorstellungen der Einbildungskraft die Wirklichkeit in einer andern Welt als der unsrigen entspreche. Das

Gemüth greift in diesem Zustande eifrig nach jeder angeblichen Kunde von anderen Welten, besonders wenn sie von Personen herrührt, welchen der sehnende Mensch eine höhere Weisheit zuerkennt als sich selbst. Der Poesie des Uebernatürlichen tritt so ein positiver Glaube und eine Erwartung hinzu, welche unpoetische Gemüther mit den poetischen theilen können. Der Glaube an einen Gott oder an Götter und an ein Leben nach dem Tode wird die Leinwand, welche jedes Gemüth je nach seiner Fähigkeit mit solchen idealen Bildern, wie es sie entweder erfinden oder kopiren kann, bedeckt. In jenem andern Leben hofft jeder das Gute zu finden was ihm auf Erden versagt geblieben ist, oder das Bessere, welches er sich, nach dem Guten was er auf Erden theilweise gesehen und gekannt hat, vorstellt. Ganz besonders liefert dieser Glaube feineren Gemüthern den Stoff zu Vorstellungen von Wesen die gewaltiger sind als sie sie auf Erden gekannt haben können und vortrefflicher als sie sie wahrscheinlich gekannt haben. So lange das menschliche Leben ungenügend ist die menschlichen Bestrebungen zu befriedigen, so lange wird es eine Sehnsucht nach etwas Höherm geben, welche ihre unmittelbarste Befriedigung in der Religion findet. So lange das irdische Leben voll von Leiden ist, wird es ein Bedürfniß des Trostes geben, welchen die Hoffnung dem Selbstsüchtigen, die Liebe Gottes dem Zartempfindenden und Dankbaren gewährt.

Der Werth der Religion für das Individuum in Vergangenheit und Gegenwart als eine Quelle persönlicher Befriedigung und erhabener Gefühle ist daher unbestreitbar. Aber es bleibt noch zu erwägen, ob es, um dieses Gutes theilhaftig zu werden, nothwendig ist die Grenzen der Welt welche wir bewohnen zu überschreiten, oder ob die Idealisirung unseres irdischen Lebens und die Pflege einer hohen Vorstellung dessen, was daraus gemacht werden könnte, nicht im Stande wäre eine Poesie, und im besten Sinne des Wortes eine Religion zu beschaffen, welche ebenso gut wie der Glaube an unsichtbare

## Die Nützlichkeit der Religion.

Mächte geeignet wäre die Gefühle zu erheben, und bei gleicher Unterstützung durch die Erziehung, noch besser darauf berechnet wäre das Verhalten zu veredeln.

Bei dem bloßen Gedanken an eine solche Möglichkeit werden viele ausrufen, daß die kurze Dauer, die Kleinheit und Bedeutungslosigkeit des Lebens, wenn keine Fortdauer desselben über das hinaus stattfinde was wir davon sehen, es unmöglich mache, daß große und erhabene Gefühle sich an etwas auf eine so kleine Sphäre beschränktes knüpfen können und daß eine solche Auffassung des Lebens nichts Höherm entsprechen könne als den epikureischen Gefühlen und der epikureischen Lehre: „Lasset uns essen und trinken, denn morgen sind wir todt!"

Unzweifelhaft ist die epikureische Maxime unter gewissen Einschränkungen gesund und auf viel höhere Dinge als Essen und Trinken anwendbar. Aus der Gegenwart für alle guten Zwecke, die der Erheiterung nicht ausgeschlossen, möglichst viel machen; jene geistigen Neigungen, welche zu einem ungebührlichen Opfer eines gegenwärtigen Gutes für eine vielleicht niemals eintretende Zukunft führen, in Zaum halten; die Gewohnheit pflegen, lieber aus uns erreichbaren Dingen als aus der zu eifrigen Verfolgung entfernter Gegenstände Vergnügen zu schöpfen; also die Zeit für vergeudet halten, welche man nicht entweder mit persönlichem Vergnügen oder damit zubringt, Dinge zu thun die einem selbst oder anderen nützlich sind — das sind weise Maximen und die Lehre des „carpe diem" ist in dieser Anwendung eine vernünftige und berechtigte Folge aus der Kürze des Lebens. Daß wir aber, weil das Leben kurz ist, um nichts sorgen sollten was über dasselbe hinausliegt, ist kein berechtigter Schluß und die Annahme, daß menschliche Wesen im allgemeinen nicht fähig seien ein hohes und selbst höchstes Interesse an Dingen zu nehmen, welche sie nie mit Augen sehen werden, ist eine ebenso falsche wie verworfene Ansicht von der menschlichen Natur. Man vergesse nicht, daß, wenn auch das Leben des Einzelnen kurz ist, das Leben der Menschheit nicht

kurz ist; seine unbestimmte Dauer läuft praktisch auf Unbegrenzt=
heit hinaus und in seiner Verbindung mit einer unbestimmten
Fähigkeit der Vervollkommnung bietet es der Einbildungskraft
und der Sympathie ein hinreichend großes Feld, um jedem
billigen Anspruche auf Erhabenheit anzustrebender Ziele zu ge=
nügen. Wenn ein solches Feld einem, an Träume von unend=
licher und ewiger Glückseligkeit gewöhnten Geiste klein erscheint,
so wird es doch ganz andere Dimensionen gewinnen, wenn jene
grundlosen phantastischen Vorstellungen erst einmal der Vergangen=
heit angehören werden.

Auch glaube man nicht, daß nur die an Geist und Herz
bedeutendsten unseres Geschlechtes im Stande sind ihre Gefühle
mit dem Leben des ganzen Menschengeschlechtes zu identifiziren.
Allerdings ist diese edle Fähigkeit durch eine gewisse Bildung
bedingt, welche aber nicht größer ist, als die, welche das Loos
Aller sein könnte und, wenn die menschliche Vervollkommnung
fortschreitet, gewiß sein wird. Viel kleinere Gegenstände und
die ebensosehr wie dieser auf die Grenzen der Erde, wenn auch
nicht auf die eines einzelnen Lebens beschränkt waren, haben
hingereicht, große Massen und viele auf einander folgende Ge=
schlechter mit einer Begeisterung zu erfüllen, welche im Stande
war einen beherrschenden Einfluß auf das Verhalten zu üben
und dem ganzen Leben eine bestimmte Färbung zu verleihen.
Rom war für das ganze römische Volk viele Generationen hin=
durch ebensosehr eine Religion wie es Jehovah für die Juden
war, ja in noch viel höherm Grade; denn die Römer fielen
niemals, wie es die Juden thaten, von ihrem Glauben ab.
Und die Römer, sonst ein selbstsüchtiges Volk ohne besonders
bemerkenswerthe Fähigkeiten außer den rein praktischen, schöpf=
ten nichtsdestoweniger aus dieser einen Idee eine gewisse
Seelengröße, welche sich in ihrer ganzen Geschichte, überall
wo diese Idee in Frage kommt und sonst nirgends, manifestirt
und ihnen die große in anderen Beziehungen durchaus unver=
diente Bewunderung eingetragen hat, welche höchst edelgesinnte

Menschen seit jener Zeit bis auf den heutigen Tag für sie gehegt haben.

Wenn wir bedenken, ein wie glühendes Gefühl unter günstigen Erziehungsverhältnissen die Vaterlandsliebe geworden ist, dürfen wir es nicht für unmöglich halten, daß die Liebe jenes großen Landes, der Welt, sowohl als eine Quelle erhabener Gefühle wie als ein Grundsatz der Pflicht, zu ähnlicher Intensität genährt werden könne. Wer über diesen Gegenstand noch anderer Belehrung bedarf, als sie der ganze Verlauf der alten Geschichte gewährt, der lese Cicero's: de Officiis. Man kann nicht behaupten, daß der, in dieser berühmten Abhandlung aufgestellte Maßstab der Sittlichkeit ein sehr hoher sei; für unsere Vorstellung ist derselbe in Betreff vieler Punkte ungewöhnlich lar und läßt Kapitulationen mit dem Gewissen zu. Aber mit der Pflicht gegen unser Vaterland giebt es, nach Cicero keinen Kompromiß. Daß jemand auch mit dem bescheidensten Anspruche auf Tugend zögern könnte Leben, Ruf, Familie, alles was ihm werth ist für das Vaterland zu opfern ist ein Gedanke den dieser bedeutende Darsteller der griechischen und römischen Moral nicht für einen Augenblick zu fassen vermag. Wenn also Menschen, wie wir sehen daß es der Fall war, dazu erzogen werden konnten, nicht nur in der Theorie zu glauben, daß das Wohl ihres Vaterlandes ein Gegenstand sei hinter welchem alle anderen zurückstehen müßten, sondern dies praktisch als die große Pflicht des Lebens zu empfinden, so können sie auch dahin gebracht werden, dieselbe absolute Verpflichtung gegen das allgemeine Beste zu empfinden. Eine, auf große und weise Anschauung des allgemeinen Besten gegründete Sittlichkeit, welche weder den Einzelnen der Gesammtheit noch die Gesammtheit dem Einzelnen opfert, sondern sowohl der Pflicht auf der einen als der Freiheit und Spontaneität auf der andern Seite ihr eigenes Gebiet anweist, würde ihre Macht in höheren Naturen aus Sympathie, Wohlwollen und der Leidenschaft für ideale Vortrefflichkeit, in geringeren Naturen aus den gleichen, nach dem Maße ihrer

Fähigkeiten entwickelten Gefühlen, denen noch die Scham hinzutreten würde, schöpfen. Diese hohe Sittlichkeit würde, um zur Geltung zu gelangen, keiner Hoffnung auf Lohn bedürfen, aber der Lohn, auf welchen Werth gelegt werden könnte und an welchen zu denken ein Trost im Leiden und eine Stütze in Momenten der Schwäche wäre, würde nicht in einem problematischen künftigen Dasein, sondern in der schon in diesem Leben erlangten Zustimmung derjenigen, die wir achten und, in idealem Sinne, aller derer, die wir, seien sie lebend oder todt, bewundern oder verehren, bestehen. Denn der Gedanke, daß unsere verstorbenen Eltern oder Freunde unser Benehmen gebilligt haben würden, ist ein kaum weniger mächtiges Motiv, als das Bewußtsein, daß unsere lebenden Lieben es billigen, und der Gedanke daß Sokrates, oder Howard, oder Washington, oder Antoninus, oder Christus mit uns sympathisirt haben würden, oder daß wir es versuchen unsern Platz im Leben in dem Sinne auszufüllen wie sie den ihrigen ausfüllten, hat auf die besten Geister als ein starker Antrieb dazu gewirkt, den höchsten Gefühlen und Ueberzeugungen dieser Männer in ihren Handlungen nachzuleben.

Diese Gefühle unter Ausschluß jeder andern Bezeichnung mit dem Ausdruck: „Sittlichkeit" zu benennen, heißt zu wenig für sie in Anspruch nehmen. Sie sind eine wahre Religion, von welcher, wie von anderen Religionen, äußere gute Werke (das höchste was man gemeinhin unter Sittlichkeit versteht), nur ein Theil und in der That mehr die Frucht der Religion als die Religion selbst sind. Das Wesen der Religion ist die starke und concentrirte Richtung unserer inneren Regungen und Wünsche auf einen idealen Gegenstand von anerkannt höchster Vortrefflichkeit und welcher mit Recht über allen Gegenständen unserer selbstsüchtigen Wünsche steht. Diese Bedingungen erfüllt die Religion der Humanität in ebenso so hohem Grade und in eben so hohem Sinne, wie die übernatürlichen Religionen selbst in ihren besten, und weit besser als in einer ihrer anderen Manifestationen.

Die Nützlichkeit der Religion.

Es ließe sich noch sehr viel über diesen Gegenstand sagen; aber das Gesagte wird genügen, um jeden, der zwischen den inneren Fähigkeiten der menschlichen Natur und den Formen, in welchen sich diese Fähigkeiten zufälliger Weise historisch entwickelt haben, zu unterscheiden weiß, zu überzeugen, daß das Gefühl der untrennbaren Zusammengehörigkeit mit der Menschheit und ein tiefes Gefühl für das allgemeine Beste zu einer Empfindung und einem Prinzipe entwickelt werden können, welches fähig wäre jede wichtige Funktion der Religion zu erfüllen und selbst mit diesem Namen benannt zu werden vollkommen berechtigt wäre. Ich behaupte ferner daß dieses Prinzip nicht nur im Stande wäre, diese Funktionen zu erfüllen, sondern daß es sie besser erfüllen würde als irgend welche Form des Supranaturalismus. Dieses Prinzip ist nicht nur berechtigt eine Religion genannt zu werden: es ist eine bessere Religion als eine von denen welche gewöhnlich mit diesem Namen benannt werden.

Denn erstens ist sie uneigennützig. Sie entreißt die Gedanken und Gefühle dem eigenen Selbst und richtet dieselben auf einen nicht von Selbstsucht berührten Gegenstand, der als Selbstzweck geliebt und verfolgt wird. Die Religionen welche sich mit Versprechungen und Drohungen in Betreff eines künftigen Lebens befassen, thun genau das Gegentheil; sie fesseln die Gedanken an die eigenen Interessen der Person nach dem Tode; sie bringen sie in die Versuchung, die Erfüllung ihrer Pflichten gegen andere hauptsächlich als ein Mittel zur Sicherung ihres persönlichen Seelenheiles zu betrachten und sind eines der ernstesten Hindernisse der Erreichung des großen Endzweckes sittlicher Bildung: der Stärkung des uneigennützigen und der Schwächung des eigennützigen Elementes in unserer Natur, da sie der Phantasie Gutes und Böses in selbstsüchtigem Interesse in so ungeheurer Größe darbieten, daß es für jeden der wirklich an sie glaubt schwer ist, Gefühl oder Interesse für einen andern entfernten und idealen Zweck übrig zu behalten. Allerdings haben viele der uneigennützigsten Menschen an das Uebernatürliche in der Religion geglaubt, weil ihre Gemüther das Hauptgewicht nicht auf die Drohungen und Versprechungen ihrer Religion, sondern vor allem auf die Idee eines Wesens legten, zu welchem sie mit vertrauender Liebe aufblickten und in dessen Hände sie getrost alles vorzüglich sie selbst betreffende zu legen bereit waren. Aber in seiner Wirkung auf gewöhnliche Gemüther agirt das was jetzt unter dem Namen Religion geht hauptsächlich durch die Gefühle der Selbstsucht. Selbst der Christus der Evangelien bietet das direkte Versprechen einer Belohnung des Himmels als eine Hauptanlockung zu dem edlen und schönen Wohlwollen gegen unsere Mitmenschen, das er so eindringlich predigt. Das ist ein entschiedener Mangel der besten übernatürlichen Religionen im Vergleich mit der Religion der Humanität, da das Höchste was sittliche Einflüsse für die Verbesserung der menschlichen Natur leisten können darin besteht, die Gefühle der Uneigennützigkeit in der einzigen Weise zu kultiviren, in welcher ein thätiges Prinzip in der menschlichen Natur wirksam kultivirt werden kann, nämlich durch eine zur Gewohnheit werdende Uebung; aber die Gewohnheit der Erwartung in einem andern Leben für unser Verhalten in diesem belohnt zu werden, macht die Tugend selbst nicht mehr zu einer Uebung uneigennütziger Gefühle.

Zweitens wird der Werth der alten Religionen als Mittel den menschlichen Charakter zu erheben und zu verbessern dadurch ungeheuer vermindert, daß eine gewisse Starrheit oder gar eine positive Verkehrtheit in den geistigen Fähigkeiten die ganz oder fast unerläßliche Voraussetzung ihrer besten sittlichen Wirkungen ist. Denn es ist unmöglich daß jemand, der zu denken gewöhnt ist und der unfähig ist seinen forschenden Geist durch Sophisterei abzustumpfen, fortfahren sollte, ohne schwankend zu werden, dem Urheber und Lenker einer so plump gemachten und so launenhaft regierten Schöpfung, wie es dieser Planet und das Leben seiner Bewohner sind, absolute Vollkommenheit zuzuschreiben. Die Anbetung eines solchen Wesens kann nicht von ganzem Herzen geschehen, wenn das Herz nicht zuvor eine bedeutende Verfälschung seiner natürlichen Gefühlsweise erfahren hat. Die Anbetung muß entweder sehr durch Zweifel getrübt und gelegentlich vollkommen verdunkelt werden, oder die sittlichen Gefühle müssen auf das niedrige Niveau der Befolgung der Geheiße der Natur herabsinken. Der Anbetende muß lernen blinde Parteilichkeit, furchtbare Grausamkeit und rücksichtslose Ungerechtigkeit nicht für Makel an einem Gegenstande der Anbetung zu halten, da alles das im größten Ueberflusse bei den gewöhnlichsten Naturerscheinungen zu Tage tritt. Zwar ist der Gott der angebetet wird, allgemein gesprochen nicht nur der Gott der Natur, sondern auch der Gott einer Offenbarung, und das Wesen dieser Offenbarung wird die sittlichen Einflüsse der Religion bedeutend modifiziren und vielleicht verbessern. Das trifft im höchsten Maße zu bei dem Christenthum, da der Urheber der Bergpredigt sicherlich ein viel wohlwollenderes Wesen ist, als der Urheber der Natur; aber unglücklicherweise ist der an die christliche Offenbarung Glaubende genöthigt anzunehmen, daß dasselbe Wesen der Urheber beider sei. Das bringt ihn, wenn er nicht seinen Geist entschlossen von dem Gegenstande ablenken oder sich darauf einlassen will sein Gewissen durch Sophismen zu beruhigen in eine endlose sittliche Verworrenheit, da die Wege seiner Gottheit in der Natur bei vielen Gelegenheiten völlig verschieden von den Lehren der, wie er glaubt, identischen Gottheit im Evangelium sind. Mit dem geringsten sittlichen Schaden wird nur derjenige aus diesem Zwiespalte hervorgehen der überhaupt keinen Versuch macht die beiden Maßstäbe mit einander in Einklang zu bringen, sondern sich selbst eingesteht daß die Zwecke der Vorsehung geheimnißvoll, daß ihre Wege nicht unsere Wege, daß ihre Gerechtigkeit und Güte nicht die Gerechtigkeit und Güte sind, welche wir zu fassen vermögen und welche uns zu üben obliegt. Wenn aber der Gläubige so empfindet hört die Anbetung der Gottheit auf die Verehrung der abstrakten sittlichen

Vollkommenheit zu sein. Sie ist vielmehr das Beugen vor einem gigantischen Bilde von etwas, was sich nicht zu unserer Nachahmung eignet; sie ist nur die Verehrung der Macht.

Ich will nichts über die moralischen Schwierigkeiten und Verkehrtheiten sagen, welche von der Offenbarung an und für sich unzertrennlich sind, obgleich selbst in dem Christenthum der Evangelien, wenigstens nach seiner gewöhnlichen Auslegung, einige von so flagranter Natur vorkommen, daß sie fast die ganze Schönheit, Güte und moralische Größe aufwiegen, welche die Lehren und den Charakter Christi in so hervorragender Weise bezeichnen. Wie zum Beispiel die Anerkennung, daß ein Wesen, welches eine Hölle machen und unendliche Generationen von Menschen mit der Gewißheit schaffen konnte, daß er sie für dieses Loos schaffe, ein Gegenstand der höchsten Anbetung sei. Giebt es eine moralische Ungeheuerlichkeit, die sich nicht durch die Nachahmung einer solchen Gottheit rechtfertigen ließe? Und ist es möglich eine solche Gottheit ohne eine entsetzliche Verdrehung des Maßstabes von Recht und Unrecht anzubeten? Jede andere von den Verhöhnungen der einfachsten Gerechtigkeit und Humanität, welche mit der gewöhnlichen Vorstellung des sittlichen Charakters Gottes verknüpft sind, erscheint neben dieser grausigen Idealisirung der Nichtswürdigkeit bedeutungslos. Die meisten lassen sich überdies glücklicherweise nicht so unzweideutig aus den eigenen Worten Christi herleiten, daß man sie unbestreitbar als einen Theil der christlichen Lehre bezeichnen könnte. Man kann zum Beispiel zweifelhaft darüber sein, ob das Christenthum für den Opfertod Christi und die Erlösung, für die Erbsünde und Christi Aufsichnahme unserer Sünden wirklich verantwortlich sei. Und dasselbe gilt von der Lehre welche den Glauben an die göttliche Sendung Christi zu einer nothwendigen Bedingung des ewigen Heiles macht. Es steht nirgends, daß Christus diesen Satz selbst aufgestellt habe, außer in dem verworrenen Berichte über die Auferstehung in den Schlußversen des Evangeliums des Markus, welche einige Kritiker (ich glaube die besten) für untergeschoben halten. Ebenso gehört der Satz: "wo aber Obrigkeit ist, die ist von Gott verordnet", und die ganze Reihe der in den Episteln daraus gezogenen Folgerungen dem Paulus an und muß mit dem Paulismus, nicht mit dem Christenthum, stehen oder fallen. Aber es giebt einen, von jeder Form des Christenthums unzertrennlichen moralischen Widerspruch, welchen kein Scharfsinn lösen und keine Sophistik wegerklären kann. Das ist, daß eine so kostbare, wenigen gewährte Gabe den vielen vorenthalten geblieben ist, daß es hat zugelassen werden können, daß zahllose Millionen von menschlichen Wesen gelebt, gesündigt und gelitten haben ohne das eine was Noth thut, das göttliche Heilmittel für Sünde und Leiden, welches allen zu gewähren den göttlichen Geber nicht mehr gekostet haben würde, als es, aus besonderer Gnade, einer begünstigten Minderheit zu Theil werden zu lassen. Dazu nehme man, daß die göttliche Botschaft, wenn man sie als solche gelten lassen will, durch so unzulängliche Beglaubigungen verbürgt ist, daß sie einen großen Theil der stärksten und gebildetsten Geister nicht zu überzeugen vermögen und daß die Tendenz nicht an sie zu glauben mit den wissenschaftlichen Kenntnissen und kritischen Fähigkeiten zu wachsen scheint. Wer glauben kann, daß das die absichtlichen Versäumnisse eines vollkommen guten Wesens seien, muß jeder Eingebung des Gefühles für das Gute und Gerechte, wie es unter Menschen hergebracht ist, Schweigen gebieten.

Es ist unstreitig möglich (wie viele Beispiele zeigen) mit der innigsten Hingebung beide Gottheiten, sowohl die der Natur als die des Evangeliums ohne eine Verkehrung des sittlichen Gefühles anzubeten; aber das ist nur möglich, indem sich die Aufmerksamkeit ausschließlich auf das richtet, was in den Lehren des Evangeliums und in den Vorkehrungen der Natur schön und segensreich ist und indem alles Gegentheilige so völlig bei Seite gesetzt wird, als ob es garnicht existirte. Demgemäß kann dieser einfache, unschuldige Glaube, wie ich schon bemerkt habe, nur mit einem stumpfen und unthätigen Zustande der Denkfähigkeiten bestehen. Für jemand von geschultem Verstande giebt es kein anderes Mittel zu etwas dem ähnlichen zu gelangen, als Verfälschung und Verkehrung sei es des Verstandes oder des Gewissens. Man kann fast immer, sowohl von Sekten wie von Individuen behaupten, daß, je besser ihre Logik desto schlechter ihre Moral sei.

Nur eine Form des Glaubens an das Uebernatürliche, nur eine Theorie in Betreff der ursprünglichen Regierung des Universums ist völlig frei, sowohl von geistigem Widerspruche als von moralischer Schiefe. Es ist die welche, auf die Idee eines allmächtigen Schöpfers ein für allemal verzichtend, Natur und Leben nicht als den ausschließlichen Ausdruck des sittlichen Charakters und des Endzweckes der Gottheit, sondern als das Produkt eines Kampfes zwischen einer, auf Ausgleichung bedachten Güte und einem widerspenstigen Stoffe, wie es Plato glaubte, oder einem bösen Prinzipe nach der Lehre der Manichäer betrachtet. Ein solcher Glaube, zu welchem sich wie ich weiß wenigstens ein gebildeter und gewissenhafter Mann in unseren Tagen aufrichtig bekannt hat, gestattet die Annahme, daß die ganze bestehende Masse des Bösen von dem Wesen das wir anzubeten berufen sind, nicht beabsichtigt war und nicht vermöge seiner Anordnung, sondern trotz derselben besteht. Ein tugendhafter Mensch erscheint in dieser Theorie in dem erhabenen Lichte eines Mitarbeiters des Höchsten, eines Mitkämpfers in dem großen Kampfe, indem er sein kleines Theil, welches durch das Zusammenwirken vieler gleich ihm ein großes wird, zu dem fortschreitend wachsenden Einflusse und dem endlich vollständigen Siege des Guten über das Böse beiträgt, auf welchen die Geschichte hinweist und welchen diese Lehre als von dem Wesen geplant lehrt, dem wir alle die wohlwollenden Einrichtungen, die wir in der Natur finden, verdanken. Gegen die sittliche Tendenz dieses Glaubens ist kein Einwand möglich; sie kann auf jeden dem es gelingen will an sie zu glauben nur einen veredelnden Einfluß üben. Der Beweis für dieselbe, wenn er überall ein Beweis genannt werden kann, ist allerdings zu schattenhaft und wesenlos und die Versprechungen die sie bietet sind zu entfernt und unsicher, als daß sie ein dauernder Ersatz für die Religion der Humanität sein könnte; aber beide können verbunden werden und derjenige dem das ideale Gute und die fortschreitende Annäherung der Welt an dieses Gute schon eine Religion sind, kann sich, selbst wenn ihm jener andere Glaube auf keinen Beweis gegründet scheint, dem gefälligen und ermuthigenden Gedanken hingeben, daß derselbe möglicherweise wahr sei. Gesondert von allem dogmatischen Glauben giebt es für diejenigen die dessen bedürfen ein weites Gebiet in dem Reiche der Einbildungskraft, welches mit Möglichkeiten, mit Hypothesen, deren Unrichtigkeit nicht zu erweisen ist, bepflanzt werden kann, und wenn etwas in den Erscheinungen der Natur sie begünstigt, wie es hier der Fall ist, — denn gleichviel welche Kraft wir den Analogien der Natur mit den Wirkungen menschlichen Thuns beimessen, so bietet doch, wie Paley unbestreitbar richtig bemerkt, das Gute in der Natur viel öfter zu diesen Analogien Veranlassung als das Böse —, ist die Betrachtung dieser Möglichkeiten eine erlaubte Schwäche, welche im Verein mit anderen Einflüssen im Stande ist, ihren Theil dazu beizutragen, die Richtung der Gefühle und Impulse auf das Gute zu nähren und zu beleben.

Einen Vortheil, — man möge nun über seine Beschaffenheit urtheilen wie man wolle —, müssen die übernatürlichen Religionen immer vor der Religion der Humanität voraus haben, die Aussicht welche sie dem Individuum auf ein Leben nach dem Tode gewähren. Denn obgleich der Skepticismus des Verstandes nicht nothwendigerweise den Theismus der Einbildungskraft und Gefühle ausschließt und dieser wieder Veranlassung zu einer Hoffnung giebt, daß die Macht, die so viel für uns gethan hat, im Stande sei, auch dies zu thun, so müssen doch solche vage Möglichkeiten weit von einer Ueberzeugung entfernt bleiben.

Es erübrigt also noch den Werth dieses Elementes, der
Aussicht auf eine künftige Welt als eines Faktors irdischer Glück=
seligkeit, zu schätzen. Ich kann nicht umhin zu glauben, daß,
in dem Grade wie sich die Lage der Menschheit verbessert, wie
die Menschen glücklicher in ihrem Leben und fähiger werden
Glück aus uneigennützigen Quellen zu schöpfen, sie immer weniger
Werth auf diese einschmeichelnde Hoffnung legen werden. Es
sind im allgemeinen, der Natur der Sache nach, nicht die Glück=
lichen die am eifrigsten auf eine Verlängerung dieses gegen=
wärtigen Lebens oder auf ein künftiges Leben bedacht sind, es
sind vielmehr die welche niemals glücklich gewesen sind. Die=
jenigen welche glücklich gewesen sind, können den Abschied vom
Leben ertragen; aber es ist hart zu sterben ohne jemals gelebt
zu haben. Wenn die Menschheit eines künftigen Lebens als
eines Trostes für das gegenwärtige nicht mehr bedürfen wird,
so wird dasselbe in ihren Augen seinen Hauptwerth für sie ver=
loren haben. Ich rede hier von den Uneigennützigen. Diejenigen
die so von ihrem Selbst erfüllt sind, daß sie unfähig sind sich
in ihren Gefühlen für etwas zu erwärmen was sie überleben
wird, oder eine Verlängerung ihres Lebens in dem Leben ihrer
jüngeren Zeitgenossen und in allen denen zu erblicken, welche
dazu mithelfen die fortschreitende Bewegung der menschlichen
Angelegenheiten zu fördern, bedürfen der Vorstellung eines andern
selbstsüchtigen Lebens jenseits des Grabes, um an dem Dasein
irgend welches Interesse zu behalten, da dieses Leben beim
Herannahen seines Endes zu etwas zu bedeutungslosem zu=
sammenschrumpft, um noch des Interesses werth zu sein. Aber
wenn die Religion der Humanität so eifrig gepflegt würde wie
es die übernatürlichen Religionen werden (und man kann sich
unschwer vorstellen, daß das in noch viel höherm Grade geschehen
könnte), würden alle, welche das Durchschnittsmaß sittlicher Bil=
dung erhalten hätten, bis zur Todesstunde ideell das Leben derer
welche ihnen folgen werden, mitleben und obgleich sie unzweifel=
haft oft als Individuen gern viel länger leben möchten, als das

gegenwärtige Leben dauert, so scheint es mir doch wahrscheinlich, daß sie nach einer längern Zeit, deren Dauer sich nach den verschiedenen Individuen verschieden bemessen würde, an dem Leben genug gehabt haben und sich getrost zur ewigen Ruhe niederlegen würden. Inzwischen und ohne so weit vorauszublicken dürfen wir bemerken, daß diejenigen, welche an die Unsterblichkeit der Seele glauben, das Leben mit ganz so großem, wenn nicht größerm Widerstreben verlassen, wie die welche sich nicht mit solchen Erwartungen tragen. Das bloße Aufhören des Daseins ist für niemand ein Uebel; die Idee wird nur furchtbar durch die Illusion der Einbildungskraft, welche uns uns selbst so vorstellen läßt, als wenn wir lebend das Bewußtsein hätten todt zu sein. Das Erschreckende am Tode ist nicht der Tod selbst, sondern das Sterben mit seiner finstern Begleitung, was alles der an Unsterblichkeit glaubende ebenso gut durchmachen muß. Auch kann ich nicht finden, daß der Skeptiker durch seinen Skepticismus einen wirklichen Trost verliert, außer der Hoffnung auf Wiedervereinigung mit den geliebten Menschen, die ihm vorangegangen sind. Der Verlust dieses Trostes kann weder geleugnet noch gemildert werden. In vielen Fällen läßt er sich garnicht schätzen und mit nichts vergleichen und wird immer hinreichen, in den empfindsamen Naturen die von der Einbildungskraft genährte Hoffnung auf eine Zukunft lebendig zu erhalten, welcher, wenn sie auch durch nichts bewiesen ist, doch ebensowenig etwas in unserm Wissen oder unserer Erfahrung widerspricht.

Die Geschichte, soweit wir sie kennen, unterstützt die Ansicht, daß die Menschheit vollkommen gut ohne den Glauben an einen Himmel auskommen kann. Die Griechen hatten eine nichts weniger als verlockende Vorstellung von einem künftigen Zustande; ihre Elysäischen Gefilde konnten auf ihre Gefühle und ihre Phantasie nur eine sehr geringe Anziehungskraft üben. Achilles spricht in der Odyssee eine sehr natürliche und ohne Zweifel sehr verbreitete Empfindung aus, wenn er sagt, daß er lieber auf Erden der Sklave eines armen Herrn sein, als über

das ganze Reich der Todten herrschen möchte. Und der tief=
sinnige Charakter der uns so eigenthümlich aus der Apostrophe
des sterbenden Kaisers Hadrian an seine Seele entgegentritt,
beweist daß die populäre Vorstellung während dieser langen Zeit
keine große Veränderung erfahren hatte. Und doch finden wir
weder, daß die Griechen das Leben weniger genossen, noch daß
sie den Tod mehr fürchteten als andere Völker. Der Buddhis=
mus zählt wahrscheinlich in diesem Augenblicke eine größere
Anzahl von Anhängern als das Christenthum oder der Moha=
medanismus. Der buddhistische Glaube kennt viele Arten der
Bestrafung in einem künftigen Leben; oder vielmehr mehreren
Leben durch die Wanderung der Seele in andere Menschen=
oder Thierkörper. Aber der Segen des Himmels, den er als
eine, durch Ausdauer in einem höchst tugendhaften Leben zu
gewinnende Belohnung in Aussicht stellt, ist Vernichtung oder
wenigstens das Aufhören jeder bewußten oder gesonderten Existenz.

Es ist unmöglich in dieser Religion das Werk der Gesetz=
geber und Sittenlehrer zu verkennen, welche versuchten über=
natürliche Motive für das Verhalten, zu welchem sie zu er=
muntern beflissen waren, zu beschaffen. Und sie vermochten als
den höchsten, durch die gewaltigsten Anstrengungen der Ar=
beit und der Selbstverleugnung zu gewinnenden Preis nichts
Erhabeneres zu bieten, als das, was uns so oft als die furchtbare
Idee der Vernichtung bezeichnet wird. Das ist doch sicherlich
ein Beweis dafür, daß die Idee nicht wirklich oder an und für
sich schrecklich ist, daß nicht nur Philosophen, sondern der ge=
wöhnliche Durchschnitt der Menschen sich leicht mit derselben
aussöhnen und sie selbst als ein Gut betrachten kann und daß
es mit der Idee eines glücklichen Lebens keineswegs unvereinbar
ist zu denken, daß wir das Leben ablegen müssen, nachdem das
Beste was es gewähren konnte während eines langen Zeitraumes
vollaus genossen worden ist, nachdem alle seine Freuden, selbst
die aus dem Wohlwollen quellenden, ausgekostet sind und nichts
kennen zu lernen und zu genießen mehr übrig bleibt, um die

Neugierde anzustacheln und den Wunsch nach einem verlängerten Dasein zu unterhalten. Es scheint mir nicht nur möglich sondern wahrscheinlich, daß in einem höhern und vor allem in einem glücklichern Zustande des Lebens nicht Vernichtung sondern Unsterblichkeit eine uns bedrückende Vorstellung sein würde und daß die menschliche Natur, wenn auch befriedigt durch die Gegenwart und durchaus nicht ungeduldig sie zu verlassen, Trost und **nicht** Betrübniß in dem Gedanken finden würde, daß sie nicht für alle Ewigkeit an eine bewußte Existenz gekettet wäre, von der sie nicht gewiß sein kann, daß sie sie immer erhalten zu sehen wünschen würde.

# Theismus.

Erster Theil.

# Einleitung.

Der Streit der von Alters her zwischen den an eine natürliche und eine offenbarte Religion Glaubenden und Nichtglaubenden bestehet, hat, wie andere dauernde Streitigkeiten, in seinem Charakter mit jedem Zeitalter wesentliche Veränderungen erfahren, und in der gegenwärtigen Generation zeigt sich wenigstens in den höheren Gesichtspunkten der Controverse, im Vergleiche mit dem achtzehnten und dem Beginne des neunzehnten Jahrhunderts eine bemerkenswerthe Veränderung in der Beschaffenheit des Streites. Ein Moment dieser Veränderung ist so augenfällig, daß es allgemein anerkannt wird: die mildere Art wie die Debatte von Seiten Ungläubiger geführt wird. Die früher durch die Intoleranz der gegnerischen Seite hervorgerufene Heftigkeit, hat sich zum größten Theile erschöpft. Die Erfahrung hat die einst genährten Hoffnungen auf die Regeneration des Menschengeschlechtes durch eine rein negative Doktrin, durch die Zerstörung des Aberglaubens sehr herabgestimmt. Das philosophische Studium der Geschichte, eine der wichtigsten Schöpfungen der neuesten Zeit, hat es möglich gemacht die Lehren und Institutionen der Vergangenheit aus einem relativen anstatt aus einem absoluten Gesichtspunkte unparteiisch zu beurtheilen — als Momente menschlicher Entwicklung über welche zu murren nutzlos ist und welche vielleicht Bewunderung und Dank für ihre in der Vergangenheit geübten Wirtungen verdienen, selbst wenn man sie für unfähig hält, der Zukunft ähnliche Dienste zu leisten. Und die dem Christenthume oder dem Theismus, von den Unterrichteteren unter denen welche das Uebernatürliche verwerfen, zugewiesene Stellung, ist mehr die von etwas einst sehr Werthvollem, jetzt Entbehrlichem als, wie früher angenommen wurde, von etwas das von Haus aus mißleitend und schädlich wäre.

Neben dieser Veränderung in der sittlichen Haltung denkender Ungläubiger, den religiösen Ideen der Menschheit gegenüber, ist eine entsprechende Verschiedenheit in ihrer geistigen Haltung zu Tage getreten. Der Kampf gegen religiöse Anschauungen wurde im vorigen Jahrhundert hauptsächlich auf Grund des gesunden Menschenverstandes oder der Logik geführt; in unseren Tagen wird er auf Grund der Wissenschaft geführt. Es gilt als ausgemacht, daß der Fortschritt der Naturwissenschaften mit vollgültiger Beweiskraft Thatsachen festgestellt hat mit welchen die religiösen Ueberlieferungen der Menschheit nicht vereinbar sind, während man aus der Wissenschaft der menschlichen Natur und der Geschichte entnehmen zu können glaubt, daß die religiösen Ueberzeugungen der Vergangenheit dem menschlichen Geiste in besonderen Stadien seiner Laufbahn naturgemäß entsprossen und bestimmt seien zu verschwinden und in einem vorgerücktern Stadium anderen Ueberzeugungen Platz zu machen. Im Verlaufe der Diskussion scheint sogar diese letztere Klasse von Erwägungen jene anderen, welche sich direkt mit der Frage der Wahrheit beschäftigen, zu überwiegen. Die Religionen werden jetzt, wenigstens von denen welche sie verwerfen, weniger aus dem Gesichtspunkte ihrer innern Wahrheit oder Falschheit, denn als durch gewisse Zustände der Civilisation hervorgebrachte Produkte betrachtet, welche, wie die animalischen und vegetabilischen Produkte einer geologischen Periode, in Folge des Aufhörens der zu ihrer fortgesetzten Existenz nothwendigen Bedingungen in den folgenden Perioden zu Grunde gehen.

Diese Tendenz der neueren Spekulation, menschliche Anschauungen ganz vorzugsweise aus einem historischen Gesichtspunkte, als Thatsachen zu betrachten welche ihren eigenen Gesetzen gehorchen und wie andere beobachtete Thatsachen eine historische oder wissenschaftliche Erklärung verlangen, — eine Tendenz, die sich nicht auf religiöse Gegenstände beschränkt —, ist keineswegs zu tadeln, sondern vielmehr zu loben; nicht allein insofern sie die Aufmerksamkeit auf eine wichtige und bis dahin vernachlässigte Seite der menschlichen Meinungen lenkt, sondern auch weil sie einen wirklichen wenn auch indirekten Einfluß auf die Lösung der Frage nach ihrer Wahrheit hat. Denn gleichviel welcher Ansicht jemand über einen Gegenstand der eine Controverse zuläßt sein möge; er kann, wenn er ein vorsichtiger Denker ist, seiner Sache nicht völlig gewiß sein, so lange er sich nicht das Vorhandensein der entgegengesetzten Ansicht zu erklären vermag. Sie der Schwäche des menschlichen Verstandes zuschreiben, wäre eine Erklärung welche einem solchen Denker nicht genügen könnte; denn er wird wenig geneigt sein anzunehmen, daß er dieser Schwäche weniger unterworfen sei als der Rest der Menschheit und daß Irrthum wahrscheinlicher bei seinem Gegner sei als bei ihm selbst. Bei seiner Prüfung des Beweismateriales bildet die Ueberzeugung Anderer, vielleicht der Menschheit im allgemeinen, eines der in Betracht zu ziehenden Momente, eine der zu erklärenden Erscheinungen.

Da der menschliche Verstand, wenn auch schwach doch nicht von Grund aus verkehrt ist, hat jede, von vielen Menschen angenommene Meinung eine Präsumtion für sich, die nur dadurch widerlegt werden kann, daß eine andere wirkliche oder mögliche Ursache für ihr Vorwalten gefunden wird. Und diese Betrachtung erscheint von besonderer Erheblichkeit für die Untersuchung in Betreff der Begründung des Theismus, insofern man sich auf kein Argument für die Wahrheit des Theismus gewöhnlicher beruft und zuversichtlicher verläßt, als auf die allgemeine Zustimmung der Menschheit.

Wenn wir aber auch diese historische Behandlung der

religiösen Frage in ihrem vollen Werthe anerkennen, so sollten wir doch die dogmatische Behandlung nicht hinter derselben zurückstehen lassen. Die wichtigste Eigenschaft einer Meinung über einen bedeutungsvollen Gegenstand ist ihre Wahrheit oder Falschheit, welche sich für uns in die Zulänglichkeit des Beweises auf welchen sie sich gründet auflöst. Es erscheint unerläßlich den Gegenstand der Religion von Zeit zu Zeit als eine streng wissenschaftliche Frage zu revidiren und seine Beweise nach derselben wissenschaftlichen Methode und nach denselben Prinzipien zu prüfen, wie die irgend welcher von den Naturwissenschaften gezogenen spekulativen Schlüsse. Indem wir es daher als ausgemacht betrachten, daß die legitimen Schlüsse der Wissenschaft berechtigt sind, vor allen noch so verbreiteten Meinungen, welche mit ihnen in Widerspruch gerathen, Geltung zu beanspruchen und daß die wissenschaftlichen Beweisregeln, welche die Erfolge und Mißerfolge von zweitausend Jahren festgestellt haben, auf alle Gegenstände, über welche ein Wissen erreichbar ist, anwendbar sind, so wollen wir jetzt zu einer Betrachtung darüber schreiten, welcher Platz im Bereiche der Wissenschaft den religiösen Ueberzeugungen zukommt, auf welche von der Wissenschaft anzuerkennende Beweise sie sich berufen können und welche Begründung es für die Lehren der Religion giebt, wenn man sie als wissenschaftliche Theorien betrachtet.

Bei dieser Untersuchung beginnen wir selbstverständlich mit der natürlichen Religion, der Lehre von dem Dasein und den Eigenschaften Gottes.

# Theismus.

Obgleich ich das Problem der natürlichen Theologie als das des Daseins Gottes oder eines Gottes mehr, denn als das der Götter definirt habe, so liegt doch der umfassendste historische Beweis dafür vor, daß der Glaube an Götter dem menschlichen Geiste unendlich viel natürlicher ist, als der Glaube an einen Urheber und Lenker der Natur und daß dieser geläutertere Glaube im Vergleich mit jenem ein künstliches Produkt ist, welches, außer wo es durch frühe Erziehung eingeprägt worden, eines ziemlich beträchtlichen Maßes von geistiger Bildung zu seiner Erreichung bedarf. Lange Zeit erschien die Annahme, daß die Mannigfaltigkeit, die wir in dem Getriebe der Natur beobachten, das Werk eines einzelnen Willens sein könne, gezwungen und unnatürlich. Dem unbelehrten Geiste und allen Geistern in vorwissenschaftlichen Zeiten dünken die Naturerscheinungen das Ergebniß von durchaus heterogenen Kräften, von denen eine jede ganz unabhängig von der andern sei und obgleich es höchst natürlich ist, diesen Kräften bewußten Willen zuzuschreiben, so besteht doch eine natürliche Neigung, so viele solche unabhängige Willen anzunehmen, als es unterscheidbare Kräfte giebt, die von hinreichender Wichtigkeit und hinreichendem Interesse sind um sie wahrzunehmen und zu benennen. Der Polytheismus an und für sich hat keine Tendenz sich freiwillig in Monotheismus umzuwandeln. Zwar wird in polytheistischen Systemen gewöhnlich angenommen, daß die Gottheit, deren be=

sondere Eigenschaften den höchsten Grad von ehrfurchtsvoller
Scheu einflößen, eine Macht über die anderen Gottheiten ausübe.
Und selbst vielleicht in dem entartetsten unter allen solchen
Systemen, dem der Hindus, häuft die Schmeichelei auf die
Gottheit, welche der unmittelbare Gegenstand der Anbetung ist,
Epitheta wie sie dem an einen Gott glaubenden geläufig sind.
Aber es bestehet keine wirkliche Anerkennung eines einzigen
Lenkers. Jeder Gott regiert normaler Weise sein besonderes
Gebiet, obgleich vielleicht ein noch stärkerer Gott vorhanden ist,
dessen Macht, wenn er davon Gebrauch machen wollte, die
Zwecke der niederen Gottheiten vereiteln könnte. Ein wirklicher
Glaube an einen Schöpfer und Lenker konnte nicht eher ent=
stehen als bis die Menschen in den anscheinend verwirrten
Naturerscheinungen, welche sie umgaben, ein System zu erblicken
angefangen hatten, welches sich unter dem Gesichtspunkte der
Ausführung eines einheitlichen Planes betrachten lasse. Mit
dieser Auffassung der Welt waren vielleicht, (wenn auch seltener
als oft angenommen wird) einzelne ungewöhnlich begabte Menschen
vorangegangen; aber sie konnte erst nach einer ziemlich langen
Pflege wissenschaftlichen Denkens Gemeingut werden.

Die besondere Weise in welcher das wissenschaftliche Studium
operirt, um den Menschen den Monotheismus statt des na=
türlichern Polytheismus beizubringen, hat durchaus nichts ge=
heimnißvolles. Die spezifische Wirkung der Wissenschaft besteht
darin, durch Anhäufung von Beweisen zu zeigen, daß jedes
Ereigniß in der Natur durch Gesetze mit einer oder mehreren
Thatsachen, welche demselben vorangingen, verknüpft sei, oder
mit anderen Worten seine Existenz einem Antecedens aber nicht
so ausschließlich einem solchen verdanke, daß es nicht der
Vereitelung oder Modifikation durch andere Antecedentien unter=
worfen wäre; denn diese bestimmten Ketten der Ursächlichkeit
sind so in einander verwickelt, mit der Wirkung jeder Ursache
vermischen sich andere Ursachen so sehr, obgleich eine jede in
Gemäßheit ihres eigenen festen Gesetzes wirkt, daß jede Wirkung

in Wahrheit mehr das Ergebniß der Gesammtheit aller vor=
handenen Ursachen als einer einzelnen Ursache ist und nichts in
der Welt unserer Erfahrung vorgeht, ohne daß es einen wahr=
nehmbaren Einfluß irgend einer Art auf einen größern oder
geringern Theil der Natur übt und vielleicht jeden Theil der=
selben etwas verschieden von dem gestaltet, was er gewesen sein
würde, wenn jenes Ereigniß nicht stattgefunden hätte. Wenn
nun einmal die zwiefache Ueberzeugung in den Geist Eingang
gefunden hat, daß jedes Ereigniß von Antecedentien abhängt
und zu gleicher Zeit daß, um es hervorzubringen, viele, vielleicht
alle Antecedentien in der Natur zusammenwirken müssen, so
zwar daß eine kleine Verschiedenheit in einem derselben die Er=
scheinung verhindert oder ihren Charakter wesentlich verändert
haben könnte, bildet sich die fernere Ueberzeugung, daß kein
einzelnes Ereigniß, sicherlich keine einzelne Gattung von Ereig=
nissen, anders als von einem Wesen, welches die Zügel der
ganzen Natur und nicht nur einer einzelnen Abtheilung der=
selben in seinen Händen halte, vorausbestimmt oder gelenkt sein
könne. Wenigstens muß, wenn eine Mehrheit angenommen
wird, eine so vollständige Uebereinstimmung des Handelns und
eine solche Einheit des Willens unter ihnen vorausgesetzt werden,
daß der Unterschied zwischen einer solchen Theorie und der der
absoluten Einheit der Gottheit für die meisten Zwecke unwesent=
lich erscheint.

Die Ursache, aus welcher der Monotheismus als der ab=
strakte Ausdruck des Theismus betrachtet werden kann, liegt daher
nicht sowohl darin, daß der Monotheismus der Theismus aller
vorgeschritteneren Völker ist, als darin daß er der einzige Theis=
mus ist, welcher für sich eine wissenschaftliche Begründung in
Anspruch nehmen darf. Jede andere Theorie der Weltregierung
durch übernatürliche Wesen steht im Widerspruche entweder mit
einer im Einklange mit zusammenhängenden Reihen natür=
licher Thatsachen nach festen Gesetzen fortgeführten Regierung,
oder mit der wechselseitigen Abhängigkeit jeder dieser Reihen von

allen übrigen, den beiden allgemeinsten Ergebnissen der Wissenschaft.

Wenn man daher von der wissenschaftlichen Auffassung der Natur als eines zusammenhängenden Systemes oder eines einheitlichen Ganzen, — einheitlich nicht gleich einem, aus getrennten Fäden in passiver Nebeneinanderstellung zusammengesetzten Gewebe, sondern vielmehr gleich dem menschlichen oder thierischen Körper als einem Apparate, der in beständiger alle seine Theile durchdringender Aktion und Reaktion in Gang gehalten wird —, ausgeht, so muß anerkannt werden, daß die Frage, auf welche der Theismus eine Antwort bildet, wenigstens eine sehr natürliche und in einem offenbaren Bedürfnisse des menschlichen Geistes begründete ist. Da wir gewöhnt sind, je nach dem Maße der Mittel unsrer Beobachtung, einen definitiven Anfang für jede einzelne Thatsache zu finden und da wir ferner finden daß, wo immer ein Anfang ist, demselben eine, von uns „Ursache" genannte Thatsache voranging, ohne welche die so beginnende Naturerscheinung nicht vorhanden sein würde, war es unmöglich daß der menschliche Geist sich nicht die Frage vorlegen sollte, ob nicht auch das Ganze, von welchem diese Naturerscheinungen einen Theil bilden, einen Anfang habe und wenn dem so sei, ob dieser Anfang nicht ein Uranfang sei, ob nicht der ganzen Reihe von Ursachen und Wirkungen welche wir Natur nennen, etwas vorangegangen sei, ohne welches die Natur selbst nicht gewesen sein würde. So weit unsere Kunde von menschlicher Spekulation zurückreicht ist diese Frage nie ohne eine hypothetische Antwort geblieben. Die einzige Antwort, welche lange Zeit hindurch Befriedigung gewährt hat, ist der Theismus.

Wenn wir, wie es unsere Aufgabe ist, das Problem nur als eine wissenschaftliche Untersuchung betrachten, löst sich dasselbe in zwei Fragen auf.

Erstens: Kann die Theorie welche den Ursprung aller Naturerscheinungen auf einen Schöpfer zurückführt mit den sicheren Ergebnissen der Wissenschaft bestehen, oder nicht?

Zweitens: Angenommen die Theorie könne mit diesen Ergebnissen bestehen, können ihre Beweise eine, nach den Beweisgrundsätzen und Glaubensregeln, durch welche uns leiten zu lassen unsere lange Erfahrung wissenschaftlicher Untersuchungen uns als nothwendig gelehrt hat, vorgenommene Prüfung ertragen?

Die erste Frage anlangend giebt es eine Auffassung des Theismus, welche mit den allgemeinsten, uns als Ergebniß wissenschaftlicher Forschungen bekannt gewordenen Wahrheiten bestehen und eine andere welche mit diesen Wahrheiten absolut nicht bestehen kann.

Diese letztere geht von der Annahme eines Gottes aus, der die Welt durch Handlungen eines wandelbaren Willens, die erstere von der Annahme eines Gottes der die Welt nach unwandelbaren Gesetzen lenkt.

Die primitive und selbst noch in unseren Tagen verbreitete Auffassung der göttlichen Regierung ist, daß der eine Gott gleich den vielen Göttern des Alterthums die Welt durch, dem jedesmaligen Falle angepaßte Beschlüsse regiere. Obgleich er sowohl für allwissend als für allmächtig gilt, glaubt man doch, daß er seine Beschlüsse erst im entscheidenden Augenblicke oder wenigstens nicht so unumstößlich fasse, daß er nicht bis zum letzten Augenblicke durch angemessene Bitten bewogen werden könnte, seine Absichten zu ändern. Ohne auf die Schwierigkeiten einer Vereinbarung dieser Ansicht von der göttlichen Regierung mit dem Vorauswissen und der vollkommenen Weisheit, welche der Gottheit zugeschrieben werden, einzugehen, dürfen wir uns hier mit der Thatsache begnügen, daß diese Ansicht dem was uns die Erfahrung von der Art wie die Dinge wirklich vor sich gehen, gelehrt hat, widerspricht. Die Naturerscheinungen finden in Gemäßheit allgemeiner Gesetze statt. Sie gehen aus bestimmten natürlichen Thatsachen hervor. Wenn sie daher ursprünglich von einem Willen ausgegangen sind, muß dieser Wille die allgemeinen Gesetze ein= für allemal festgestellt und die geschehenen Thatsachen gewollt haben. Wenn es einen Schöpfer giebt so muß es seine Absicht gewesen sein, daß die Ereignisse von

8*

früheren Ereignissen abhängen und in Gemäßheit fester Gesetze geschehen sollten. Wenn aber das einmal zugegeben ist, so enthält die wissenschaftliche Erfahrung nichts was nicht mit dem Glauben bestehen könnte, daß jene Gesetze und die sich daraus ergebenden Folgen selbst ihren Ursprung einem göttlichen Willen verdanken. Auch nöthigt uns nichts zu der Annahme, daß der göttliche Wille sich nur einmal bethätigt und, nachdem er das System mit einer Kraft ausgestattet habe, welche es in den Stand setzte von selbst zu gehen, sich jeder fernern Einmischung in dasselbe enthalten habe. Nichts in der Wissenschaft widerstrebt der Annahme, daß jedes Ereigniß welches stattfindet das Ergebniß eines bestimmten Willensaktes der obersten Macht sei, vorausgesetzt daß diese Macht in ihren besonderen Willensakten sich mit allgemeinen, von ihr selbst gegebenen Gesetzen in Einklang befindet. Die allgemein verbreitete Meinung geht dahin, daß diese Hypothese der Gottheit zu größerm Ruhme gereiche, als die Annahme, daß das Universum so geschaffen worden sei, daß es fortan von selbst gehen könne. Es hat jedoch Denker von hervorragender Bedeutung (unter ihnen Leibnitz) gegeben, welche die letztere Ansicht für die einzige der Gottheit würdige hielten und dagegen protestirten, daß man sich Gott als einen Uhrmacher vorstelle, dessen Uhr nicht anders gehe, als wenn Er in das Uhrwerk eingreife und es in Gang erhalte. Mit solchen Erwägungen haben wir an dieser Stelle nichts zu thun. Wir betrachten den Gegenstand nicht aus dem Gesichtspunkte der dem höchsten Wesen gebührenden Verehrung sondern aus dem der Wissenschaft, und mit der Wissenschaft vertragen sich diese beiden Annahmen in Betreff der Art des göttlichen Thuns gleich gut. Wir müssen uns jedoch nun der nächsten Frage zuwenden. Es giebt zwar nichts, was bewiese, daß die Natur nicht von einem souveränen Willen geschaffen sei und regiert werde; aber giebt es Beweise für diese Schöpfung und Regierung. Welcher Art sind die Beweise dafür und von welchem Werthe erweisen sie sich wenn sie auf der Schale der Wissenschaft gewogen werden?

# Die Beweise für den Theismus.

Die Beweise für einen Schöpfer sind nicht nur ihrer Art nach deutlich unterschieden, sondern von so mannigfaltigem Charakter, daß sie sich sehr verschieden gearteten Geistern anpassen und es kaum für einen Geist möglich ist gleich empfänglich für sie alle zu sein. Die gangbare Eintheilung derselben in Beweise a priori und a posteriori zeigt schon, daß sie, aus einem rein wissenschaftlichen Gesichtspunkte betrachtet, verschiedenen Denkerschulen angehören. Obgleich daher der gedankenlos Glaubende, dessen Glaube wirklich auf Autorität beruhet, alle plausiblen Beweisführungen zur Unterstützung des Glaubens, in welchem er auferzogen worden, gleich willkommen heißt, pflegen doch Philosophen, welche eine Wahl zwischen der allgemein wissenschaftlichen a priori- und der a posteriori-Methode zu treffen haben, während sie sich für eine dieser Stützen der Religion entschieden erklären, regelmäßig mit mehr oder weniger Geringschätzung von der andern zu reden. Bei der gegenwärtigen Untersuchung liegt es uns ob, mit vollkommner Unparteilichkeit zu verfahren und beiden eine gewissenhafte Prüfung angedeihen zu lassen. Gleichzeitig aber hege ich die feste Ueberzeugung, daß eine der beiden Arten von Beweisführungen ihrer Natur nach wissenschaftlich, die andere nicht nur unwissenschaftlich, sondern von der Wissenschaft verurtheilt ist. Die wissenschaftliche Beweisführung ist die, welche ihre Schlüsse aus den Thatsachen und Analogien der menschlichen Erfahrung zieht, wie ein Geologe thut, wenn er auf den frühern Zustand unserer Erdkugel, oder ein Astronom, wenn er auf die physische Beschaffenheit der Himmelskörper schließt. Das ist die a posteriori-Methode, welche ihre Hauptanwendung auf den Theismus in dem sogenannten Beweise der planvollen Absicht findet. Die Art der Schlußfolgerung, welche ich unwissenschaftlich nenne, ist, obgleich sie nach Ansicht einiger Denker gleichfalls eine berechtigte Art des wissenschaftlichen Verfahrens ist, diejenige, welche äußere objektive Thatsachen aus Ideen oder Ueberzeugungen unseres Geistes schließt. Indem ich das sage, sehe ich von meiner persönlichen Ansicht in Betreff des Ursprunges unserer Ideen oder Ueberzeugungen ganz ab; denn selbst wenn wir außer Stande wären anzugeben, wie zum Beispiel die Gottesidee aus unseren Erfahrungseindrücken erwachsen sein könne, so kann doch die Idee nur die Idee und nicht die objektive Thatsache beweisen, außer wenn man, in Gemäßheit des ersten Buches Mose, annimmt, die Thatsache sei durch Ueberlieferung von der Zeit her auf uns gekommen, wo es einen direkten persönlichen Verkehr mit dem göttlichen Wesen gab, in welchem Falle die Beweisführung eben nicht mehr a priori wäre. Die Annahme, daß eine Idee, ein Wunsch oder ein Bedürfniß, selbst wenn dem Geiste eingeboren, das Vorhandensein eines entsprechenden Gegenstandes beweise, stützt sich lediglich auf den bereits in unserm Geiste vorhandenen Glauben, daß wir von einem wohlwollenden Wesen erschaffen seien, welches uns keinen Glauben und kein Bedürfniß eingepflanzt haben würde, ohne uns die Mittel zu dessen Befriedigung zu gewähren. Es ist daher eine offenbare petitio principii, wenn diese Annahme als ein Beweis für eben den Glauben, welchen sie voraussetzt, angeführt wird.

Gleichzeitig muß zugegeben werden, daß alle philosophischen und religiösen a priori-Systeme sich in gewissem Sinne als auf Erfahrung gegründet bekennen, da sie, obgleich sie die Möglichkeit behaupten, zu Wahrheiten welche außerhalb des Bereiches der Erfahrung liegen zu gelangen, doch die Thatsachen der Erfahrung zu ihrem Ausgangspunkte machen. Sie haben Anspruch auf Berücksichtigung insoweit sich nachweisen läßt, daß die Erfahrung ihnen oder ihrer Methode einen Anhaltspunkt gewährt. Angebliche a priori-Beweisführungen sind nicht selten gemischter Natur, indem sie bis zu einem gewissen Grade den Charakter einer a posteriori-Beweisführung an sich tragen, und nicht selten als eine verkappte a posteriori-Beweisführung bezeichnet werden können, indem die a priori-Erwägungen hauptsächlich darin bestehen, daß sie einem besondern a posteriori-Argumente einen höhern Werth beimessen als ihm zukommt. Das trifft ganz besonders bei dem Beweise für den Theismus zu, mit dessen Prüfung ich mich zunächst beschäftigen will, der Nothwendigkeit einer ersten Ursache. Denn dieser Beweis beruhet in Wahrheit auf einer breiten Grundlage der Erfahrung in der Universalität des Verhältnisses von Ursache und Wirkung bei den Naturerscheinungen, während philosophische Theologen sich nicht damit begnügt haben, den Beweis auf diese Basis zu begründen, sondern behauptet haben die Ursächlichkeit sei eine intuitiv durch ihr eigenes Licht erfaßte Vernunftwahrheit.

# Beweis für eine erste Urſache.

---

Der Beweis für eine erſte Urſache läßt ſich als ein Schluß aus dem Ganzen der menſchlichen Erfahrung betrachten und wird in der That ſo dargeſtellt. Alle Dinge von denen wir wiſſen, wird argumentirt, haben eine Urſache gehabt und verdanken dieſer Urſache ihr Daſein. Wie kann es alſo anders ſein, als daß die Welt, welche nur ein Name für den Inbegriff alles deſſen iſt von dem wir wiſſen, eine Urſache habe der ſie ihr Daſein verdanke?

Als Thatſache der Erfahrung ſtellt ſich jedoch, wenn es correkt ausgedrückt wird, heraus, nicht daß alles von dem wir wiſſen, ſondern nur daß jedes Ereigniß oder jede Veränderung ihr Daſein aus einer Urſache herleite. Es giebt in der Natur ein dauerndes und ein veränderliches Element; die Veränderungen ſind immer die Wirkungen vorangegangener Veränderungen. Das Dauernde iſt, ſoweit wir wiſſen, überall keine Wirkung. Zwar ſind wir gewohnt, nicht nur von Ereigniſſen, ſondern auch von Gegenſtänden zu ſagen, daß ſie durch Urſachen hervorgebracht ſeien, wie Waſſer durch die Verbindung von Waſſerſtoff und Sauerſtoff; aber damit meinen wir nur, daß wenn ſie zu exiſtiren anfangen ihr Anfang die Wirkung einer Urſache ſei. Aber ihr Exiſtenzanfang iſt kein Gegenſtand ſondern ein Ereigniß. Wenn man dagegen einwenden wollte, daß man von der Urſache eines zu exiſtiren anfangenden Dinges paſſend ſagen könne, ſie ſei das Ding ſelbſt, ſo will ich über den Ausdruck nicht rechten.

Aber das was an einem Gegenstande zu existiren beginnt, ist das was in ihm dem veränderlichen Elemente in der Natur angehört, die äußere Form und die von mechanischen oder chemischen Zusammensetzungen seiner Bestandtheile abhängenden Eigenschaften. Es giebt jedoch in jedem Gegenstande noch ein anderes und zwar dauerndes Element, nämlich die spezifisch elementare Substanz oder die Substanzen, aus welchen er bestehet und deren inhärente Eigenschaften. Von diesen ist es uns nicht bekannt, daß sie zu existiren angefangen haben. So weit unser Wissen reicht haben sie keinen Anfang und folgeweise auch keine Ursache, obgleich sie selbst Ursachen oder Mitursachen alles dessen sind was geschieht. Die Erfahrung bietet uns daher keinen Beweis, nicht einmal Analogien, wodurch es sich rechtfertigen ließe, daß wir eine Verallgemeinerung, die sich nur auf unsere Beobachtung des Veränderlichen gründet, auf das offenbar Unveränderliche erstrecken.

Als Thatsache der Erfahrung kann daher die Ursächlichkeit nicht berechtigter Weise auf das materielle Universum selbst, sondern nur auf seine veränderlichen Erscheinungen ausgedehnt werden. Von diesen können allerdings ausnahmslos Ursachen behauptet werden. Aber welche Ursachen? Die Ursache jeder Veränderung ist eine frühere Veränderung und so muß es sein; denn wenn kein neues Antecedens da wäre, würde auch kein neues Consequens da sein. Wenn der Zustand der Thatsachen, welcher die Erscheinung in's Dasein ruft, immer oder während einer unendlich langen Zeit existirt hätte, würde auch die Wirkung immer existirt haben, oder vor einer unendlichen Zeit hervorgebracht worden sein. Es ist daher ein wesentliches Moment der Thatsache der Ursächlichkeit innerhalb des Bereiches unserer Erfahrung, daß die Ursachen sowohl als die Wirkungen einen Anfang in der Zeit gehabt haben und selbst durch Ursachen hervorgebracht worden sind. Es möchte daher scheinen, daß unsere Erfahrung, anstatt einen Beweis für eine erste Ursache zu liefern, dieser Idee widerstrebe und daß das wahre Wesen der Urſächlichkeit, wie ſie innerhalb der Grenzen unſeres Wiſſens beſteht mit der Idee einer erſten Urſache unverträglich ſei.

Es wird aber erforderlich ſein die Sache noch ſchärfer in's Auge zu faſſen und die Natur der Urſachen von welchen die, Menſchheit Erfahrung hat, genauer zu analyſiren; denn wenn es ſich ergeben ſollte, daß, obgleich alle Urſachen einen Anfang haben, allen ein dauerndes Element innewohne, welches keinen Anfang hatte, ſo würde man dieſes dauernde Element mit einiger Berechtigung als eine erſte oder allgemeine Urſache bezeichnen können, inſofern es, obgleich an und für ſich nicht hinreichend etwas zu verurſachen, in jeden urſächlichen Zuſammenhang als eine Miturſache eintritt. Nun trifft es ſich, daß das letzte, aus den convergirenden Beweiſen aller Zweige der Naturwiſſenſchaft hergeleitete Ergebniß naturwiſſenſchaftlicher Unterſuchung uns, wenn es ſich bewährt, ſoweit die materielle Welt in Betracht kommt, zu einem ſolchen Reſultate gelangen läßt. Wo immer eine Naturerſcheinung bis zu ihrer Urſache verfolgt wird, erweiſt ſich dieſe Urſache, wenn ſie analyſirt wird, als ein gewiſſes Quantum Kraft in Verbindung mit gewiſſen Collocationen. Und die letzte große Generaliſation der Wiſſenſchaft, die Erhaltung der Kraft, lehrt uns, daß die Verſchiedenheit in den Wirkungen theilweiſe von dem Betrage der Kraft und theilweiſe von der Verſchiedenheit der Collocationen abhängt. Die Kraft ſelbſt iſt weſentlich eine und dieſelbe und es exiſtirt von ihr in der Natur eine beſtimmte Quantität, welche, (wenn die Theorie richtig iſt) ſich nie vermehrt oder vermindert. Hier finden wir alſo, ſelbſt in den Veränderungen der Natur ein dauerndes Element, allem Anſcheine nach eben das welches wir geſucht haben. Und dieſem Elemente haben wir offenbar, wenn irgend einem, den Charakter einer urerſten Urſache, — der Urſache des materiellen Univerſums —, zuzuſchreiben. Denn alle Wirkungen können bis zu ihr zurück verfolgt werden, während unſere Erfahrung ſie nicht weiter zurück verfolgen kann. Nur ihre Umwandlungen können zurück verfolgt werden und die

Ursache dieser Umwandlungen begreift immer die Kraft selbst, dieselbe Quantität Kraft in einer frühern Gestalt, in sich. Es scheint demnach, daß in dem einzigen Sinne, in welchem die Erfahrung die Lehre von einer ersten Ursache in irgend einer Gestalt unterstützt, nämlich in dem eines uranfänglichen und universellen Elementes in allen Ursachen, die erste Ursache keine andere sein kann als — die Kraft.

Damit sind wir jedoch noch keineswegs am Ende der Frage. Im Gegentheil, über das wichtigste Moment des Beweises entscheidet erst der Punkt, an welchem wir jetzt angelangt sind. Denn es wird behauptet der Geist sei die einzige mögliche Ursache der Kraft, oder vielmehr, der Geist sei eine Kraft und alle übrigen Kräfte müßten aus ihm hergeleitet werden, insofern der Geist das einzige Ding sei, welches eine Veränderung zu erzeugen im Stande sei. Das, behauptet man, lehre die menschliche Erfahrung. Bei den Erscheinungen der unbelebten Natur ist die in ihnen wirkende Kraft immer eine präexistirende, nicht ursprünglich erzeugte, sondern übertragene Kraft. Ein Gegenstand in der Natur setzt einen andern in Bewegung, indem er ihm die Kraft mittheilt, von welcher er selbst zuerst in Bewegung gesetzt worden ist. Der Wind theilt den Wellen, oder einer Windmühle, oder einem Schiffe einen Theil der Bewegung mit, welche ihm selbst von einem andern Agens verliehen worden ist. Nur bei freiwilliger Aktion sehen wir einen Anfang, eine Erzeugung von Bewegung; da alle übrigen Ursachen dieser Erzeugung unfähig erscheinen, spricht die Erfahrung zu Gunsten des Schlusses, daß alle vorhandene Bewegung ihren Ursprung dieser einen Ursache der freiwilligen Aktion, wenn nicht der des Menschen, so doch der eines mächtigern Wesens, verdanke.

Diese Beweisführung ist sehr alt. Sie findet sich bei Plato, nicht wie man vielleicht erwartet haben würde in Phaedon, wo die Argumente nicht der Art sind daß man jetzt noch Werth auf sie legen könnte, sondern in seinem letzten Werke, den Leges, und sie bildet noch jetzt eines der mit dem größten Nachdrucke vorgeführten Argumente der Metaphysiker unter den Vertheidigern der natürlichen Religion.

Zunächst wird, wenn die Lehre von der Erhaltung der Kraft, mit anderen Worten der Beständigkeit des gesammten vorhandenen Kraftbetrages richtig ist, diese Lehre nicht falsch, wenn sie auf das Feld freiwilliger Aktion angewendet wird. Der Wille erschafft so wenig wie andere Ursachen Kraft. Zugegeben, daß er Bewegung erzeuge so hat er doch kein anderes Mittel das zu thun, als indem er einen Theil der Kraft, welche bereits in anderen Gestalten existirte, in diese besondere Kundgebung verwandelt. Es ist bekannt, daß die Quelle, aus welcher dieser Theil der Kraft entfließt, hauptsächlich oder ganz die in den Prozessen chemischer Composition und Decomposition, welche die gesammte Ernährung ausmachen, entwickelte Kraft ist. Die so frei gewordene Kraft wird ein Fonds von welchem jede Muskel- und selbst jede Nerventhätigkeit, wie die des Gehirnes beim Denken, ein Ausfluß ist. Nur in diesem Sinne ist, nach den sichersten Ergebnissen der Wissenschaft, das Wollen eine erzeugende Ursache. Das Wollen entspricht daher nicht dem Begriffe einer ersten Ursache, da die Kraft in jedem Falle als ihr vorausgegangen angenommen werden muß. Und die Erfahrung giebt nicht den leisesten Anlaß an die Hand anzunehmen daß die Kraft selbst durch das Wollen erschaffen sei. Soweit sich etwas aus menschlicher Erfahrung schließen läßt, hat die Kraft alle Eigenschaften eines ewigen und unerschaffenen Dinges.

Aber auch damit ist die Erörterung noch nicht geschlossen; denn obgleich der Wahrspruch der Erfahrung gegen die Möglichkeit entscheidet, daß der Wille jemals Kraft erzeuge muß doch, wenn wir versichert sein können, daß auch die Kraft nicht den Willen erzeuge, der Wille als ein, wenn nicht der Kraft vorausgegangenes, doch mit ihr gleich ewiges Agens betrachtet werden. Und wenn es wahr ist daß der Wille zwar nicht die Kraft aber doch die Umwandlung der Kraft aus einer ihrer Kundgebungen in die mechanischer Bewegung erzeugen kann

und daß es im Bereiche der menschlichen Erfahrung kein anderes
Agens giebt, welches das zu thun im Stande wäre — so bleibt
der Beweis für einen Willen als den Erzeuger, wenn auch nicht
des Universums doch des Kosmos oder der Ordnung des Uni=
versums unwiderlegt.

Aber so gefaßt entspricht der Fall nicht den Thatsachen.
Was der Wille auf dem Wege der Erzeugung von Bewegung
aus anderen Gestalten der Kraft und, allgemein gefaßt, der Ent=
wicklung von Kraft aus einem latenten in einen sichtbaren Zu=
stand vermag, kann auch durch viele andere Ursachen, z. B. durch
chemische Prozesse, Elektricität, Hitze, das bloße Vorhandensein
eines gravitirenden Körpers hervorgebracht werden. Das alles
sind Ursachen mechanischer Bewegung in viel weiterm Umfange,
als irgend welche Willensakte, welche uns die Erfahrung kennen
lehrt und in den meisten der so hervorgebrachten Wirkungen ist
die, einem Körper von einem andern mitgetheilte Bewegung
nicht, wie in den gewöhnlichen Fällen mechanischer Aktion, diesem
andern von einem dritten Körper mitgetheilt. Die Erscheinung
ist nicht ein bloßes Uebergehen von mechanischer Bewegung,
sondern ein Erschaffen derselben aus einer Kraft welche vorher
latent war, oder sich in einer andern Gestalt bekundete. Der
Wille hat daher, wenn man ihn als ein Agens in dem materiellen
Universum betrachtet, kein ausschließliches Privilegium ursäch=
licher Erzeugung; alles was er erzeugen kann, kann auch durch
andere umwandelnde Agentien erzeugt werden. Wenn man
einwendet, daß diesen anderen Agentien die Kraft welche sie
ausgeben von anderswoher verliehen sein müsse, so antworte ich,
daß das nicht weniger von der Kraft gilt über welche der Wille
verfügt. Wir wissen, daß diese Kraft einer äußern Quelle, dem
chemischen Zusammenwirken der Nahrung und der Luft ent=
springt. Die Kraft durch welche die Erscheinungen der materiel=
len Welt hervorgebracht werden cirkulirt durch alle physischen
Agentien hindurch in einem nie endenden, wenn auch bisweilen
intermittirenden Strom. Ich rede natürlich nur von dem Willen

in seiner Wirkung auf die materielle Welt. Wir haben hier nichts mit der Freiheit des Willens als einer geistigen Erscheinung, mit der vexata questio, ob der Wille sich selbst bestimme oder durch Ursachen bestimmt werde, zu thun. Für die Frage die uns jetzt beschäftigt kommt es nur auf die Wirkungen des Willens, nicht auf seinen Ursprung an.

Es wird behauptet, daß die physische Natur von einem Willen hervorgebracht sein müsse, weil uns nur von dem Willen bekannt sei, daß er die Macht habe die Erzeugung von Erscheinungen zu veranlassen. Wir haben aber gesehen, daß im Gegentheil, alle Macht, welche der Wille über Erscheinungen besitzt, so weit wir es zu beurtheilen vermögen, auch anderen und zwar viel mächtigeren Agentien zukommt und daß in dem einzigen Sinne in welchem diese Agentien nichts erzeugen, auch der Wille nichts erzeugt. Der Wille kann daher auf Grund der Erfahrung als eine erzeugende Ursache von Naturerscheinungen kein Vorrecht vor anderen natürlichen Agentien in Anspruch nehmen. Alles was der entschiedenste Verfechter der Freiheit des Willens behaupten kann ist, daß Willensäußerungen selbst keine Ursache haben und daher allein geeignet sind die erste oder universelle Ursache zu sein. Aber selbst wenn man annimmt, daß Willensäußerungen keine Ursache haben, so haben doch auch die Eigenschaften des Stoffes, soweit die Erfahrung darüber Aufschluß giebt, keine Ursache und haben dabei das vor jedem besondern Willensakte voraus, daß sie, soweit uns die Erfahrung darüber belehren kann, ewig sind. Der Theismus findet daher, sofern er auf der Nothwendigkeit einer ersten Ursache beruhet, in der Erfahrung keine Unterstützung.

Denjenigen, welche in Ermanglung der Erfahrung die Nothwendigkeit einer ersten Ursache als eine Sache der Intuition betrachten, möchte ich bemerken, daß es nutzlos wäre bei dieser Erörterung ihre Voraussetzungen zu bestreiten, da, selbst zugegeben, daß es eine erste Ursache giebt und geben müsse, wir doch gesehen haben, daß verschiedene andere Agentien außer dem

Willen, auf diese Eigenschaft gleichen Anspruch machen könne. Nur eines läßt sich dagegen einwenden, was wir hier noch berücksichtigen müssen. Man kann sagen: Zu den Thatsachen des Universums, welche der Erklärung bedürfen, gehört auch der Geist und es bedarf keines weitern Beweises daß nur der Geist den Geist hervorgebracht haben könne.

Die besonderen Merkmale des Geistes, aus welchen man auf einen bewußten Weltplan schließen zu können glaubt, gehören einem andern Theile dieser Untersuchung an. Aber wenn man annimmt, daß das bloße Vorhandensein des Geistes einen andern größern und mächtigern Geist als nothwendiges Antecedens bedinge, so beseitigt man die Schwierigkeiten nicht dadurch, daß man einen Schritt zurückgeht; der erschaffende Geist bedarf ebensosehr eines andern Geistes als der Quelle seiner Existenz wie der erschaffene Geist. Man vergesse nicht daß wir (wenn wir von der Offenbarung absehen) keine direkte Kunde von einem Geiste haben der auch nur anscheinend ewig wäre, wie es Kraft und Stoff sind. Ein ewiger Geist ist, in Bezug auf die uns hier beschäftigende Beweisführung, eine einfache Hypothese, um den Geist, dessen Vorhandensein uns bekannt ist, zu erklären. Nun ist es wesentlich für eine Hypothese, daß sie, wenn man sie zuläßt, wenigstens die Schwierigkeiten beseitige und die Thatsachen erkläre. Aber es erklärt nicht, wenn man einen Geist auf einen frühern Geist zurückführt. Das Problem bleibt ungelöst, die Schwierigkeit unvermindert; sie wird vielmehr noch vermehrt.

Dagegen läßt sich einwenden, daß die ursächliche Entstehung des menschlichen Geistes eine Thatsache sei, da wir wissen, daß er einen zeitlichen Anfang gehabt habe. Wir wissen sogar, oder haben den stärksten Grund zu glauben, daß die menschliche Gattung selbst einen zeitlichen Anfang gehabt habe. Denn es liegen hinreichende Beweise dafür vor, daß der Zustand unseres Planeten einstmals unverträglich mit animalischem Leben war und daß das menschliche Leben viel jüngern Ursprunges ist, als das animalische. Auf alle Fälle müssen wir daher der Thatsache ins Gesicht sehen, daß es eine Ursache gegeben haben müsse, welche den ersten menschlichen Geist, ja den ersten Keim organischen Lebens ins Dasein gerufen hat. Diese Schwierigkeit fällt bei der Annahme eines ewigen Geistes weg. Wenn wir nicht wüßten, daß der Geist auf unserer Erde zu existiren angefangen hat, dürften wir ihn uns als ohne Ursache entstanden denken und wir dürfen das auch noch jetzt von dem Geiste annehmen, welchem wir sein Dasein zuschreiben.

Sich auf diesen Boden stellen heißt auf das Gebiet der menschlichen Erfahrung zurückkehren und sich ihren Regeln unterwerfen und wir sind dann zu der Frage berechtigt: „Wo ist der Beweis, daß ein Geist durch nichts als durch einen andern Geist hervorgebracht werden könne." Wie anders als durch Erfahrung können wir wissen, was etwas hervorbringen könne — welche Ursachen welchen Wirkungen entsprechen? Daß nichts anderes als Geist mit Bewußtsein Geist hervorbringen könne ist selbstverständlich, da es schon in der Bedeutung der Worte liegt; damit aber rechtfertigt sich noch nicht die Annahme, daß keine unbewußte Hervorbringung stattfinden könne; denn das ist eben der zu beweisende Punkt. Abgesehen von der Erfahrung und bei einer auf Grund dessen was wir Vernunft nennen, das heißt einer angenommenen Selbstverständlichkeit, vorgenommenen Beweisführung scheint gedacht werden zu müssen, daß keine Ursachen etwas erzeugen können, was kostbarer oder erhabener wäre als sie selbst. Aber das widerspricht den bekannten Analogien der Natur. Wie unendlich viel edler und kostbarer sind zum Beispiel die höheren Pflanzen und Thiere, als der Boden und der Dünger, aus welchem und durch dessen Eigenschaften sie hervorsprießen. Die Tendenz aller neuern Spekulation geht darauf aus nachzuweisen, daß die Entwicklung niederer Daseinsformen zu höheren, die Substituirung feinerer Ausgestaltungen und höherer Organisationen für geringere die allgemeine Regel der Natur sei. Dem sei wie ihm wolle, gewiß ist, daß in der Natur eine Fülle von Thatsachen vorkommt, welche für diese Ansicht sprechen und das genügt für unsere Beweisführung.

Und damit dürfen wir also diesen Theil der Erörterung schließen. Das Ergebniß zu welchem uns dieselbe geführt hat ist, daß der Beweis für eine erste Ursache von keinem Werthe für die Begründung des Theismus ist, weil es keiner Ursache für das bedarf was keinen Anfang gehabt hat und sowohl Stoff als Kraft haben, — gleichviel welche metaphysische Theorie wir für den einen oder die anderen aufstellen mögen —, soweit uns die Erfahrung belehren kann, keinen Anfang gehabt, was sich von dem Geiste nicht sagen läßt. Die Erscheinungen oder Veränderungen im Universum haben eine jede einen Anfang und eine Ursache; aber ihre Ursache ist immer eine frühere Veränderung; auch berechtigen uns die Analogien der Erfahrung keineswegs dazu aus dem bloßen Vorhandensein der Veränderungen zu schließen, daß, wenn wir die Reihe dieser Veränderungen weit genug zurückverfolgen könnten, wir zu einem uranfänglichen Willen gelangen würden. Die Welt bezeugt durch ihr bloßes Dasein noch keinen Gott. Wenn sie Anzeichen eines solchen enthält, so müssen diese durch die spezielle Natur der Erscheinungen, durch das was sie der Anpassung an einen Zweck ähnliches darbieten, gegeben werden, und davon später. Wenn man sich in Ermanglung eines Erfahrungsbeweises auf einen Intuitionsbeweis verläßt, so ergiebt sich auch hier, daß, wenn der Geist als Geist einen intuitiven Beweis dafür liefert, daß er erschaffen worden sei, der erschaffende Geist denselben Beweis liefern müsse und wir sind der ersten Ursache um nichts näher als vorher. Wenn aber in der Natur des Geistes nichts liegt, was an und für sich einen Schöpfer bedingt, so müssen zwar allerdings die Geister, welche einen Anfang in der Zeit haben, wie es mit allen Geistern von denen unsere Erfahrung weiß der Fall ist, eine Ursache haben; aber es ist nicht nothwendig, daß diese ihre Ursache ein vor ihnen vorhandener Geist sei.

# Beweis aus der allgemeinen Uebereinstimmung der Menschheit.

Bevor wir zu dem teleologischen Beweise übergehen, welcher meines Erachtens immer die Hauptstärke des natürlichen Theismus bilden muß, wollen wir noch kurz von einigen anderen Beweisen handeln, welche von geringem wissenschaftlichen Werthe sind, aber einen größern Einfluß auf den menschlichen Geist üben als viel bessere Beweise, weil sie einen Appell an die Autorität enthalten und die Autorität ist es, von welcher die Meinungen der Menschen hauptsächlich und nicht unnatürlicher Weise beherrscht werden. Die angerufene Autorität ist die der Menschheit im allgemeinen und insbesondere die einiger ihrer weisesten Männer, namentlich solcher welche in anderen Beziehungen glänzende Vorbilder des Brechens überkommener Vorurtheile waren. Sokrates und Plato, Baco, Locke und Newton, Descartes und Leibnitz sind solche Vorbilder. Es kann ohne Zweifel gut sein, Leuten, welche in Bezug auf Wissen und Bildung nicht berechtigt sind sich selbst für competente Richter über schwierige Fragen zu halten, zu rathen sich damit zu begnügen, das für wahr zu halten was die Menschheit im allgemeinen glaubt und so lange sie es glaubt, oder das was von denen geglaubt worden ist, welche für die bedeutendsten unter den Geistern der Vergangenheit galten. Aber für einen Denker hat der Beweis aus der Meinung anderer Leute geringen Werth: Es ist nur ein Beweis aus zweiter Hand und kann nur eine Mahnung für uns sein, uns nach den Gründen, auf welchen sich diese Ueberzeugung der Menschheit oder weiser Männer stützte, umzusehen und sie zu wägen. Daher führen auch diejenigen, welche einen Anspruch auf philo=sophische Behandlung des Gegenstandes machen, diese allgemeine Uebereinstimmung nur hauptsächlich als Beweis dafür an, daß in dem menschlichen Geiste eine intuitive Vorstellung oder eine instinktive Empfindung von einer Gottheit lebe. Aus der All=gemeinheit des Glaubens schließen sie, daß derselbe unserer Organisation inhärent sei, woraus sie den, allerdings gewagten aber der gewöhnlichen Art des Verfahrens intuitiver Philosophie conformen Schluß ziehen, daß der Glaube wahr sein müsse, obgleich in seiner Anwendung auf Theismus dieser Beweis nichts als eine petitio principii ist, da er selbst sich auf nichts stützt als auf den Glauben, daß der menschliche Geist von einem Gotte erschaffen sei, der seine Geschöpfe nicht betrügen werde.

Welchen Anhalt aber bietet uns, näher zugesehen, das all=gemeine Vorwalten des Glaubens an eine Gottheit für den Schluß, daß dieser Glaube dem menschlichen Geiste eingeboren und unabhängig von jedem Beweise sei? Entbehrt derselbe denn so sehr jedes, selbst anscheinenden Beweises? Hat er so wenig Aehnlichkeit mit einer Begründung auf Thatsachen, daß er nur durch die Annahme, er sei eingeboren, erklärt werden kann? Man sollte es kaum für möglich halten, daß es Theisten geben könne, welche glauben, daß die Anzeichen eines bewußten Welt=planes in der Natur nicht nur ungenügend seien, sondern so wenig Schein für sich haben, daß man nicht einmal annehmen könne, sie hätten in den gewöhnlichen oder weiseren Geistern eine Ueberzeugung begründet. Wenn es äußere, wenn auch nicht vollkommen concludente Beweise für den Theismus giebt, warum brauchen wir denn anzunehmen, daß der Glaube an seine Wahrheit das Ergebniß von etwas anderm gewesen sei? Die überlegenen Geister, auf welche man sich von Sokrates an beruft, haben, wenn sie ihre Meinung begründen wollten, nicht behauptet, daß sie diesen Glauben in sich selbst gefunden hätten, ohne zu wissen, von wannen er ihnen gekommen sei, sondern haben denselben, wenn nicht einer Offenbarung, einem metaphysischen Beweise oder jenen sehr äußerlichen Beweisgründen zugeschrieben, welche die Basis des teleologischen Beweises bilden.

Wenn eingewandt wird, daß der Glaube an eine Gottheit ganz allgemein sei, sowohl bei wilden Stämmen wie bei dem unwissenden Theile civilisirter Bevölkerungen, von denen nicht angenommen werden könne, daß die wunderbaren Einrichtungen der Natur, von welchen die meisten ihnen unbekannt seien, einen Eindruck auf sie gemacht haben, so erwidere ich, daß die Unwissenden in civilisirten Ländern ihre Ansichten von den Gebildeten überkommen und daß, wenn bei den Wilden der Beweis unzulänglich ist, es auch der Glaube ist. Der religiöse Glaube der Wilden ist nicht Glaube an den Gott der natürlichen Theologie, sondern nur eine Modifikation der rohen Verallgemeinerung, welche allen natürlichen Mächten, deren Quelle sie nicht gewahren und deren Wirken sie nicht controliren können, Leben, Bewußtsein und Willen zuschreibt. Und die Gottheiten an welche sie glauben sind ebenso zahlreich wie diese Mächte; jeder Fluß, jede Quelle und jeder Baum hat seine eigene Gottheit. In diesem Fehlgriffe primitiver Unwissenheit die Hand des höchsten Wesens erblicken wollen, welches seinen Geschöpfen ein instinktives Wissen seines Daseins eingepflanzt habe, heißt der Gottheit ein trauriges Compliment machen. Die Religion der Wilden ist Götzendienst der gröbsten Art, welcher bestimmten Gegenständen Leben und Willen zuschreibt und sie durch Gebet und Opfer günstig zu stimmen sucht. Daß dem so sei, kann uns um so weniger überraschen, wenn wir uns erinnern, daß es keine bestimmte deutlich erkennbare Grenzlinie zwischen bewußten menschlichen Wesen und unbelebten Gegenständen giebt. Zwischen diesen und dem Menschen liegt eine Zwischenklasse von

Beweis aus der allgemeinen Uebereinstimmung der Menschheit. 133

Gegenständen, die bisweilen viel gewaltiger als der Mensch sind und Leben und Willen besitzen, nämlich die unvernünftigen Thiere, welche in einem frühen Zustande des menschlichen Lebens eine große Rolle in demselben spielen und es weniger überraschend machen, daß die Scheidelinie zwischen der belebten und unbelebten Natur anfänglich nicht deutlich erkennbar war. Bei fortschreitender Beobachtung wird wahrgenommen, daß die Mehrzahl äußerer Gegenstände alle wichtigen Eigenschaften mit ganzen Klassen oder Gruppen von Gegenständen gemein haben, welche sich unter gleichen Umständen völlig gleich verhalten und in diesen Fällen wird die Anbetung sichtbarer gegen eine Anbetung unsichtbarer Gegenstände vertauscht, von denen angenommen wird, daß sie der ganzen Klasse vorstehen. Dieser Schritt in der Verallgemeinerung geschieht langsam mit Zögern ja mit Entsetzen, wie wir noch heute bei unwissenden Völkern sehen, mit welcher Schwierigkeit sie von dem Glauben an übernatürliche Kräfte und an die schreckliche Rache eines besondern Götzen durch Erfahrung abzubringen sind. Hauptsächlich durch diese Furcht erhalten sich die religiösen Eindrücke von Barbaren mit nur sehr geringen Modifikationen unversehrt, bis der Theismus gebildeter Geister bereit ist an ihre Stelle zu treten. Und der Theismus gebildeter Geister ist, wenn wir ihrem eigenen Worte glauben, immer ein Schluß entweder aus vernünftig genannten Beweisen oder aus den Erscheinungen der Natur.

Es ist unnöthig hier bei der Schwierigkeit der Hypothese eines natürlichen, nicht allen menschlichen Wesen gemeinsamen Glaubens, eines nicht universellen Instinktes zu verweilen. Es läßt sich ohne Zweifel begreifen, daß einige Menschen ohne eine besondere natürliche Fähigkeit geboren werden können, wie einige Menschen ohne diesen oder jenen Sinn geboren werden. Aber wenn das der Fall ist, so sollten wir es mit dem Beweise, daß der Glaube an Gott eine natürliche Fähigkeit ist, viel genauer nehmen. Wenn es kein Gegenstand der Beobachtung, sondern der Spekulation wäre, daß Menschen sehen können;

wenn sie keine sichtbaren Organe des Sehens und keine anderen
Wahrnehmungen oder Kenntnisse hätten, als solche, welche sie
sich denkbarer Weise auf einem Umwege durch ihre anderen
Sinne angeeignet haben könnten, so würde die Thatsache, daß
es Menschen giebt, die nicht einmal glauben daß sie sehen
ein bedeutendes Argument gegen die Theorie eines Gesichts=
sinnes sein. Es würde uns aber für die Zwecke dieser Erörte=
rung zu weit führen, einer Art der Beweisführung zu Leibe
zu gehen, welche in so weitem Maße in der ganzen intuitiven
Philosophie ihre Anwendung findet. Der entschiedenste Ver=
treter der Intuition wird nicht behaupten wollen, daß
man einen Glauben als instinktiv betrachten dürfe, wenn
allgemein zugegeben wird, daß genügende wirkliche oder an=
scheinende Beweismittel vorhanden seien, diesen Glauben zu er=
zeugen. Zu der Kraft dieser Beweismittel müssen in diesem
Falle noch alle die auf gemüthlicher Erregung beruhenden oder
moralischen Ursachen hinzugenommen werden, welche die Menschen
zu dem Glauben geneigt machen: die Befriedigung welche er
den eigensinnigen Fragen und Zweifeln gegenüber, mit denen
die Menschen sich in Betreff der Vergangenheit quälen, ge=
währt; die Hoffnungen, welche er für die Zukunft eröffnet und
auch die Furcht, da Furcht ebensowohl wie Hoffnung für den
Glauben prädisponirt. Und zu allem dem muß bei thätigeren
Geistern immer noch die Wahrnehmung hinzugenommen wer=
den, eine wie große Macht der Glaube an das Uebernatürliche
den Regierenden für die Beherrschung der Menschen, sei es zu
deren Besten, sei es zu eigennützigen Zwecken der Regierenden
gewährt.

Die allgemeine Uebereinstimmung der Menschen bietet
daher keinen Grund auch nur hypothetisch ein inhärentes Gesetz
des menschlichen Geistes als den Ursprung einer Thatsache an=
zunehmen, welche sich auf andere Weise mehr als genügend, ja
vollkommen befriedigend erklären läßt.

## Der Beweis aus dem Bewußtsein.

Es sind zahlreiche Versuche gemacht worden, — fast jeder metaphysische Theologe bietet uns seinen eigenen —, das Dasein und die Eigenschaften Gottes aus sogenannten, angeblich von der Erfahrung unabhängigen Vernunftwahrheiten zu erweisen. Descartes, welcher der eigentliche Begründer der intuitiven Metaphysik ist, zieht den Schluß sofort aus der ersten Prämisse seiner Philosophie, der berühmten Annahme, daß alles was er klar und bestimmt begreifen könne, wahr sein müsse. Die Idee eines an Macht, Weisheit und Güte vollkommenen Gottes, ist klar und bestimmt und muß daher nach diesem Prinzipe einem wirklich Vorhandenen entsprechen. Diese kühne, dahin gehende Verallgemeinerung, daß eine Vorstellung des menschlichen Geistes ihre eigene objektive Realität beweise, ist Descartes jedoch durch die nähere Bestimmung einzuschränken genöthigt: „Wenn die Idee Existenz in sich begreift." Da nun die Idee eines Gottes eine Vereinigung aller Vollkommenheiten in sich begreift und da Existenz eine Vollkommenheit ist, so beweist die Idee Gottes seine Existenz. Dieser sehr einfache Beweis, welcher dem Menschen eine seiner liebsten und kostbarsten Eigenschaften abspricht, die sogenannte Fähigkeit zu idealisiren, d. h. aus dem Material der Erfahrnng eine Vorstellung aufzubauen, welche vollkommener ist als die Erfahrung sie bietet, wird heutzutage schwerlich noch jemand befriedigen. Noch sorgfältigere, wenn auch kaum erfolgreichere Anstrengungen sind von vielen der

Nachfolger Descartes' gemacht worden, das Wissen von der Gottheit aus einer innern Erleuchtung herzuleiten — und es zu einer von äußeren Beweisen unabhängigen Wahrheit, einer Thatsache direkter Wahrnehmung, oder, wie sie es zu nennen pflegen, des Bewußtseins zu machen. Der philosophischen Welt ist der Versuch Cousin's bekannt nachzuweisen, daß, so oft wir einen besondern Gegenstand wahrnehmen, wir gleichzeitig mit ihm Gott wahrnehmen, oder uns seiner bewußt werden, und ebenso die berühmte Widerlegung dieser Lehre durch Sir William Hamilton. Es würde Zeitvergeudung sein auf eine genauere Untersuchung einer dieser Theorien einzugehen. Während eine jede von ihnen ihre eigenen logischen Trugschlüsse hat, leiden sie an der gemeinsamen Schwäche außer Acht zu lassen, daß kein Mensch, dadurch daß er wenn auch noch so zuversichtlich proklamirt daß er einen Gegenstand wahrnehme, andere Leute überzeugen kann, daß sie denselben gleichfalls sehen. Wenn er dabei auf eine göttliche Fähigkeit des innern Schauens Anspruch machte, die ihm allein gewährt sei und ihn Dinge erkennen lasse, welche nicht so begabte Menschen zu sehen nicht die Fähigkeit besitzen, so möchte der Fall anders liegen. Es ist Menschen gelungen sich mit solchen Ansprüchen Geltung zu verschaffen, und andere Menschen können nur von ihnen verlangen, daß sie ihre Beglaubigungsschreiben vorzeigen. Aber wenn kein Anspruch auf eine besondere Begabung erhoben wird, sondern man uns sagt, daß wir alle ebenso gut wie der Prophet im Stande seien, das zu sehen was er sieht und zu fühlen was er fühlt, ja, daß wir das thatsächlich thun und wenn die äußerste Anstrengung, deren wir fähig sind uns dessen bewußt zu werden was wir, wie man uns sagt wahrnehmen, fehlschlägt, so ist diese angenommene universelle Fähigkeit der Intuition

„Die Blendlaterne des Geistes

Bei welcher niemand sieht als der sie trägt."

und man darf die Träger wohl billig auffordern zu erwägen ob es nicht wahrscheinlicher sei daß sie sich hinsichtlich des Ursprunges einer geistigen Vorstellung täuschen, als daß andere sich dieser geistigen Vorstellung nicht einmal bewußt geworden sein sollten.

Wie wenig concludent von einem spekulativen Gesichts= punkte aus alle Schlüsse aus der subjektiven Idee der Gottheit auf ihre objektive Realität sind, hatte Kant, der scharffinnigste aller a priori-Metaphysiker, welcher immer die beiden Fragen des Ursprunges und der Zusammensetzung unserer Ideen und der Realität der entsprechenden Gegenstände vollkommen von einander getrennt hielt, wohl begriffen. Nach Kant ist die Idee der Gottheit dem Geiste in dem Sinne eingeboren, daß sie nach eigenen Gesetzen des Geistes construirt und nicht von außen hergeleitet wird; aber durch keinen logischen Prozeß kann nach= gewiesen, und durch keine direkte Vorstellung kann wahrgenommen werden, daß diese Idee der spekulativen Vernunft außerhalb des menschlichen Geistes eine entsprechende Realität habe. Für Kant ist Gott weder ein Gegenstand des unmittelbaren Bewußt= seins noch ein Vernunftschluß sondern eine nothwendige An= nahme; nothwendig nicht aus logischer sondern aus praktischer, durch die Realität des Sittengesetzes auferlegter Nothwendigkeit. Die Pflicht ist eine Thatsache des Bewußtseins, das: „Du sollst" ist ein aus dem tiefsten Innern unseres Wesens ertönendes Gebot, das durch keine aus der Erfahrung hergeleitete Eindrücke erklärt werden kann. Und dieses Gebot fordert einen Gebieter, obgleich es nicht vollkommen klar ist ob es Kant's Meinung war, daß die Ueberzeugung von dem Vorhandensein eines Ge= setzes die Ueberzeugung von dem Vorhandensein eines Gesetzge= bers in sich begreife oder nur daß das Vorhandensein eines Wesens, von dessen Willen das Gesetz ein Ausdruck sei, in hohem Grade wünschenswerth sei. Wenn ersteres die Absicht war so gründet sich das Argument auf eine zwiefache Bedeutung des Wortes: „Gesetz". Eine Regel nach welcher uns zu richten wir als unsere Pflicht erkennen, hat mit den gewöhnlich sogenannten Gesetzen das gemein, daß sie unsern Gehorsam fordert; aber daraus folgt nicht, daß die Regel gleich den eben genannten Gesetzen ihren Ursprung in dem Willen eines außerhalb des Geistes existirenden Gesetzgebers oder mehrerer Gesetzgeber haben müsse. Wir dürfen sogar sagen, daß eine sittliche Pflicht nicht das ist was unter dem Gefühl einer Verpflichtung, welche nur das Ergebniß eines Gebotes ist, verstanden wird, indem jene im Gegentheil etwas voraussetzt, was das Gewissen als seiner eigenen Natur nach bindend bezeugt und dem sich Gott, indem er noch sein Gebot hinzufügt, anpaßt, das er vielleicht erklärt, das er aber nicht erschafft. Wenn man also auch, um des Beweises willen zugeben wollte, daß das sittliche Bewußtsein so rein aus dem Geiste selbst erwachsen, das Bindende der Pflicht so vollständig von Erfahrung und erworbenen Eindrücken unabhängig sei, wie Kant oder ein anderer Metaphysiker es je behauptet haben, so ist darum doch die Behauptung aufrecht zu erhalten, daß dieses Bewußtsein der Pflicht den Glauben an einen göttlichen Gesetzgeber als die Quelle der Pflicht eher ausschließe als aufnöthige und thatsächlich wird das Bindende der Pflicht von vielen die keinen positiven Glauben haben im vollsten Umfange sowohl theoretisch anerkannt als praktisch geübt, wenn auch wohl selten ohne daß sie sich der vertrauten und altgewohnten Beziehung auf ihn als eine ideale Vorstellung bedienen. Wenn aber auch das Dasein Gottes als eines weisen und gerechten Gesetzgebers nicht nothwendig durch das sittliche Bewußtsein bedingt ist, so darf doch noch immer behauptet werden, daß dieses Bewußtsein Sein Dasein in hohem Grade wünschenswerth mache. Ohne Zweifel ist das der Fall und das ist der gewichtige Grund weshalb die Menschen an diesem Glauben hängen und es peinlich empfinden, wenn derselbe angezweifelt wird. Aber doch ist die Annahme, daß in der Ordnung des Universums alles was wünschenswerth sei auch wahr sei, sicherlich nicht berechtigt. Die Lehre von der besten Welt ist, selbst wenn schon an einen Gott geglaubt wird eine heikle Lehre und mußte von Leibnitz in dem beschränkten Sinne auf gefaßt werden, daß das von einem Gott geschaffene Universum das Bestmögliche nicht das Absolut=Beste sei, kurz daß die gött= liche Macht nicht im Stande gewesen sei das Universum freier von Unvollkommenheiten zu machen als es ist. Aber die Lehre von der besten Welt erscheint, wenn sie dem Glauben an einen Gott voraus gehet und zur Grundlage dieses Glaubens dienen soll, als eine der sonderbarsten aller spekulativen Täuschungen. Gleichwohl trägt glaube ich nichts mehr dazu bei diesen Glauben in der Menschheit im allgemeinen aufrecht zu erhalten, als das Gefühl seiner Wünschenswürdigkeit, welches, wenn es sich, wie es sehr oft geschieht, in die Form eines Beweises kleidet, ein naiver Ausdruck der Tendenz des menschlichen Geistes ist, zu glauben was ihm angenehm ist. Positiven Werth hat dieser Beweis natürlich nicht.

Ohne noch länger bei diesem, oder einem andern der a priori-Beweise für den Theismus zu verweilen, wollen wir zu den viel wichtigeren Beweisen der Erscheinungen zweckmäßiger Einrichtungen in der Natur übergehen.

# Der teleologische Beweis.

Wir sind jetzt endlich bei einem Beweise von wirklich wissenschaftlichem Charakter angelangt, der keine wissenschaftliche Probe zu scheuen braucht, sondern nach den feststehenden Regeln der Induction beurtheilt werden muß. Der teleologische Beweis gründet sich ganz auf Erfahrung. Gewisse für die Dinge charakteristische Eigenschaften, wird behauptet, beweisen daß diese Dinge von einem intelligenten Geiste zu einem bestimmten Zwecke geschaffen seien. Die Ordnung der Natur besitzt ganz oder doch großentheils diese Eigenschaften in bemerkenswerthem Grade. Diese Gleichartigkeit der Wirkungen, berechtigt uns auf eine Gleichartigkeit der Ursache zu schließen und zu glauben daß Dinge, welche herzustellen das menschliche Vermögen überschreitet, welche aber den Werken der Menschen in allem bis auf das zu ihrer Herstellung erforderliche Vermögen ähnlich sehen, auch von einer, mit größerm als menschlichem Vermögen ausgestatteten Intelligenz geschaffen sein müssen.

Ich habe diesen Beweis in seiner vollen Stärke aufgestellt, wie er von seinen weitgehendsten Anhängern aufgestellt wird. Ein sehr geringes Nachdenken reicht jedoch hin zu zeigen, daß, wenn dieser Beweis auch nicht ohne Bedeutung ist, diese Bedeutung doch allgemein sehr überschätzt wird. Paley's Beispiel von einer Uhr, beweist zu viel. Wenn ich eine Uhr auf einer anscheinend unbewohnten Insel fände, würde ich allerdings schließen, daß sie dort von einem menschlichen Wesen zurück-

Der teleologische Beweis.

gelassen sei; aber dieser Schluß würde sich nicht auf die zweckmäßige Einrichtung der Natur, sondern darauf gründen, daß ich bereits aus Erfahrung wußte, daß Uhren von Menschen gemacht werden. Ich würde denselben Schluß nicht weniger zuversichtlich aus einer Fußspur oder sonst etwas noch so unbedeutendem ziehen, was die Erfahrung mich gelehrt hätte, auf Menschen zurückzuführen; wie die Geologen die frühere Existenz von Thieren aus Koprolithen schließen, obgleich niemand in einem Koprolithen Anzeichen eines zweckmäßigen Weltplanes sieht. Der Beweis eines zweckmäßigen Schöpfungsplanes kann nie mit der Sicherheit einer direkten Induction erbracht werden; er erhebt sich nicht über die untergeordnete Art eines inductiven Beweises den wir Analogie nennen. Die Analogie kommt darin mit der Induction überein daß sie beide argumentiren: ein Ding von dem es bekannt sei, daß es unter gewissen Umständen einem andern ähnlich sehe (nennen wir diese Umstände A und B) werde demselben auch unter anderen Umständen (nennen wir sie C) ähnlich sehen. Aber der Unterschied besteht darin, daß es bei der Induction von A und B durch vorgängige Vergleichung vieler Fälle bekannt ist, daß sie eben die Umstände sind von denen C abhängt, oder mit denen es in gewisser Weise verwandt ist. Wenn das nicht festgestellt ist, so geht der Beweis nur so weit, daß, da es nicht bekannt sei mit welchen der in dem bekannten Falle vorhandenen Umstände C verwandt sei, diese Umstände ebenso gut A und B wie irgend welche andere sein können und daher eine größere Wahrscheinlichkeit für das Vorhandensein von C in Fällen bestehe, wo wir wissen daß A und B existiren, als in Fällen von denen wir durchaus garnichts wissen. Der Werth dieses Beweises ist überhaupt sehr schwer und unmöglich genau zu bestimmen. Er kann sehr stark sein, wenn die bekannten Punkte der Uebereinstimmung A und B zahlreich und die bekannten Punkte der Verschiedenheit wenige sind; oder sehr schwach wenn das Gegentheil der Fall ist. Aber niemals kann er an Werth einer wirklichen Induction gleich kommen.

Die Aehnlichkeiten zwischen einigen der Einrichtungen in der Natur und einigen von Menschen gemachten sind beträchtlich und legen selbst als bloße Aehnlichkeiten eine gewisse Präsumtion für die Aehnlichkeit der Ursachen nahe; wie groß aber die Präsumtion sei ist schwer zu sagen. Alles was mit Sicherheit gesagt werden kann ist, daß diese Aehnlichkeiten die Annahme, daß die Schöpfung das Werk eines bewußten Geistes sei, bedeutend wahrscheinlicher machen als wenn dieser Aehnlichkeiten weniger wären, oder wenn überhaupt garkeine Aehnlichkeiten beständen.

Diese Art den Fall hinzustellen wird jedoch dem Beweise für den Theismus nicht völlig gerecht. Der teleologische Beweis stützt sich nicht nur auf die Aehnlichkeiten der Natur mit den Werken menschlicher Intelligenz, sondern auf den speziellen Charakter dieser Aehnlichkeiten. Die Aehnlichkeiten der Welt mit den Werken der Menschen, auf welche man sich beruft, sind nicht willkürlich gewählt, sondern sind besondere Beispiele eines Umstandes, welcher erfahrungsmäßig auf einen intelligenten Ursprung hinweist, nämlich das Abzielen auf einen Endzweck. Der Beweis ist daher kein lediglich der Analogie entnommener. Schon als Analogie hat er seinen Werth, aber er ist mehr als Analogie. Er geht über die Analogie genau so weit hinaus wie die Induction. Es ist ein inductiver Beweis.

Das scheint mir unbestreitbar und es erübrigt nur noch den Beweis nach den logischen, auf die Induction anwendbaren Prinzipien zu prüfen. Zu diesem Zwecke wird es angemessen sein, nicht den Beweis als ein Ganzes, sondern eines der schlagendsten Beispiele, wie den Bau des Auges oder des Ohres vorzunehmen. Es wird behauptet der Bau des Auges sei ein Beweis für das Dasein eines zweckbewußt schaffenden Geistes. Zu welcher Klasse von inductiven Beweisen gehört das? und welcher Grad von Stärke ist ihm beizumessen.

Der Arten inductiver Beweise giebt es vier, entsprechend den vier inductiven Methoden; der Methode der Uebereinstimmung, der Differenzmethode, der Methode der Rückstände und der

Der teleologische Beweis. 143

Methode der concurrirenden Umstände. Der hier in Frage stehende Beweis fällt unter die erste dieser Arten, die Methode der Uebereinstimmung. Diese ist aus Gründen, welche inductiven Logikern bekannt sind, die schwächste unter den vieren; aber der besondere Beweis ist in seiner Art stark. Er kann logisch so analysirt werden:

Die Theile aus welchen das Auge zusammengesetzt ist und die durch die Lage dieser Theile gebildete Anordnung derselben sind sich einander in der sehr bemerkenswerthen Eigenschaft ähnlich, daß sie alle dazu mitwirken das Geschöpf in den Stand zu setzen zu sehen. Weil diese Dinge so sind wie sie sind, sieht das Geschöpf; wenn eines derselben anders wäre als es ist, würde das Geschöpf in den meisten Fällen entweder nicht sehen oder nicht so gut sehen. Und das ist die einzige, deutlich hervortretende Aehnlichkeit, welche wir über die allgemeine, unter allen übrigen Theilen des Geschöpfes bestehende Aehnlichkeit der Zusammensetzung und Organisation hinaus, unter den verschiedenen Theilen dieses Baues verfolgen können. Nun hatten die organischen Elemente, deren Combination ein Auge genannt wird, in jedem Falle einen Anfang in der Zeit und müssen daher durch eine Ursache oder Ursachen zusammengebracht sein. Die Zahl der Fälle ist unendlich viel größer als es, nach den Grundsätzen inductiver Logik erforderlich ist, um ein willkürliches Zusammenwirken unabhängiger Ursachen auszuschließen oder, technisch gesprochen, den Zufall zu eliminiren. Wir sind daher nach den Regeln der Induction berechtigt zu schließen, daß, was alle diese Elemente zusammenbrachte eine ihnen allen gemeinsame Ursache war. Und insofern die Elemente in dem besondern Umstande übereinstimmen, daß sie alle dahin zusammenwirken das Sehen hervorzubringen, muß ein ursächlicher Zusammenhang zwischen der Ursache, welche diese Elemente vereinigte und der Thatsache des Sehens bestehen. Das halte ich für einen berechtigten inductiven Schluß und die Summe und das Wesen dessen was Induction für den Theimus thun kann.

Die natürliche Folge dieses Beweises würde sein, daß, da das Sehen eine der Zusammensetzung der organischen Struktur des Auges nicht vorausgehende, sondern folgende Thatsache ist, dasselbe mit der Hervorbringung dieses Baues nur aus dem Gesichtspunkte eines Endzweckes, nicht aus dem einer wirkenden Ursache in Verbindung gebracht werden könne. Das heißt daß nicht das Sehen selbst sondern eine vorvorhandene Idee desselben die wirkende Ursache sein müsse. Aber das charakterisirt zugleich die Entstehung als aus einem intelligenten Willen hervorgegangen.

Ich bedaure jedoch sagen zu müssen, daß diese letztere Hälfte des Beweises nicht so unumstößlich ist wie die erstere. Schaffende Voraussicht ist nicht durchaus das einzige Band durch welches der Ursprung des wunderbaren Mechanismus des Auges mit der Thatsache des Sehens verknüpft sein kann. Es giebt ein anderes knüpfendes Band, auf welches die Aufmerksamkeit durch neuere Spekulation in hohem Grade gelenkt worden ist und dessen Realität nicht in Frage gestellt werden kann, obgleich seine Zulänglichkeit solche wahrhaft wunderbare Combinationen wie einige in der Natur vorkommende zu erklären, noch immer problematisch ist und es wahrscheinlich noch lange bleiben wird. Das ist das Prinzip des „Ueberlebens des Fähigsten".

Dieses Prinzip erhebt nicht den Anspruch den Beginn des Empfindens oder des animalischen oder vegetabilischen Lebens zu erklären. Wenn man aber das Vorhandensein einer oder mehrerer sehr niedriger Lebensformen annimmt, in welchen keine verwickelte Anpassungen und keine deutliche Anzeichen von zweckbewußter Veranstaltung vorkommen und wenn man ferner annimmt, wie die Erfahrung es uns zu thun berechtigt, daß viele kleine Variationen dieser einfachen Typen nach allen Richtungen hin ausgestreuet worden seien, welche durch Vererbung übertragbar gewesen wären und von welchen einige dem Geschöpfe in seinem Kampf um's Dasein nützlich, andere schädlich gewesen wären so würden die nützlichen Formen immer die Tendenz gehabt haben zu überleben und die schädlichen zu verschwinden. Und so würde eine beständige wenn auch langsame Vervollkommnung des Typus stattgefunden haben, indem sich derselbe in viele Varietäten verzweigt hätte, welche ihre verschiedenen Medien und Arten der Existenz angepaßt hätten, bis er möglicherweise im Verlaufe unendlicher Zeiträume die entwickeltsten Exemplare welche jetzt existiren erreicht hätte.

Es muß anerkannt werden, daß diese hypothetische Geschichte der Natur etwas beängstigendes und prima facie unwahrscheinliches hat. Sie würde uns zum Beispiel nöthigen anzunehmen, daß das Urgeschöpf, wie es auch beschaffen gewesen sein möge, nicht habe sehen können und höchstens eine leichte vorbereitende Einrichtung für das Sehen gehabt habe, wie sie durch eine chemische Wirkung des Lichtes auf seine cellulare Struktur gebildet werden konnte.

Eine der zufälligen Variationen, welche in allen organischen Wesen vorkommen können, würde in dem einen oder dem andern Momente eine Varietät hervorgebracht haben, welche in unvollkommener Weise sehen konnte und indem diese Besonderheit durch Vererbung übertragen würde, während andere Variationen in anderen Richtungen stattzufinden fortführen, würde eine Anzahl von Geschlechtern hervorgebracht worden sein, welche vermöge ihres, wenn auch unvollkommenen Sehens einen großen Vortheil vor allen übrigen Geschöpfen, welche nicht sehen konnten, vorausgehabt hätten und würden diese mit der Zeit allerorten, ausgenommen vielleicht an einigen besonderen Plätzen unter der Erde ausgerottet haben. Neu hinzukommende Variationen würden Geschlechtern mit immer besserm Sehvermögen zur Entstehung verholfen haben, bis wir vielleicht zuletzt zu einer so außerordentlichen Combination von Strukturen und Funktionen gelangt sein würden wie sie sich in dem Auge des Menschen und der höheren Thiere finden. Alles was von dieser so bis zum äußersten getriebenen Theorie gesagt werden kann, ist, daß sie

nicht so absurd ist wie sie aussieht und daß die ihrer Möglich=
keit günstigen Analogien, welche durch die Erfahrung erbracht
sind, weit das übertreffen was zum Voraus erwartet werden
konnte. Ob es je möglich sein wird mehr als das zu sagen
steht für jetzt noch dahin. Die Theorie würde, wenn zugegeben,
in keiner Weise unvereinbar mit dem Begriffe der Schöpfung
sein; aber es muß anerkannt werden, daß sie den Beweis für
dieselbe bedeutend schwächen würde.

Indem ich diese merkwürdige Spekulation dem Schicksale
überlasse, welches der Fortschritt der Entdeckungen ihr vorbehalten
haben mag, muß glaube ich zugestanden werden, daß bei dem gegen=
wärtigen Stande unseres Wissens die Einrichtungen in der Na=
tur bedeutend zu Gunsten der Wahrscheinlichkeit einer Schöp=
fung durch einen intelligenten Geist reden. Freilich ist ebenso
gewiß auch das nur eine Wahrscheinlichkeit und die verschiedenen
anderen Beweise der natürlichen Theologie, welche wir in Betracht
gezogen haben, tragen nichts zur Verstärkung derselben bei. Alle
noch vorhandenen Gründe für den Glauben an einen Urheber
der Natur müssen, abgesehen von der Offenbarung, den Erschei=
nungen der Natur entnommen werden. Ihre bloße Aehnlich=
keit mit den Werken des Menschen oder mit dem was der
Mensch zu vollbringen im Stande wäre, wenn er dieselbe Macht
über das Material organischer Körper hätte die er über das
Material einer Uhr hat, ist, als ein analogischer Beweis, von
einigem Werthe. Aber die Kraft dieses Beweises wird bedeu=
tend verstärkt durch die recht eigentlich inductiven Erwägungen,
welche es feststellen, daß eine ursächliche Verknüpfung zwischen
dem Ursprunge der Einrichtungen der Natur und den Zwecken
denen sie dienen besteht, ein Beweis welcher in vielen Fällen
von geringer Bedeutung, in anderen aber und zwar hauptsäch=
lich in den feinen und verwickelten Combinationen des Pflanzen=
und Thierlebens von starkem Gewichte ist.

---

Zweiter Theil.

## Eigenschaften.

Nachdem wir in dem erften Theile die Frage nach dem Dafein einer Gottheit von ihrer rein wiffenfchaftlichen Seite unterfucht haben, wird jetzt, wenn wir die Anzeichen einer Gottheit als gegeben betrachten, zu prüfen fein, auf welche Art von Gottheit diefe Anzeichen hindeuten. Welche Eigenfchaften find wir nach dem Beweife, welchen die Natur für einen fchaffenden Geift liefert, berechtigt diefem Geifte zuzufchreiben?

Es bedarf keines Nachweifes, daß die Macht wenn nicht die Intelligenz der Gottheit der des Menfchen fo weit überlegen fein muß, daß fie über alle menfchliche Schätzung hinausreicht. Aber von da bis zur Allmacht und Allwiffenheit ift noch ein weiter Weg und diefe Unterfcheidung ift von ungeheurer praktifcher Wichtigkeit.

Es ift nicht zu viel gefagt, daß jedes Anzeichen eines Planes im Kosmos zugleich ein Beweis gegen die Allmacht des Urhebers diefes Planes ift. Denn was verfteht man unter Plan? Eine verftändige Veranftaltung: die Anpaffung von Mitteln an einen Zweck; aber die Nothwendigkeit einer folchen Veranftaltung, die Nothwendigkeit der Anwendung von Mitteln ift eine Folge der Begrenztheit der Macht. Wer würde daran denken feine Zuflucht zu Mitteln zu nehmen, wenn zur Erreichung feines Zweckes fein Wort hinreichend wäre? Der Begriff der Mittel felbft bringt es mit fich, daß den Mitteln eine

Wirksamkeit innewohne, deren die direkte Aktion des Wesens welches sie anwendet ermangelt. Sonst wären sie keine Mittel, sondern ein Hinderniß. Der Mensch bedient sich keiner Maschine um seine Arme zu gebrauchen, es wäre denn, daß eine Lähmung ihn der Fähigkeit beraubt hätte sie durch seinen Willen in Bewegung zu setzen. Aber wenn die Anwendung einer Veranstaltung schon an und für sich ein Zeichen einer begrenzten Macht ist, wie viel mehr ist das noch die sorgfältige und geschickte Auswahl dieser Veranstaltungen. Kann sich Weisheit in der Auswahl der Mittel zeigen, wenn die Mittel keine andere Wirksamkeit besitzen, als die ihnen der Wille dessen der sie anwendet verliehen hat, und wenn sein Wille jedem andern Mittel dieselbe Wirksamkeit hätte verleihen können? Weisheit und verständige Veranstaltung zeigen sich in der Ueberwindung von Schwierigkeiten und bei einem Wesen, für welches es keine Schwierigkeiten giebt, ist kein Raum dafür. Die Beweise der natürlichen Theologie involviren daher entschieden daß der Urheber des Weltalls unter Beschränkungen arbeitete, daß er genöthigt war, sich Bedingungen anzupassen, die von seinem Willen unabhängig waren und seinen Zweck durch solche Einrichtungen zu erreichen, wie sie diese Bedingungen gestatteten.

Und diese Hypothese stimmt mit dem überein was, wie wir gesehen haben, die Tendenz dieser Beweise auch in einer andern Beziehung ist. Wir haben gefunden, daß die Erscheinungen in der Natur allerdings auf einen Ursprung des Weltalls oder einer Ordnung der Natur hinweisen und Zeugniß dafür ablegen, daß dieser Ursprung ein Plan sei, aber auf keinen Anfang, geschweige eine Schöpfung der beiden großen Elemente des Universums, des passiven und des aktiven Elementes, des Stoffes und der Kraft hinweisen. Es giebt in der Natur keinen Grund anzunehmen, weder daß Kraft noch daß Stoff oder irgend eine ihrer Eigenschaften von dem Wesen geschaffen seien, welches der Urheber der Collocationen war, durch welche die Welt dem angepaßt wurde, was wir als ihre Zwecke betrachten, oder daß

dieses Wesen die Macht besäße eine jener Eigenschaften zu
ändern. Nur wenn wir uns zu dieser negativen Annahme ent=
schließen, entstehet ein Bedürfniß der Weisheit und der zweck=
mäßigen Veranstaltung in der Ordnung des Universums. Nach
dieser Hypothese hatte die Gottheit ihre Zwecke durch Com=
bination eines Materials von gegebener Beschaffenheit mit be=
stimmten Eigenschaften ins Werk zu setzen. Aus diesem Material
hatte sie eine Welt zu konstruiren in welcher ihr Plan durch
das Zusammenwirken und Ineinanderpassen der gegebenen Eigen=
schaften von Stoff und Kraft ausgeführt werden sollte. Dies
erforderte Geschick und verständige Veranstaltung und die Mittel
durch welche es ins Werk gesetzt wurde waren oft der Art,
daß sie mit Recht unser Staunen und unsere Bewunderung
erregen. Aber grade weil es Weisheit erfordert, begreift es
Beschränkung der Macht in sich, oder vielmehr die beiden Sätze
drücken verschiedene Seiten derselben Thatsache aus.

Wenn behauptet wird, daß ein allmächtiger Schöpfer, auch
ohne der Nothwendigkeit unterworfen zu sein, solche Veranstal=
tungen wie sich der Mensch deren bedienen muß, anzuwenden,
es doch für angemessen gehalten habe das zu thun, um Spuren
zu hinterlassen aus welchen der Mensch seine schöpferische Hand
erkennen möge, so ist darauf zu erwidern, daß damit gleicher=
maßen die Voraussetzung einer Beschränkung seiner Allmacht
gegeben wäre. Denn wenn es sein Wille war, daß die Menschen
wissen sollten, daß sie selbst und die Welt sein Werk seien,
brauchte er in seiner Allmacht ja nur zu wollen, daß sie es
wüßten. Scharfsinnige Männer haben nach Gründen dafür
gesucht, warum Gott es für richtig gehalten habe sein Dasein
so sehr im Zweifel zu lassen, daß die Menschen sich nicht in
die absolute Nothwendigkeit versetzt sehen von demselben zu wissen,
wie sie genöthigt sind zu wissen, daß drei und zwei fünf sind.
Diese eingebildeten Gründe sind Beispiele einer sehr unglück=
lichen Casuistik. Aber selbst wenn wir sie gelten lassen wollten
würden sie für die Annahme der Allmacht nichts erbringen, da,

wenn es Gott nicht gefiel dem Menschen das vollständige Bewußtsein seines Daseins einzupflanzen, ihn nichts hinderte dieses Bewußtsein soweit hinter der Vollständigkeit zurückbleiben zu lassen wie es ihm gut schien. Es ist gebräuchlich, Einwände dieser Art durch die bequeme Antwort zu beseitigen, daß wir nicht wissen, welche weise Gründe der Allwissende gehabt haben möge Dinge welche zu thun er die Macht hatte ungeschehen zu lassen. Dabei wird übersehen, daß auch dieses Vorbringen eine Beschränkung der Allmacht in sich schließt. Wenn etwas augenfällig gut und augenfällig in Uebereinstimmung mit dem ist was alle deutlichen Zeichen der Schöpfung unzweifelhaft als den Plan des Schöpfers erkennen lassen und wir sagen, wir wissen nicht welchen guten Grund er gehabt haben möge es nicht zu thun, so meinen wir damit, daß wir nicht wissen, zu welchem andern noch bessern, seinen Endzielen noch vollständiger entsprechenden Zwecke er für angemessen gehalten haben möge, es hintanzusetzen. Aber der Nothwendigkeit ein Ding dem andern hintanzusetzen kann nur eine beschränkte Macht unterworfen sein; Allmacht hätte die Zwecke vereinbar machen können, Allmacht braucht nicht eine Rücksicht gegen die andere abzuwägen. Wenn der Schöpfer gleich einem menschlichen Herrscher sich bestimmten Bedingungen anpassen mußte, so ist es ebenso unphilosophisch wie anmaßend von uns, ihn für Unvollkommenheiten seines Werkes zur Verantwortung zu ziehen, darüber Klage zu führen daß er etwas in demselben im Widerspruche mit dem gelassen habe was er, wenn die Anzeichen eines Planes irgend etwas beweisen, beabsichtigt haben müsse. Er muß wenigstens mehr wissen als wir und wir können nicht beurtheilen, welches größere Gut hätte geopfert oder welchem größern Uebel die Welt hätte ausgesetzt werden müssen, wenn er sich entschlossen hätte diesen Mangel zu beseitigen. Dem wäre nicht so wenn er allmächtig wäre. Wenn er das wäre so müßte er selbst gewollt haben, daß die beiden wünschenswerthen Zwecke unvereinbar seien; müßte er selbst gewollt haben, daß das seinem muthmaßlichen Plane entgegenstehende Hinderniß unüberwindlich sei. Er kann daher diesen Plan nicht gehabt haben. Es hilft nichts zu sagen, daß er ihn gehabt habe, daß er aber noch andere Pläne gehabt habe, welche sich der Ausführung dieses Planes entgegenstellten; denn bei einem nicht durch Bedingungen oder Möglichkeiten beschränkten Wesen kann nicht davon die Rede sein daß ein Zweck zur Beschränkung eines andern nöthige.

Allmacht kann daher auf Grund der natürlichen Theologie nicht von dem Schöpfer ausgesagt werden. Die aus den Erscheinungen des Universums hergeleiteten Fundamentalprinzipien der natürlichen Religion verneinen seine Allmacht. Sie schließen nicht in demselben Maße Allwissenheit aus; wenn wir eine Beschränkung seiner Macht annehmen müssen, so widerspricht doch nichts der Annahme eines vollkommenen Wissens und absoluter Weisheit bei ihm; andererseits freilich ist auch nichts vorhanden diese Annahme zu begründen. Die Kenntniß der Kräfte und Eigenschaften der Dinge, wie sie für das Planen und Ausführen der Einrichtungen des Weltalls nothwendig ist, überragt ohne Zweifel das menschliche Wissen ebenso weit wie die in der Schöpfung gelegene Macht menschliches Vermögen überragt. Und die dabei entwickelte Geschicklichkeit, die Feinheit der Veranstaltungen, der Scharfsinn der Erfindung, wie man es bei menschlichen Werken nennen würde, sind oft wunderbar. Aber nichts nöthigt uns zu der Annahme, weder daß das Wissen noch daß die Geschicklichkeit unbegrenzt seien. Wir sind nicht einmal zu der Annahme genöthigt, daß die Veranstaltungen immer die bestmöglichen waren. Wenn wir es wagen sie zu beurtheilen wie wir die Werke menschlicher Künstler beurtheilen, so finden wir Mängel in Fülle. Der menschliche Körper z. B. ist eines der schlagendsten Beispiele von künstlicher und scharfsinniger Veranstaltung, welche die Natur bietet; aber wir dürfen wohl fragen, ob eine so complicirte Maschine nicht dauerhafter und so hätte eingerichtet werden können, daß sie nicht so leicht und so oft Störungen unterworfen wäre. Wir dürfen fragen,

warum das menschliche Geschlecht so beschaffen sein mußte, daß
es während endloser Zeiträume sein Loos war, in endwürdigen=
dem Elende am Boden zu kleben, bevor ein kleiner Theil des=
selben im Stande war sich zu dem sehr unvollkommenen Zustande
der Intelligenz, der Güte und des Glückes zu erheben, dessen
wir uns erfreuen. Die göttliche Macht war vielleicht nicht im
Stande mehr zu thun; die Hindernisse einer bessern Einrichtung
der Dinge waren vielleicht unüberwindlich, vielleicht aber waren
sie es auch nicht. Die Geschicklichkeit des Weltgeistes war hin=
reichend hervorzubringen was wir sehen; wir können aber nicht
sagen, daß diese Geschicklichkeit die äußerste Grenze der Voll=
kommenheit erreichte, welche mit dem von ihr verwandten Ma=
terial und den Kräften mit denen sie zu arbeiten hatte vereinbar
war. Ich weiß nicht wie wir uns auf Grund der natürlichen
Theologie auch nur darüber Gewißheit verschaffen können, daß
der Schöpfer die ganze Zukunft voraussieht, daß er alle Wir=
kungen vorausweiß, welche sich aus seinen Veranstaltungen er=
geben werden. Es ist ein hoher Grad von Weisheit ohne die
Macht denkbar alles vorauszusehen und zu berechnen und mensch=
liche Kunstfertigkeit lehrt uns die Möglichkeit, daß das Wissen
des Künstlers von den Eigenschaften der Dinge die er bearbeitet
ihn in den Stand setzen kann Anordnungen zu treffen die in
bewunderungswürdigem Grade geeignet sind ein gegebenes Re=
sultat hervorzubringen, während er vielleicht sehr wenig befähigt
ist, die Kräfte einer andern Art vorauszusehen, welche möglicher=
weise den von ihm bearbeiteten Mechanismus verändern, oder
ihm entgegenwirken können. Vielleicht würde eine Kenntniß
der Naturgesetze von denen das organische Leben abhängt, wenn
sie auch nicht viel vollkommener wäre, als die Kenntniß, welche
der Mensch jetzt von einigen anderen Naturgesetzen besitzt, ihn,
— wenn er dieselbe Macht über die betreffenden Materialien
und Kräfte besäße wie er sie über einige der Materialien
und Kräfte der unbelebten Natur hat —, in den Stand setzen
organische Wesen zu schaffen, welche nicht weniger bewunderungs=

würdig und den Bedingungen ihres Daseins angepaßt wären als die Geschöpfe der Natur.

Wenn wir also annehmen müssen daß, so lange wir uns innerhalb der Grenzen der natürlichen Religion bewegen, wir uns mit einem weniger als allmächtigen Schöpfer zu begnügen haben, so drängt sich uns die Frage auf, welcher Art die Beschränkung seiner Macht sei. Liegt das Hinderniß welches der Macht des Schöpfers Halt gebietet, welches ihr zuruft: „Bis hieher und nicht weiter" in der Macht anderer intelligenter Wesen oder in der Unzulänglichkeit und Widerspenstigkeit des Materials des Universums, oder müssen wir uns darein ergeben die Hypothese gelten zu lassen, daß der Urheber des Weltalls, wenn auch weise und wissend, doch nicht allweise und allwissend sei und vielleicht nicht immer das Beste gethan habe was ihm unter den gegebenen Bedingungen möglich war?

Die erste dieser Annahmen ist bis vor sehr kurzer Zeit die vorwaltende Theorie selbst des Christenthums gewesen und ist es vielfach noch. Die geltende Religion stellt den Schöpfer, obgleich sie ihm, und in einem gewissen Sinne aufrichtig, Allmacht zuschreibt so dar, als dulde er aus einem unerforschlichen Grunde, daß seinen Zwecken durch ein anderes Wesen von entgegengesetztem Charakter und von großer, obgleich untergeordneter Macht, dem Teufel, fortwährend entgegengewirkt werde. Der einzige Unterschied in dieser Beziehung zwischen dem populären Christenthume und der Religion des Ormuz und Ahriman ist, daß das erstere seinem gütigen Schöpfer das schlechte Kompliment macht, daß er den Teufel geschaffen habe und jederzeit im Stande sei ihn und seine bösen Thaten und Absichten zu zermalmen und zu vernichten, was er aber gleichwohl nicht thue. Aber wie ich bereits bemerkt habe, alle Formen des Polytheismus, und diese Form so gut wie die übrigen, sind schwer vereinbar mit einem von allgemeinen Gesetzen beherrschten Universum. Gehorsam gegen das Gesetz ist das Kennzeichen einer geordneten Regierung und nicht eines fortwährend unterhaltenen Conflictes.

Wenn Mächte mit einander um die Herrschaft der Welt ringen so ist die Grenze zwischen ihnen nicht fest sondern fortwährend schwankend. Es mag scheinen, als sei das auf unserm Planeten ebenso der Fall wie zwischen den Mächten des Guten und Bösen, wenn wir nur auf die Ergebnisse sehen; aber wenn wir auf die inneren Triebfedern blicken finden wir, daß beides, Gutes und Böses in dem gemeinsamen Laufe der Natur vermöge derselben ihr ursprünglich aufgeprägten Gesetze stattfindet, indem dieselbe Maschinerie bald Gutes bald Böses und noch öfter beides mit einander verbunden zu Tage fördert. Die Theilung der Macht ist nur anscheinend schwankend, in der That aber so scharf abgegrenzt, daß, wenn wir von menschlichen Potentaten sprächen, wir ohne Zaudern erklären würden, daß der Antheil eines jeden durch vorgängige Uebereinstimmung festgestellt worden sein müsse. Bei dieser Annahme könnte das Ergebniß der Verbindung feindseliger Kräfte in der That dasselbe sein wie bei der Annahme eines einzigen Schöpfers mit getheilten Zwecken.

Wenn wir aber erwägen, nicht welche Hypothese sich aufstellen und möglicherweise mit bekannten Thatsachen vereinbaren läßt, sondern auf welche Annahme die Beweise der natürlichen Religion hinweisen, so liegt der Fall anders. Die Anzeichen eines zweckmäßigen Planes weisen entschieden nach der einen Richtung der Erhaltung der Geschöpfe hin, in deren Bau sich die Anzeichen finden. Neben den erhaltenden Kräften finden sich zerstörende, welche wir versucht sein könnten einem andern Schöpfer zuzuschreiben; aber selten kommen Anzeichen der verborgenen Veranstaltung von Mitteln der Zerstörung vor, außer wenn die Zerstörung eines Geschöpfes das Mittel der Erhaltung für andere ist. Auch kann nicht angenommen werden, daß die erhaltenden Kräfte von einem und die zerstörenden von einem andern Wesen gehandhabt werden. Die zerstörenden Kräfte sind ein nothwendiger Theil der erhaltenden Kräfte; die chemischen Zusammensetzungen, durch welche das Leben sich erhält, könnten nicht stattfinden ohne eine parallele Reihe von Zersetzungen. Das große Agens der Auflösung sowohl in den organischen als in den unorganischen Substanzen ist Oxydation und nur durch Oxydation erhält sich das Leben auch nur für die Dauer einer Minute. Die Unvollkommenheiten in der Erreichung der Zwecke auf welche die Erscheinungen hindeuten haben nicht das Ansehen, als wären sie geplant. Sie erscheinen wie die unbeabsichtigten Ergebnisse von Zufällen gegen welche keine genügende Vorkehrung getroffen war, oder von einem Uebermaß oder Mangel der Quantität einiger der Kräfte durch welche der gute Zweck zur Ausführung gebracht wird, oder wir haben in ihnen die Folgen der Abnutzung einer Maschinerie zu erblicken, die nicht auf eine ewige Dauer berechnet ist. Sie deuten entweder auf Unzulänglichkeit der Arbeit für den beabsichtigten Zweck oder auf äußere Kräfte, über welche dem Werkmeister keine Herrschaft zustehet, welche aber kein Merkmal davon an sich tragen, daß sie von einer andern rivalisirenden Intelligenz gehandhabt und verwendet wären.

Wir dürfen daher schließen, daß in der natürlichen Theologie kein Grund vorliege, den Hindernissen, welche theilweise das vereiteln, was die Zwecke des Schöpfers zu sein scheinen, Intelligenz und Persönlichkeit beizumessen. Die Begrenztheit der Macht des Schöpfers ist wahrscheinlicher das Ergebniß entweder der Eigenschaften des Materials, indem die Substanzen und die Kräfte aus welchen das Universum zusammengesetzt ist keine Anordnungen zuließen, durch welche seine Zwecke vollständiger hätten erreicht werden können, oder die Zwecke hätten vollständiger erreicht werden können aber der Schöpfer wußte es nicht anzufangen. Das schöpferische Geschick, so bewunderungswürdig es ist, war doch nicht vollkommen genug, seine Zwecke vollständiger zu erreichen.

Wir gehen jetzt zu den moralischen Eigenschaften der Gottheit über, soweit sie sich in der Schöpfung kundgeben oder, wenn wir das Problem im weitesten Sinne fassen, zu der Frage,

welche Anzeichen die Natur von den Zwecken ihres Schöpfers
bietet. Diese Frage gewinnt ein ganz anderes Ansehen für
uns, als sie es für jene Lehrer der natürlichen Theologie hat,
welchen die Nothwendigkeit obliegt die Allmacht des Schöpfers
zuzugeben. Wir brauchen nicht die Lösung des unmöglichen
Problems zu versuchen, unendliche Güte und Gerechtigkeit mit
der unbegrenzten Macht des Schöpfers einer Welt wie diese zu
vereinbaren. Ein solcher Versuch schließt nicht nur einen ab=
soluten Widerspruch von einem geistigen Gesichtspunkte aus in
sich, sondern bietet auch im höchsten Maße das empörende
Schauspiel einer jesuitischen Vertheidigung sittlicher Ungeheuerlich=
keiten.

Ueber diesen Gegenstand brauche ich den in meinem Essay
über Natur gegebenen Ausführungen nichts hinzuzufügen. In
dem Stadium welches unsere Beweisführung erreicht hat, stoßen
wir auf keine solche sittliche Schwierigkeit. Wenn man ein=
räumt, daß die schöpferische Kraft durch Bedingungen beschränkt
war, deren Natur und Ausdehnung uns völlig unbekannt sind,
können die Güte und Gerechtigkeit des Schöpfers dem Glauben
der Frömmsten entsprechen und alles in dem Werke was mit
diesen sittlichen Eigenschaften im Widerspruche steht, ist vielleicht
durch die Bedingungen welche dem Schöpfer nur die Auswahl
unter Uebeln ließ verschuldet.

Verschieden jedoch von der Frage, ob ein gegebener Schluß
mit bekannten Thatsachen vereinbar sei ist die Frage ob derselbe
bewiesen werden könne und wenn wir kein anderes Mittel haben
über den Schöpfungsplan zu urtheilen, als nach dem geschaffenen
Werke, so ist es eine etwas gewagte Annahme, daß das Werk
anders geplant gewesen sei als es verwirklicht wurde. Und doch
dürfen wir, wenn auch der Boden unsicher ist, uns wohl mit
gehöriger Vorsicht eine Strecke weit auf demselben vorwagen.
Einige Theile der Natur liefern viel deutlichere Anzeichen einer
zweckmäßigen Veranstaltung als andere; viele, das kann man
ohne Uebertreibung sagen, liefern überhaupt kein Anzeichen da=

von. Am augenfälligsten liegen Anzeichen einer zweckmäßigen Veranstaltung in der Struktur und den Prozessen des Pflanzen- und Thierlebens vor. Wären diese nicht, so würden wahrscheinlich die Erscheinungen in der Natur dem denkenden Theile der Menschheit nie einen Beweis für einen Gott zu bieten geschienen haben. Nachdem aber einmal aus der Organisation lebender Wesen auf einen Gott geschlossen worden war, schienen andere Theile der Natur, wie der Bau des Sonnensystemes, mehr oder weniger starke Beweise zur Bestätigung dieses Glaubens zu enthalten. Wenn wir also einen Plan in der Natur zugeben, dürfen wir hoffen die beste Aufklärung über die Art dieses Planes zu erlangen, wenn wir ihn in den Theilen der Natur prüfen, in welchen die Spuren desselben am augenfälligsten sind.

Auf welchen Zweck also scheinen die bei der Construktion der Thiere und Pflanzen aufgewandten Mittel welche die Bewunderung der Naturforscher erregen abzuzielen? Es ist unmöglich die Thatsache zu übersehen, daß sie hauptsächlich auf keinen höhern Zweck hinarbeiten als den die Struktur der Pflanzen und Thiere für eine gewisse Zeit am Leben und in Wirksamkeit zu erhalten — das Individuum für wenige Jahre, die Gattung oder das Geschlecht für eine längere aber immer noch begrenzte Periode. Und die ähnlichen wenn auch weniger augenfälligen Anzeichen der Schöpfung, welche sich in der unorganischen Natur erkennen lassen, tragen im allgemeinen denselben Charakter. Das Sonnensystem zum Beispiel ist unter Bedingungen gestellt, welche seine Theile in den Stand setzen durch wechselseitige Aktion seine Dauer zu erhalten anstatt sie zu zerstören, und selbst das nur für eine gewisse, allerdings nach dem Maße der kurzen Spanne unseres Lebens gemessen, ungeheure Zeit, deren Begrenzung aber gleichwohl selbst von uns erkannt werden kann; denn selbst die schwachen Mittel die wir zur Erforschung der Vergangenheit besitzen, bieten nach der Ansicht derer die den Gegenstand nach den neuesten Ergebnissen der Wissenschaft geprüft haben, den Beweis dafür daß das Sonnensystem einst eine weitere Nebel- oder Dunstsphäre war und einen Prozeß durchmacht, welcher es im Laufe der Zeiten zu einer einzigen nicht sehr großen, in arktischer Kälte erstarrten Masse von festem Stoffe machen wird. Wenn die Maschinerie des Systemes nur darauf eingerichtet ist sich eine Zeitlang in Wirksamkeit zu erhalten, so entspricht dieselbe dem Zwecke, von lebenden Wesen bewohnt zu werden noch weniger, da sie diesen Zweck nur während der verhältnißmäßig kurzen Periode erfüllen kann, welche zwischen der Zeit liegt, wo die Planeten zu heiß waren und der Zeit wo sie zu kalt wurden oder sein werden, um Leben unter den einzigen Bedingungen zu gestatten unter welchen dasselbe nach unserer Erfahrung möglich ist. Oder vielleicht kehren wir besser die Sache um und sagen: das organische Leben ist auf die Bedingungen des Sonnensystemes nur während einer verhältnißmäßig kurzen Periode der Existenz dieses Systemes eingerichtet.

Der größere Theil des Planes den wir in der Natur angedeutet finden, liefert daher, so wundervoll auch sein Mechanismus ist, keinen Beweis für moralische Eigenschaften, weil der Zweck auf den derselbe gerichtet ist, — und die Einrichtung für diesen Zweck ist der Beweis, daß er überall auf einen Zweck gerichtet ist —, kein moralischer ist. Dieser Zweck ist nicht das Wohl fühlender Geschöpfe, sondern nur die durch Beschränkung auf eine begrenzte Periode bedingte Permanenz der belebten und unbelebten Schöpfung. Der einzige Schluß der aus dem überwiegenden Theile dieser Schöpfung auf den Charakter des Schöpfers gezogen werden kann, ist, daß er nicht wünscht seine Werke so rasch wie sie geschaffen sind untergehen zu sehen; er will daß sie eine gewisse Dauer haben. Daraus läßt sich füglich kein Schluß auf die Art ziehen wie er gegen seine lebenden oder vernünftigen Geschöpfe gesinnt ist.

Nach Abzug der großen Anzahl von Einrichtungen, welche offenbar keinen andern Zweck haben, als den, die Maschine in Gang zu erhalten, bleibt noch eine gewisse Zahl von Vorkehrungen übrig, welche dazu bestimmt sind, theils lebenden Wesen Vergnügen zu machen theils ihnen Schmerz zu bereiten. Wir haben keine positive Gewißheit, daß nicht auch die Gesammtheit dieser Vorkehrungen darauf berechnet sei, das Geschöpf oder die Gattung zu erhalten; denn sowohl die Freuden wie die Schmerzen haben eine conservative Tendenz; da die Freuden uns meistens zu den Dingen hinziehen, welche das individuelle= oder das Ge= sammtleben erhalten, und die Schmerzen uns von den Dingen, welche dieses Leben zerstören würden, abschrecken.

Wenn man alle diese Dinge in Betracht zieht so ist es einleuchtend, daß ein gewaltiger Abzug von den Beweisen für das Dasein eines Schöpfers gemacht werden muß, bevor sie als Beweise für einen wohlwollenden Zweck gelten können; in Wahr= heit ein so gewaltiger Abzug, daß wohl der Zweifel entstehen kann ob nach demselben noch ein Ueberschuß bleibe. Wenn man jedoch versucht die Frage ohne Parteilichkeit oder Vorur= theil zu betrachten und ohne daß man Wünschen gestattet das Urtheil zu beeinflussen, so ist es offenbar, daß, wenn man das Vorhandensein eines Planes zugiebt, ein Uebergewicht von Beweis dafür vorliegt, daß der Schöpfer das Vergnügen seiner Geschöpfe wünsche. Das zeigt die Thatsache, daß fast alles in einer oder der andern Weise Vergnügen gewährt, da das bloße Spiel der geistigen und körperlichen Fähigkeiten, eine nie versiegende Quelle des Vergnügens ist und selbst schmerzliche Dinge durch die Befriedigung der Neugierde und das angenehme Gefühl Kenntnisse zu erwerben Vergnügen bereiten und daß wir das Vergnügen, als einen Ausfluß des normalen Ganges der Maschine empfinden, während der Schmerz gewöhnlich durch eine äußere Störung der Maschine entsteht und in jedem besondern Falle dem Ergebnisse eines Zufalles ähnlich sieht. Selbst in solchen Fällen, wo der Schmerz, wie das Vergnügen, aus dem normalen Gange der Maschine selbst hervorgeht, scheinen keine Anzeichen dafür vorzuliegen daß eine Veranstaltung getroffen worden sei, um Schmerz hervorzubringen. Wofür viel=

mehr Anzeichen vorliegen ist eine gewisse Plumpheit in der auf einen andern Zweck gerichteten Veranstaltung. Der Urheber der Maschinerie ist ohne Zweifel dafür verantwortlich daß er sie für Schmerz empfänglich gemacht hat; aber das war vielleicht eine nothwendige Bedingung ihrer Empfänglichkeit für Vergnügen; eine Annahme welche nichts für die Theorie eines allmächtigen Schöpfers ergiebt, aber äußerst wahrscheinlich in dem Falle eines Veranstalters ist, der unter der Beschränkung unerbittlicher Gesetze und unzerstörbarer Eigenschaften des Stoffes arbeitet. Wenn zugegeben wird, daß die Empfänglichkeit im Plane lag, so erscheint der Schmerz selbst gewöhnlich als etwas unbeabsichtigtes, als ein zufälliges Ergebniß der Collision des Organismus mit einer äußern Kraft, welcher ihn auszusetzen nicht beabsichtigt war und welche zu verhindern sogar in vielen Fällen Vorkehrung getroffen ist. Es hat daher stark den Anschein, daß Vergnügen dem Schöpfer angenehm sei, während ein sehr geringer, wenn überall ein Anschein dafür vorhanden ist, daß ihm der Schmerz angenehm sei und man kann es in gewissem Maße als gerechtfertigt bezeichnen, wenn nur aus Gründen der natürlichen Theologie geschlossen wird, daß Wohlwollen eine der Eigenschaften des Schöpfers sei. Aber der Sprung von da zu dem Schlusse, daß seine einzigen oder Hauptzwecke wohlwollende seien und daß der einzige Zweck und das Ziel der Schöpfung das Glück seiner Geschöpfe gewesen sei, ist nicht nur durch keinen Beweis gerechtfertigt sondern steht mit den uns vorliegenden Beweisen im Widerspruche. Wenn das Motiv der Gottheit bei dem Erschaffen fühlender Wesen das Glück der Geschöpfe war die er schuf, so muß dieser Zweck wenigstens für unsern Winkel des Universums, wenn man vergangene Zeitalter und alle Länder und Geschlechter mit in Rechnung zieht, als bis jetzt schmählich verfehlt erklärt werden und wenn Gott keinen andern Zweck als unser und anderer lebender Geschöpfe Glück hatte, so ist es nicht glaublich, daß er sie mit der Aussicht so vollständig in ihren Erwartungen getäuscht zu werden ins Dasein gerufen

haben würde. Wenn der Mensch nicht die Macht hätte durch die
Bethätigung seiner eigenen Energie zur Verbesserung sowohl seines
innern Selbst als seiner äußeren Umstände, für sich und andere
Geschöpfe unendlich viel mehr zu thun, als Gott ursprünglich
gethan hat, so würde das Wesen das ihn ins Dasein gerufen
etwas ganz anderes als Dank von ihm verdienen. Natürlich
kann man sagen, daß eben diese Fähigkeit sich selbst und die
Welt zu verbessern ihm von Gott verliehen wurde und daß die
Veränderung, die er dadurch in den Stand gesetzt sein wird
schließlich in dem menschlichen Dasein zu bewirken, mit den Leiden
und dem vergeudeten Leben unendlicher Reihen von Geschlechtern
nicht zu theuer erkauft sein würde. Dem mag so sein; aber
anzunehmen daß Gott dem Menschen diesen Segen nicht um
einen weniger furchtbaren Preis hätte zu Theil werden lassen
können heißt sich eine sehr sonderbare Vorstellung von der Gott=
heit machen, heißt annehmen, daß Gott ursprünglich nichts besseres
schaffen konnte als einen Buschmann oder einen Andamaner
oder etwas noch geringeres und doch im Stande war den Busch=
mann oder den Andamaner mit der Fähigkeit auszustatten sich
zu einem Newton oder Fénélon zu erheben. Wir kennen sicher=
lich nicht die Schranken welche die göttliche Allmacht begrenzen.
Aber es heißt sich einen sehr eigenthümlichen Begriff von diesen
Schranken machen, wenn man glaubt, daß sie die Gottheit be=
fähigen einem fast thierischen Geschöpfe die Fähigkeit zu ver=
leihen durch langdauernde Anstrengungen das hervorzubringen
was Gott selbst auf keine andere Weise zu schaffen im Stande
war. Das sind die Anzeichen der göttlichen Güte wie sie uns
die natürliche Religion an die Hand giebt. Wenn wir uns
nach einer andern unter den sittlichen Eigenschaften umschauen,
welche eine gewisse Klasse von Philosophen sich von der Güte
zu unterscheiden gewöhnt hat, beispielsweise der Gerechtigkeit, so
finden wir eine vollständige Lücke. Die Natur liefert uns,
welchen Maßstab der Gerechtigkeit wir nach unseren ethischen
Anschauungen auch immer anlegen mögen, keinerlei Beweis für

die göttliche Gerechtigkeit. In den allgemeinen Einrichtungen der Natur findet sich keine Spur von Gerechtigkeit und jede noch so unvollkommene Herstellung derselben in der menschlichen Gesellschaft, — und sie ist bis jetzt noch sehr unvollkommen —, ist das Werk des Menschen selbst, der sich im Kampfe gegen ungeheure natürliche Hindernisse zur Civilisation emporringt und sich selbst eine zweite Natur schafft, die viel besser und uneigennütziger ist als die mit welcher er erschaffen wurde. Aber über diesen Punkt habe ich mich in meinem Essay über Natur bereits zur Genüge ausgesprochen. Folgendes ist also das klare Ergebniß der natürlichen Religion in der Frage nach den göttlichen Eigenschaften: Es giebt ein Wesen von großer aber beschränkter Macht, — wie oder wodurch beschränkt können wir nicht einmal vermuthen —, von großer und vielleicht unbeschränkter, vielleicht aber auch noch mehr als seine Macht beschränkter Intelligenz, welches das Glück seiner Geschöpfe wünscht und einige Rücksicht auf dasselbe nimmt, welches aber andere Beweggründe zum Handeln zu haben scheint, an denen ihm mehr gelegen ist — ein Wesen von welchem kaum angenommen werden darf, daß es das Universum nur zu jenem Zwecke geschaffen habe. So ist die Gottheit beschaffen, auf welche die natürliche Religion hinweist und jede anmuthendere Vorstellung von Gott entspringt nur menschlichen Wünschen oder den Lehren einer wirklichen oder eingebildeten Offenbarung.

Wir wollen jetzt untersuchen ob die Erkenntniß der Natur uns irgend welche Aufschlüsse über die Unsterblichkeit der Seele und ein künftiges Leben giebt.

Dritter Theil.

# Unsterblichkeit.

Die Anzeichen der Unsterblichkeit können unter zwei Gesichtspunkten betrachtet werden, sofern sie nämlich entweder unabhängig von jeder Theorie in Betreff des Schöpfers und seiner Absichten sind oder sofern sie von einem vorausgehenden Glauben abhängen. Von der ersten Klasse von Beweisen sind zu verschiedenen Zeiten von spekulativen Geistern mannigfache aufgestellt worden, wovon die im Phaedon von Plato ein Beispiel sind; sie haben aber größtentheils keine Anhänger und bedürfen jetzt keiner ernsthaften Widerlegung mehr. Sie gründen sich im allgemeinen auf schon früher vorhandene Theorien über die Natur des als gesondert vom Körper betrachteten denkenden Prinzipes im Menschen und auf andere bereits früher vorhandene Theorien des Todes, wie z. B. daß der Tod oder die Auflösung immer eine Trennung der Theile sei und daß die Seele als nicht aus Theilen bestehend, einfach und untheilbar, dieser Trennung nicht unterworfen sei. Merkwürdig genug anticipirt einer der an dem Gespräche im Phaedon Theilnehmenden die Antwort mit welcher ein Gegner heutzutage diesem Argumente begegnen würde, nämlich daß Gedanke und Bewußtsein, wenn auch geistig von dem Körper unterscheidbar, doch vielleicht nicht substantiell trennbar von ihm sondern das Ergebniß desselben seien und zu ihm — das Beispiel ist von Plato — in dem Verhältniß einer Melodie zu dem musikalischen Instrumente, auf welchem dieselbe gespielt werde, stehen und daß die, zum Beweise daß die Seele nicht mit dem Körper sterben werde, gebrauchten Argumente, auch beweisen würden, daß die Melodie nicht mit dem Instrumente sterbe, sondern es überlebe. In der That glauben die Neueren, welche die Beweise für die Unsterblichkeit der Seele bestreiten, im allgemeinen nicht, daß die Seele eine selbstständige Substanz sei, sondern betrachten sie als einen Namen für verschiedene Eigenschaften, die Eigenschaften des Fühlens, Denkens, Reflektirens, Glaubens, Wollens u. s. w. und diese Eigenschaften betrachten sie als eine Consequenz der körperlichen Organisation und von ihnen, argumentiren sie weiter, wäre es daher ebenso unvernünftig anzunehmen, daß, wenn diese Organisation zerstört sei, sie dieselbe überleben, wie es sein würde anzunehmen, daß die Farbe oder der Geruch der Rose die Vernichtung derselben überlebe. Diejenigen welche die Unsterblichkeit der Seele aus ihrer Natur herleiten möchten, müssen zuerst beweisen, daß die fraglichen Eigenschaften nicht Eigenschaften des Körpers, sondern einer getrennten Substanz sind. Wie lautet nun der Spruch der Wissenschaft über diesen Punkt? Derselbe ist nach keiner von beiden Richtungen hin vollkommen concludent. Erstens kann die Wissenschaft nicht experimentell beweisen, daß irgend eine Art der Organisation die Macht habe Gefühle oder Gedanken zu erzeugen. Um diesen Beweis zu führen müßten wir im Stande sein einen Organismus zu produziren und zu versuchen ob derselbe fühle — was wir nicht können. Organismen können durch kein menschliches Mittel produzirt, sie können nur aus einem vorangehenden Organismus entwickelt werden. Andererseits ist der Beweis nahezu vollständig erbracht, daß alles Denken und Fühlen eine Thätigkeit des körperlichen Organismus zur unmittelbaren Voraussetzung oder zur Begleiterin hat, daß die spezifischen Variationen und insbesondere die verschiedenen Grade der Complikation der Nerven- und Gehirnorganisation Verschiedenheiten in der Entwicklung der geistigen Fähigkeiten entsprechen und obgleich wir keinen andern als einen

negativen Beweis dafür haben, daß das geistige Bewußtsein
aufhöre wenn die Funktionen des Gehirnes ihr Ende erreicht
haben, so wissen wir doch, daß Krankheiten des Gehirnes die
geistigen Fähigkeiten stören und daß Verfall oder Abnahme des
Gehirnes sie schwächt. Wir haben daher hinreichende Beweise
dafür, daß die Thätigkeit des Gehirnes wenn nicht die Ursache
doch, wenigstens in dem gegenwärtigen Zustande unseres Da=
seins, eine conditio sine qua non geistiger Operationen sei
und daß, wenn man annimmt, daß die Seele eine gesonderte
Substanz sei, ihre Trennung vom Körper nicht, wie einige sich
geschmeichelt haben, eine Befreiung von Fesseln und Wiederer=
langung der Freiheit sein würde, sondern einfach ihren Funktio=
nen Einhalt thun und sie wieder in den Zustand der Bewußt=
losigkeit zurückversetzen würde, wenn nicht eine andere Reihe von
Bedingungen hinzuträte, die im Stande wäre die Seele wieder
in Thätigkeit zu setzen, für deren Vorhandensein aber die Er=
fahrung nicht den mindesten Anhalt bietet.

Gleichzeitig aber ist es wichtig darauf aufmerksam zu machen,
daß diese Erwägungen nur den Werth mangelnder Beweise
haben; sie bieten keinen positiven Beweis gegen die Unsterblich=
keit. Wir müssen uns hüten den Schlüssen einer a posteriori-
Philosophie eine a priori-Gültigkeit beizumessen. Die Wurzel
alles a priori-Denkens ist die Tendenz auf die Beziehungen der
äußeren Dinge zu einander die strenge Verknüpfung zwischen
den Ideen unseres Geistes zu übertragen, und Denker, welche
redlich bestrebt sind die Erfahrung als Schranke ihres Glaubens
gelten zu lassen, sind nicht immer hinreichend auf ihrer Hut
gegen dieses Mißverständniß. Es giebt Denker welche es als
eine Vernunftwahrheit betrachten, daß Wunder unmöglich seien.
Und ebenso giebt es andere, welche, weil die Erscheinungen des
Lebens und des Bewußseins in ihrem Geiste nach unwandel=
barer Erfahrung mit der Thätigkeit materieller Organe ver=
knüpft sind, es für eine Absurdität halten, es sich als möglich
vorzustellen, daß diese Erscheinungen unter irgend welchen

anderen Bedingungen existiren könnten. Sie sollten aber nicht vergessen, daß das beständige Zusammenvorkommen einer Thatsache mit einer andern die eine Thatsache darum nicht zu einem Bestandtheile der andern oder zu einer und derselben Thatsache mit ihr macht. Das Verhältniß des Denkens zu einem materiellen Gehirn ist keine metaphysische Nothwendigkeit, sondern einfach eine beständige Coexistenz innerhalb der Grenzen der Beobachtung. Und das Gehirn ist, wenn man es nach den Prinzipien der psychologischen Association auf den Grund analysirt, grade wie die geistigen Funktionen, gleich dem Stoffe selbst nur ein Ganzes von entweder wirklichen oder als möglich geschlossenen menschlichen Empfindungen, nämlich solchen, wie sie der Anatom hat wenn er den Schädel öffnet und solchen Eindrücken von denen wir annehmen, daß wir sie von molecularen oder anderen Bewegungen empfangen würden, wenn die Thätigkeit des Gehirnes fortginge, falls keine knochige Hülle vorhanden wäre und unsere Sinne oder unsere Instrumente fein genug wären. Die Erfahrung liefert uns kein Beispiel einer Reihe von Zuständen des Bewußtseins ohne Verknüpfung mit diesen zufälligen Empfindungen; aber es ist ebenso leicht sich eine solche Reihe von Zuständen ohne diese Begleitung wie mit derselben vorzustellen und die Natur der Dinge bietet, soweit sie uns bekannt ist, keinen Grund gegen die Möglichkeit einer solchen Trennung. Wir dürfen annehmen, daß dieselben Gedanken, Empfindungen, Willensregungen und selbst Eindrücke welche wir hier auf Erden haben, vielleicht anderswo unter anderen Bedingungen fortdauern oder wieder anfangen, ebenso wie wir annehmen dürfen, daß andere Gedanken und Empfindungen vielleicht unter anderen Bedingungen in anderen Theilen des Universums vorkommen und bei dieser Annahme braucht uns keine metaphysische Schwierigkeit in Betreff der Denksubstanz in Verlegenheit zu setzen. Substanz ist nur ein allgemeiner Name für die immerwährende Dauer von Eigenschaften; wo immer eine durch Erinnerungen verknüpfte Reihe von Gedanken vorkommt, da bildet sich eine denkende Substanz. Diese absolute Unterscheidung im Denken und Trennbarkeit in der Vorstellung der Zustände unseres Bewußtseins von der Reihe von Bedingungen mit welchen sie nur durch ein fortwährendes Zusammenbestehen verbunden sind, kommt praktisch der alten Unterscheidung zwischen den beiden Substanzen Materie und Geist gleich.

Es giebt also keinen andern wissenschaftlichen Beweis gegen die Unsterblichkeit der Seele als den negativen Beweis, welcher in der Abwesenheit eines Beweises zu Gunsten derselben besteht. Und selbst dieser negative Beweis ist nicht so stark wie negative Beweise oft sind. In dem Falle der Zauberei zum Beispiel ist die Thatsache, daß es keinen Beweis der eine Prüfung aushalten würde dafür giebt, daß sie je vorgekommen sei, so stringent wie es nur der positivste Beweis ihrer Nichtexistenz sein könnte; denn sie existirt, wenn sie überhaupt existirt, auf dieser Erde, wo, wenn sie je existirt hätte, sicher ein thatsächlicher Beweis dafür zu erbringen gewesen sein würde. Aber anders steht es mit der Fortdauer der Seele nach dem Tode. Daß sie nicht auf der Erde bleibe und nicht sichtbar verkehre oder in die Ereignisse des Lebens eingreife, dafür liegt ein ebenso vollgültiger Beweis vor wie es der ist, welcher das Nichtvorhandensein der Zauberei beweist; aber dafür daß sie nicht anderswo existire haben wir absolut keinen Beweis. Eine sehr schwache, wenn überall eine Präsumtion ist alles, wofür uns ihr Verschwinden von der Oberfläche dieses Planeten einen Anhalt bietet.

Einige glauben vielleicht es ergebe sich eine fernere und sehr starke Präsumtion gegen die Unsterblichkeit des denkenden und bewußten Prinzipes aus der Analyse aller übrigen Gegenstände der Natur. Alle Dinge in der Natur gehen zu Grunde und die schönsten und vollkommensten sind, wie Philosophen und Poeten gleicherweise klagen, die vergänglichsten. Eine Blume von der auserlesensten Gestalt und Farbe entsprießt einer Wurzel, erreicht ihre Vollendung in Wochen oder Monaten und dauert nur wenige Stunden oder Tage. Warum sollte es mit dem

Menschen anders sein? Ja warum? Aber warum auch sollte es **nicht** anders sein? Fühlen und Denken sind nicht nur verschieden von dem was wir unbelebte Materie nennen, sondern liegen am entgegengesetzten Pole des Daseins und analoge Schlüsse von dem einen auf das andere haben sehr geringen oder keinen Anspruch auf Gültigkeit. Fühlen und Denken sind viel realer als irgend etwas anderes; sie sind die einzigen Dinge von denen wir positiv wissen daß sie real sind, indem alle übrigen Dinge nur die unbekannten Bedingungen sind, von welchen Fühlen und Denken in dem gegenwärtigen oder in einem andern Zustande unseres Daseins abhängen. Alle Materie hat, losgelöst von den Gefühlen empfindender Wesen, nur ein hypothetisches und unsubstantielles Dasein; sie ist eine reine Annahme, um unsere Empfindungen zu erklären; sie selbst nehmen wir nicht wahr; wir sind uns ihrer nicht bewußt sondern nur der Empfindungen welche wir, wie behauptet wird, von ihr empfangen; in Wahrheit ist sie lediglich ein Name für unsere Erwartung von Empfindungen, oder für unsern Glauben, daß wir gewisse Empfindungen, wenn gewisse andere Empfindungen eine Andeutung derselben geben, haben werden. Weil diese zufälligen Möglichkeiten von Empfindungen früher oder später ein Ende erreichen und anderen Platz machen, ist es damit gegeben, daß die Reihe unserer Empfindungen selbst abbrechen müsse? Das würde nicht von einer Art für sich bestehender Realität auf eine andere schließen heißen, sondern aus etwas, das keine Realität außer in Beziehung auf etwas anderes hat, Schlüsse ziehen, um sie auf das was die einzige für sich bestehende Realität ist anzuwenden. Geist oder welchen Namen wir dem geben, was in dem Bewußtsein einer fortgesetzten Reihe von Empfindungen liegt, ist aus einem philosophischen Gesichtspunkte die einzige Realität für die wir einen Beweis haben und zwischen ihr und anderen Realitäten kann keine Analogie anerkannt und kein Vergleich angestellt werden, weil es keine andere bekannte Realitäten giebt, mit ihr die wir vergleichen könnten. Das ist vollkommen vereinbar mit der Vergänglichkeit des Geistes; aber die Frage, ob es so ist oder nicht, ist res integra, unberührt von den Ergebnissen menschlichen Wissens und menschlicher Erfahrung. Es ist dies einer der seltenen Fälle, in welchen es in Wahrheit für beide Seiten total an einem Beweise fehlt und in welchem die Abwesenheit eines Beweises für die Bejahung nicht, wie sie das in so vielen Fällen thut, eine starke Präsumtion zu Gunsten der Verneinung schafft.

Der Glaube an die menschliche Unsterblichkeit gründet sich jedoch bei der Menschheit im allgemeinen nicht sowohl auf wissenschaftliche Argumente physischer oder metaphysischer Natur, als auf Gründe die für die meisten Gemüther weit stärker sind, nämlich einerseits auf die Unannehmlichkeit des Aufgebens der Existenz (wenigstens für die welchen sie bisher angenehm war) und andererseits auf die allgemeinen Traditionen der Menschheit. Die natürliche Tendenz des Glaubens, diesen beiden Anreizen, unseren eigenen Wünschen und der allgemeinen Zustimmung anderer Leute zu folgen, erscheint in diesem Falle noch verstärkt durch angelegentlichst verbreitete öffentliche und private Lehren, indem Regenten und Lehrer zu allen Zeiten, um ihren Weisungen größere Wirkung zu verschaffen, sei es aus selbstsüchtigen, sei es aus gemeinnützigen Beweggründen, so viel es irgend in ihrer Macht stand den Glauben an ein Leben nach dem Tode beförderten, in welchem viel größere Freuden und Leiden als auf Erden davon abhängen, daß wir in diesem Leben thun oder ungethan lassen, was uns im Namen der unsichtbaren Mächte geheißen wird. Als Veranlassungen des Glaubens sind diese verschiedenen Umstände von dem größten Einfluß, als vernünftige Gründe desselben sind sie von gar keinem Gewichte.

Daß der tröstliche Charakter einer Ansicht, das heißt das Vergnügen das wir empfinden würden, wenn wir sie für wahr hielten, ein Grund sein könne an diese Wahrheit zu glauben ist eine an und für sich unvernünftige Lehre, durch welche die Hälfte aller verderblichen Illusionen sanktionirt werden würde, von denen die Geschichte berichtet oder welche das Leben der Individuen mißleiteten. Sie erscheint in dem von uns hier betrachteten Falle bisweilen in eine quasi wissenschaftliche Sprache gehüllt. Man sagt uns, der Wunsch nach Unsterblichkeit sei einer unserer Instinkte und es gebe keinen Instinkt, dem nicht ein wirklicher, zu seiner Befriedigung geeigneter Gegenstand entspreche. Wo Hunger sei, da sei auch irgendwo Nahrung; wo sich geschlechtliche Gefühle regen, da gebe es auch das entsprechende Geschlecht, wo Liebe sei, da gebe es auch einen Gegenstand der Liebe und so weiter. Gleicherweise müsse es, da es ein instinktives Verlangen nach ewigem Leben gebe, ein ewiges Leben geben. Die Antwort darauf liegt auf der Hand. Es ist unnöthig hier auf eine tiefere Betrachtung der Instinkte einzugehen, oder die Frage zu diskutiren, ob das fragliche Verlangen ein Instinkt sei oder nicht. Und wenn man zugeben wollte, daß, wo immer ein Instinkt sich zeige, es etwas dem Verlangen dieses Instinktes entsprechendes geben müsse, folgt daraus, daß dieses Etwas in unbegrenzter oder hinlänglicher Menge vorhanden sei, um das unendliche Verlangen menschlicher Wünsche zu befriedigen? Was das Sehnen nach ewigem Leben genannt wird ist einfach der Wunsch zu leben. Und ist nicht das wonach dieser Wunsch verlangt vorhanden? Ist nicht das Leben da? Und findet nicht dieser Instinkt, wenn es ein Instinkt ist, seine Befriedigung in dem Besitze und der Erhaltung des Lebens? Annehmen daß der Wunsch zu leben uns persönlich ein wirkliches Leben in alle Ewigkeit garantire, wäre ungefähr, wie wenn man annehmen wollte, daß in dem Wunsche nach Nahrung die Gewähr für uns liege, daß wir immer während der ganzen Dauer unseres Lebens hier und möglicherweise in einer andern Welt so viel haben werden wie wir essen können.

Der Beweis aus der Tradition oder aus dem allgemeinen Glauben des menschlichen Geschlechtes muß, wenn wir ihn als einen Führer für unsern Glauben acceptiren, ganz acceptirt werden. Wenn dem so ist so sind wir verpflichtet zu glauben daß die Seelen menschlicher Wesen nicht nur nach dem Tode fortleben, sondern den Lebenden als Geister erscheinen; denn wir finden kein Volk, welches den einen Glauben ohne den andern gehabt hätte. Ja es ist wahrscheinlich daß der erstere Glaube seinen Ursprung in dem letztern gehabt habe und daß primitive Menschen nie geglaubt haben würden, daß die Seele nicht mit dem Körper sterbe, wenn sie sich nicht eingebildet hätten, daß sie sie nach dem Tode heimsuche. Nichts konnte natürlicher sein als eine solche Einbildung; sie ist anscheinend vollständig verwirklicht in Träumen, welche im Homer und in allen Zeitaltern gleich denen des Homer für wirkliche Erscheinungen galten. Den Träumen müssen wir nicht nur wache Hallucinationen hinzufügen, sondern auch die, wenn auch noch so grundlosen Täuschungen des Auges und Ohres, oder vielmehr die falsche Deutung dieser Sinne, indem Auge und Ohr uns nur Andeutungen geben, nach denen die Einbildungskraft sich ein vollständiges Bild ausmalt und mit Realität bekleidet. Diese Täuschungen darf man nicht nach einem modernen Maßstabe beurtheilen; in frühen Zeiten war die Grenze zwischen Einbildung und Wahrnehmung durchaus nicht fest gezogen; man besaß noch wenig oder nichts von dem Wissen über den wirklichen Lauf der Natur das uns jetzt zu Gebote steht und uns mißtrauisch oder ungläubig gegen jede Erscheinung macht, die im Widerspruche mit bekannten Gesetzen steht. Bei der Unwissenheit der Menschen über die Grenzen der Natur und über das was mit ihr vereinbar sei oder nicht, erschien ihnen, soweit physische Erwägungen in Betracht kamen, nichts besonders unwahrscheinlich. Indem wir daher und zwar mit gutem Grunde die Erzählungen und Legenden von der wirklichen Erscheinung körperloser Geister verwerfen, entziehen wir dem allgemeinen Glauben der Menschen an ein Leben nach dem Tode das, was aller Wahrscheinlichkeit nach seine Hauptstütze war und rauben demselben selbst den sehr geringen Werth auf den die Meinung roher Zeitalter jemals als Beweis der Wahrheit Anspruch machen kann. Wenn eingewendet wird daß dieser Glaube sich in Zeiten erhalten habe, welche aufgehört haben roh zu sein und welche die abergläubischen Vorstellungen, von denen dieser Glaube einst begleitet war, verwerfen, so kann dasselbe von vielen anderen Meinungen roher Zeitalter und insbesondere von den Meinungen über die wichtigsten und interessantesten Gegenstände gesagt werden, weil grade die über diese Gegenstände herrschende Meinung allen Menschen von ihrer Geburt an am beharrlichsten eingepflanzt wird. Ueberdies hat diese besondere Meinung, wenn sie sich im Ganzen behauptet hat, das doch unter beständiger Zunahme abweichender Ansichten und zwar namentlich gebildeter Geister gethan. Solche gebildete Geister endlich welche sich zu dem Glauben an Unsterblichkeit bekennen, gründen denselben, wie wir vernünftiger Weise annehmen dürfen, nicht auf den Glauben Anderer, sondern auf Argumente und Beweise und diese Argumente und Beweise haben wir daher noch zu würdigen und zu beurtheilen.

Die bisher angeführten sind ein hinreichendes Beispiel von Argumenten für ein künftiges Leben, welche keinen Glauben an das Dasein und keine Theorie im Betreff der Eigenschaften der Gottheit voraussetzen. Es erübrigt in Betracht zu ziehen, welche Argumente in diesen großen Fragen sich auf die von der natürlichen Religion gebotenen Aufschlüsse oder Vermuthungen stützen.

Wir haben gesehen, daß diese Aufschlüsse sehr schwach sind, daß sie für das Dasein eines Schöpfers nicht mehr als ein Uebergewicht von Wahrscheinlichkeit bieten, daß indessen einiger Grund vorhanden sei zu glauben, daß er für die Freuden seiner Geschöpfe Sorge trage, aber keineswegs, daß das seine einzige Sorge sei oder das nicht oft andere Zwecke diesem voranstehen. Seine Intelligenz muß den im Universum zur Erscheinung kommenden Veranstaltungen entsprechen, braucht aber nicht mehr als ihnen zu entsprechen und von seiner Macht ist es nicht allein nicht bewiesen daß sie unbegrenzt sei, sondern die einzigen wirklichen Beweise der natürlichen Religion zeigen eher, daß sie beschränkt sei, da mit dem Begriffe der Veranstaltung überhaupt eine Ueberwindung von Schwierigkeiten gegeben ist und dieselbe daher immer zu überwindende Schwierigkeiten voraussetzt.

Wir haben jetzt zu erwägen, welcher berechtigte Schluß zu Gunsten eines künftigen Lebens aus diesen Prämissen gezogen werden kann. Mir scheint, abgesehen von Offenbarung, gar keiner.

Die gewöhnlichen Argumente sind die Güte Gottes; die Unwahrscheinlichkeit, daß er die Vernichtung seines edelsten und größten Werkes, des Menschen verfügen werde, nachdem der größere Theil seiner kurzen Lebensdauer zu dem Erwerbe von Fähigkeiten verwendet worden sei, deren Früchte zu ernten ihm keine Zeit gelassen sei und die besondere Unwahrscheinlichkeit, daß er uns ein instinktives Verlangen nach ewigem Leben eingepflanzt und dieses Verlangen zu vollständiger Enttäuschung verurtheilt haben würde. Diese Argumente könnte man in einer Welt gelten lassen, deren Einrichtung es möglich machen würde, sie, ohne in Widerspruch zu gerathen für das Werk eines zugleich allmächtigen und allgütigen Wesens zu halten; aber sie treffen nicht zu in einer Welt gleich der in welcher wir leben. Die Güte des göttlichen Wesens mag vollkommen sein; da aber seine Macht unbekannten Beschränkungen unterworfen ist, so können wir nicht wissen ob es uns das wovon wir so zuversichtlich behaupten, daß es uns von ihm gegeben sei, gegeben haben könne, — könne das heißt ohne wichtigeres zu opfern. Selbst seine Güte stellt sich, mit wie großem Rechte wir auch auf sie schließen mögen, keineswegs als eine Erklärung seines ganzen Zweckes dar und da wir nicht sagen können, wie weit andere Zwecke der Ausübung seiner Güte in den Weg getreten sein mögen, so wissen wir nicht, ob, selbst wenn es uns ewiges Leben hätte gewähren können, es würde gewollt haben. Im Betreff der vermeintlichen Unwahrscheinlichkeit, daß es uns den Wunsch gegeben haben solle, ohne ihn zu befriedigen, kann

dieselbe Antwort gegeben werden: der Plan zu dessen Annahme
es entweder die Beschränkung seiner Macht oder der Conflikt
seiner Zwecke nöthigte, kann erforderlich gemacht haben, daß
wir diesen Wunsch empfinden sollten, wenn derselbe auch nicht
dazu bestimmt war befriedigt zu werden. Eines jedoch ist völlig
gewiß in Betreff der Weltregierung Gottes, daß er uns nicht
alles was wir wünschen entweder gewähren konnte oder gewähren
wollte. Wir wünschen Leben und er hat uns etwas Leben ge=
währt. Daß wir oder daß einige von uns eine unbegrenzte
Dauer des Lebens wünschen und daß sie uns nicht gewährt wird,
bildet keine Ausnahme von seiner ganzen Regierungsweise.
Mancher möchte gern ein Krösus oder ein Cäsar Augustus sein,
findet aber seine Wünsche nur in dem bescheidenen Maße einer
Wocheneinnahme von einem Pfund Sterling oder einer Sekretär=
stelle bei seinem Gewerkvereine erfüllt.

Es giebt also auf Grund der natürlichen Religion keinerlei
Sicherheit für ein Leben nach dem Tode. Aber keinem, dem es
seiner Befriedigung zu dienen oder seinen nützlichen Zwecken
förderlich zu sein scheint ein künftiges Dasein als möglich zu
erhoffen, ist es verwährt diese Hoffnung zu nähren. Aller An=
schein spricht für das Dasein eines Wesens, welches große Macht
über uns hat, — die in der Schöpfung des Kosmos oder
wenigstens seiner organischen Geschöpfe gelegene Macht —, und
von dessen Güte wir Beweise haben, wenn auch nicht dafür daß
sie seine vorherrschende Eigenschaft sei. Und da wir die Grenzen
weder dieser Macht noch dieser Güte kennen so ist Raum für
die Hoffnung da, daß beide, die eine wie die andere, so weit
reichen werden uns diese Gabe zu gewähren, vorausgesetzt, daß
sie wirklich wohlthätig für uns sein würde. Dieselben Gründe,
welche diese Hoffnung zulassen, berechtigen uns zu der Erwar=
tung, daß, wenn es ein künftiges Leben giebt, es wenigstens
ebenso gut wie das gegenwärtige sein und nicht des Besten was
unser gegenwärtiges Leben bietet, der Fähigkeit uns durch eigenes
Bemühen zu vervollkommnen, ermangeln werde. Nichts kann

jeder Wahrscheinlichkeit mehr widersprechen als die gewöhnliche Vorstellung vom zukünftigen Leben als einem Zustande der Belohnung und Bestrafung in einem andern Sinne, als daß die Folgen unserer Handlungen auf unsern Charakter und unser Empfinden uns in Zukunft ebenso nachgehen werden, wie sie es in der Vergangenheit gethan haben und in der Gegenwart thun. Was auch immer die Wahrscheinlichkeiten eines zukünftigen Lebens sein mögen, jedenfalls sprechen alle Wahrscheinlichkeiten dafür, daß wir im Falle eines zukünftigen Lebens so in dasselbe eintreten werden, wie wir vor dem Wechsel geschaffen worden sind, oder uns selbst gemacht haben und daß die Thatsache des Todes keine plötzliche Unterbrechung unseres geistigen Lebens bewirken oder unsern Charakter anders beeinflussen werde als sich von jeder wichtigen Veränderung unserer Lebensweise annehmen läßt. Unser Denken hat seine Gesetze, welche in diesem Leben unwandelbar sind und jede diesem Leben entnommene Analogie muß zu der Annahme führen, daß diese Gesetze fortdauern werden. Der Gedanke, daß durch Gottes Willen bei Eintritt des Todes ein Wunder geschehen und jedem, den er unter seine Auserwählten aufnehmen wolle, Vollkommenheit werde verliehen werden, könnte sich nur durch eine ausdrückliche authentische Offenbarung rechtfertigen lassen, widerspricht aber jeder Annahme die sich aus den Aufschlüssen der Natur herleiten läßt, auf's Aeußerste.

Vierter Theil.

# Offenbarung.

Die Erörterung der vorstehenden Blätter in Betreff der Beweise für den Theismus hat sich streng auf solche Beweise beschränkt, welche sich aus den Aufschlüssen der Natur herleiten lassen. Eine andere Frage ist, welche Vermehrung diese Beweise erfahren haben und in welchem Umfange die aus ihnen zu ziehenden Schlüsse erweitert oder modifizirt worden sind durch die Herstellung einer direkten Verbindung mit dem höchsten Wesen. Es würde die Grenzen dieses Essay's überschreiten, wollten wir die positiven Beweise des Christenthums oder eines andern Glaubens, der den Anspruch erhebt eine Offenbarung des Himmels zu sein, hier einer nähern Untersuchung unterziehen. Aber die allgemeinen Erörterungen, welche nicht auf ein besonderes System, sondern auf die Offenbarung im allgemeinen anwendbar sind, werden hier am Orte sein und sind in der That nothwendig, um den Ergebnissen der vorstehenden Untersuchung eine hinreichend praktische Bedeutung zu geben.

Zunächst also sind die Anzeichen eines Schöpfers und seiner Eigenschaften, welche wir im Stande gewesen sind in der Natur zu finden, obgleich selbst in Betreff seines Daseins so viel schwächer und weniger concludent als wofür ein frommes Gemüth sie ansehen möchte und noch weniger befriedigend hinsichtlich der Aufschlüsse welche sie uns in Betreff seiner Eigen=

schaften bieten, gleichwohl hinreichend der Annahme einer Offen=
barung einen Stützpunkt zu geben, der ihr sonst gefehlt haben
würde. Die behauptete Offenbarung braucht ihr Gebäude nicht
von Grund aus aufzubauen, sie braucht das Dasein des Wesens
von dem sie zu kommen behauptet nicht zu beweisen. Sie
giebt sich als die Botschaft eines Wesens, dessen Dasein, dessen
Macht und, bis zu einem gewissen Grade, dessen Weisheit und
Güte durch die Erscheinungen der Natur wenn nicht bewiesen
doch wenigstens mit mehr oder weniger Wahrscheinlichkeit an=
gedeutet sind. Der Sender der behaupteten Botschaft ist keine
Erfindung; es sind von der Botschaft unabhängige Gründe des
Glaubens an sein Dasein vorhanden, Gründe welche, obgleich
unzureichend zu einem Beweise, hinreichend sind, die Annahme,
daß eine Botschaft wirklich von ihm empfangen worden sei,
jeder vorausgehenden Unwahrscheinlichkeit zu entkleiden. Es ver=
dient überdies sehr bemerkt zu werden, daß grade die Unvoll=
kommenheit der Beweise, welche die natürliche Religion für die
göttlichen Eigenschaften liefern kann, einige der schwersten Steine
des Anstoßes einer Offenbarung beseitigt, da die auf Unvoll=
kommenheiten in der Offenbarung selbst gegründeten Einwen=
dungen, wie bündig sie auch gegen dieselbe sprechen mögen, wenn
sie als eine Urkunde der Handlungen oder als der Ausdruck der
Weisheit eines Wesens von unendlicher Macht, gepaart mit un=
endlicher Weisheit und Güte betrachtet wird, durchaus kein
Grund sind, warum dieselbe nicht von einem Wesen gekommen
sein solle, auf welches der Lauf der Natur hinweist, dessen Weis=
heit möglicherweise, dessen Macht gewiß beschränkt ist und dessen
Güte, wenn auch wirklich vorhanden doch wahrscheinlich nicht
der einzige Beweggrund ist, der ihn bei dem Werke der Schöpfung
leitete. Die Beweisführung der Analogie Butler's ist von ihrem
eigenen Gesichtspunkte aus concludent. Die christliche Religion
unterliegt keinen sittlichen oder geistigen Einwänden, die nicht
mindestens ebensosehr die gewöhnliche Theorie des Theismus
treffen; die Sittlichkeit der Evangelien ist viel höher und reiner

als die welche sich für uns in der Ordnung der Natur kund=
giebt und die sittlichen Einwände gegen die christliche Theorie
der Welt können nur als solche gelten, wenn sie mit der Lehre
von einem allmächtigen Gotte zusammengenommen werden und
involviren, — wenigstens nach der Auffassung der erleuchtetsten
Christen —, keinen sittlichen Mangel bei einem Wesen, von
dessen Macht angenommen wird, daß sie durch wirkliche, wenn
auch unbekannte Hindernisse beschränkt sei, welche es verhinderten
seinen Plan zur vollen Ausführung zu bringen. Der große
Irrthum Butler's bestand darin, daß er davor zurückschreckte die
Hypothese beschränkter Machtbefugnisse zuzugeben und seine
Beweisführung läuft demgemäß darauf hinaus: „Der Glaube
der Christen ist weder absurder noch unsittlicher als der Glaube
der Deisten die einen allmächtigen Schöpfer anerkennen; lasset
uns daher trotz der Absurdität und Unsittlichkeit uns zu beiden
bekennen." Er hätte sagen sollen: „Lasset uns unsere beiden
Glauben soweit beschneiden, daß nichts daran bleibe was absurd
oder unsittlich, was geistig in sich widersprechend oder sittlich ver=
derbt wäre."

Um jedoch zu unserm Gegenstande zurückzukehren: Wenn
man von der Hypothese ausgeht, daß ein Gott die Welt schuf und
bei ihrer Erschaffung eine, wie sehr auch vielleicht durch andere
Erwägungen beschränkte Rücksicht auf das Glück seiner fühlen=
den Geschöpfe nahm, so liegt keine zum voraus gegebene Un=
wahrscheinlichkeit in der Annahme, daß seine Sorge für ihr
Bestes fortdaure und daß er ihnen einmal oder öfter einen Be=
weis davon durch Mittheilung einer Kunde von sich selbst, die
über das hinausreichte, was sie mit ihren Fähigkeiten ohne be=
sondere Unterstützung wahrzunehmen im Stande gewesen wären,
und einige Kunde oder einige nützliche Lehren zur Leitung in den
Schwierigkeiten des Lebens gegeben haben könnte. Auch läßt
sich auf Grund der einzigen haltbaren Hypothese, der der be=
schränkten Macht, nicht der Einwand erheben, daß diese Hülfe
größer oder anderer Art gewesen sein müßte als sie war. Die

einzige Frage von deren Aufrechterhaltung wir uns nicht entbinden können, ist die des Beweises. Kann irgend ein Zeugniß genügen für eine göttliche Offenbarung einen vollgültigen Beweis zu erbringen? Und von welcher Natur und welchem Umfange müßte ein solches Zeugniß sein? Ob die besonderen Beweise des Christenthums, oder einer andern in Bezug genommenen Offenbarung diesen Punkt erreichen oder nicht, ist eine andere Frage auf welche ich hier nicht direkt einzugehen beabsichtige. Die Frage die ich zu untersuchen beabsichtige, ist, welchen Beweises es bedürfe, welchen allgemeinen Bedingungen derselbe genügen müßte und ob sie derartig seien daß ihnen in Gemäßheit der bekannten Beschaffenheit der Dinge genügt werden könne.

Unter den Beweisen für eine Offenbarung unterscheidet man gewöhnlich äußere und innere. Aeußere Beweise sind das Zeugniß der Sinne oder die Aussage von Zeugen. Unter den inneren Beweisen versteht man die Aufschlüsse, welche man in der Offenbarung selbst über ihren göttlichen Ursprung zu finden glaubt, Aufschlüsse die hauptsächlich in der Vortrefflichkeit ihrer Lehren und ihrer allgemeinen Angemessenheit für die Bedürfnisse und Verhältnisse der menschlichen Natur bestehen sollen.

Die Untersuchung dieser inneren Beweise ist sehr wichtig, aber ihre Wichtigkeit ist wesentlich negativ, sie können genügende Gründe für die Verwerfung einer Offenbarung abgeben, können aber an und für sich ihre Annahme als göttlich nicht rechtfertigen. Wenn der sittliche Charakter der Lehren einer behaupteten Offenbarung schlecht und verderblich wäre, müßten wir dieselbe verwerfen, von wem auch immer sie kommen möge; denn sie könnte nicht von einem guten und weisen Wesen kommen. Aber die Vortrefflichkeit ihrer Moral kann uns nie berechtigen ihnen einen übernatürlichen Ursprung beizumessen; denn wir haben keine zwingende Gründe zu glauben, daß die menschlichen Fähigkeiten nicht genügend gewesen seien sittliche Lehren zu erfinden, deren Vortrefflichkeit die Menschen wahrzunehmen und zu erkennen fähig sind. Eine Offenbarung kann daher als göttlich nur durch äußere Beweise d. h. durch das Vorhandensein übernatürlicher Thatsachen bewiesen werden. Und wir haben zu erwägen, ob es möglich sei übernatürliche Thatsachen zu beweisen und wenn es möglich ist, welche Zeugnisse erforderlich sind um diesen Beweis zu erbringen.

Diese Frage ist, so viel ich weiß von skeptischer Seite nur von Hume ernsthaft erhoben worden. Sie findet sich in seiner berühmten Abhandlung gegen Wunder, eine Abhandlung die in die Tiefe des Gegenstandes dringt, deren eigentliche Tragweite und Bedeutung aber (welche vielleicht von dem großen Denker selbst nicht ganz erfaßt worden war) im allgemeinen von denen die es versucht haben ihm zu antworten auf das äußerste mißverstanden worden ist. Dr. Campbell zum Beispiel, einer der scharfsinnigsten seiner Gegner, hat es für nöthig gehalten, zu dem Zwecke der Unterstützung der Glaubwürdigkeit von Wundern, Lehren aufzustellen die in Wahrheit so weit gehen zu behaupten, daß die bloße Unwahrscheinlichkeit nie ein hinreichender Grund sei, einer Angabe, wenn sie wohlbezeugt sei, den Glauben zu versagen. Dr. Campbell's Trugschluß lag darin, daß er einen Doppelsinn des Wortes „Unwahrscheinlichkeit" übersah, wie ich bereits in meiner Logik und noch früher in meiner Ausgabe von Bentham's „Abhandlung über Beweis" in einer Anmerkung nachgewiesen habe.

Wenn man die Frage von Grund aus betrachtet, ist es augenscheinlich unmöglich zu behaupten, daß, wenn eine übernatürliche Thatsache wirklich eintritt, ein Beweis für dieses Eintreten den menschlichen Fähigkeiten nicht zugänglich sein könne. Die Wahrnehmung unserer Sinne könnte den Beweis dafür erbringen, wie sie den Beweis für andere Dinge erbringen kann. Um den äußersten Fall zu setzen: Angenommen ich hörte und sähe wirklich ein Wesen von menschlicher, oder von einer mir bis dahin unbekannten Gestalt befehlen, daß eine Welt in's Dasein trete und ich sähe eine neue Welt wirklich in's Dasein treten und auf sein Geheiß anfangen sich im Raume zu bewegen, so kann es keinem Zweifel unterliegen, daß dieser Augenschein die Erschaffung von Welten aus einer Spekulation in eine Thatsache der Erfahrung verwandeln würde. Man kann einwenden, ich könnte nicht wissen, ob eine so sonderbare Erscheinung etwas mehr sei als eine Hallucination meiner Sinne. Das ist wahr, aber derselbe Zweifel besteht anfänglich in Betreff jeder unerwarteten und überraschenden Thatsache, welche bei unseren physikalischen Untersuchungen in die Erscheinung tritt. Daß unsere Sinne getäuscht sein können ist eine Möglichkeit auf die wir gefaßt sein und der wir begegnen müssen und wir begegnen ihr durch verschiedene Mittel. Wenn wir das Experiment und zwar mit demselben Erfolge wiederholen, wenn zur Zeit unserer Beobachtung die Eindrücke unserer Sinne in allen anderen Beziehungen dieselben wie gewöhnlich sind, und so die Annahme, daß sie bei dieser besondern Beobachtung krankhaft afficirt gewesen seien, äußerst unwahrscheinlich machen, vor allem wenn die Sinne anderer Leute das Zeugniß unserer eigenen Sinne bestätigen, so schließen wir mit Recht, daß wir unseren Sinnen trauen dürfen. In der That sind unsere Sinne alles dem wir vertrauen können. Wir hängen von ihnen ab selbst in Betreff der letzten Prämissen unseres Denkens. Es giebt keine andere Berufung gegen ihre Entscheidung als eine Berufung von den ohne Vorsicht gebrauchten Sinnen an die mit aller nöthigen Vorsicht gebrauchten Sinne. Wenn der Beweis, auf welchen eine Meinung sich gründet dem gleich kommt auf welchen sich das ganze Verhalten und die Sicherheit unseres Lebens gründet, so brauchen wir nicht weiter zu fragen. Einwendungen, welche sich in gleicher Weise gegen jeden Beweis erheben lassen, sind gegen keinen gültig. Sie beweisen nur eine abstrakte Fehlbarkeit.

Aber der Beweis für Wunder ist, wenigstens für protestantische Christen, in unseren Tagen nicht von dieser zwingenden Art. Es ist nicht ein Beweis durch Wahrnehmung unserer Sinne, sondern ein Beweis durch Zeugen und selbst dieser nicht aus erster Hand, sondern auf den Zeugnissen von Büchern und Traditionen beruhend. Und selbst in dem Falle der ursprünglichen Augenzeugen, sind die übernatürlichen, auf ihr angeführtes Zeugniß hin behaupteten Thatsachen, nicht von jenem in unserm Beispiele angenommenen übernatürlichen Charakter, so daß über ihre Natur, oder die Unmöglichkeit ihres natürlichen Ursprunges kaum ein Zweifel aufkommen könnte. Im Gegentheil, die berichteten Wunder sind erstens meistens der Art, daß es außerordentlich schwer gewesen sein würde sie als Thatsachen zu constatiren und schließen zweitens kaum je die Möglichkeit eines Zustandekommens durch menschliche Mittel oder durch das unwillkürliche Wirken der Natur aus. Auf Fälle dieser Art bezog sich Hume's Argument gegen die Glaubwürdigkeit von Wundern.

Sein Argument ist: der Beweis der Wunder besteht in Zeugnissen. Der Grund unseres Verlassens auf ein Zeugniß ist unsere Erfahrung daß unter Annahme gewisser Umstände ein Zeugniß meistens wahrhaftig sei. Aber dieselbe Erfahrung lehrt uns, daß, selbst unter den günstigsten Umständen, ein Zeugniß oft entweder absichtlich oder unabsichtlich falsch sei. Wenn daher die Thatsache in Betreff deren ein Zeugniß vorgebracht wird der Art ist, daß ihr Vorkommen der Erfahrung mehr widersprechen würde als ein falsches Zeugniß, so dürfen wir nicht an dieselbe glauben. Und diese Regel beobachten alle vorsichtigen Menschen in ihrem Verhalten im Leben. Die, welche es nicht thun, haben sicher für ihre Leichtgläubigkeit zu leiden.

Nun widerspricht aber ein Wunder, argumentirt Hume weiter, im denkbar höchsten Grade der Erfahrung, denn wenn es der Erfahrung nicht widerspräche, so wäre es kein Wunder. Der Grund daß es als ein Wunder betrachtet wird ist grade daß es der Bruch eines Naturgesetzes, d. h. einer sonst unwandelbaren und unverletzlichen Gleichförmigkeit in der Aufeinanderfolge natürlicher Ereignisse ist. Es besteht also der stärkste Grund es nicht zu glauben, den es an der Hand der Erfahrung überall geben kann etwas nicht zu glauben. Aber die Verlogenheit, oder der Irrthum von Zeugen, selbst wenn sie zahlreich sind und sich eines guten Rufes erfreuen, liegt ganz innerhalb der Grenzen selbst der gewöhnlichen Erfahrung. Dieser Annahme ist daher der Vorzug zu geben.

Diese Argumentation hat zu augenscheinlich ihre schwachen Seiten. Die eine ist, daß der Beweis der Erfahrung auf welchen sie sich beruft, nur ein negativer Beweis ist, — der nicht so stringent ist wie ein positiver —, da Thatsachen von denen man vorher keine Erfahrung gehabt hatte oft durch positive Erfahrung als wahr erfunden und bewiesen werden. Der andere augenscheinlich schwache Punkt ist folgender: Die Argumentation giebt sich den Anschein anzunehmen, daß das Zeugniß der Erfahrung gegen Wunder ausnahmlos und unzweifelhaft sei, wie es der Fall sein würde, wenn sich die ganze Frage um die Wahrscheinlichkeit künftiger Wunder drehte und keine in der Vergangenheit stattgefunden hätten; während doch von der andern Seite grade behauptet wird, daß Wunder stattgefunden haben und daß das Zeugniß der Erfahrung nicht durchaus negativer Art sei. Jeder Beweis, der zu Gunsten eines Wunders angeführt wird, muß für einen Gegenbeweis zur Widerlegung des Grundes, auf welchen hin behauptet wird, daß man nicht an Wunder glauben dürfe, gerechnet werden. Die Frage kann richtig nur als von einer Abwägung von Beweisen abhängig bezeichnet werden — einem gewissen Belaufe von Beweis zu Gunsten der Wunder und einer negativen Präsumtion aus dem allgemeinen Laufe der menschlichen Erfahrung gegen dieselben.

Um die Argumentation nach dieser zwiefachen Correktur aufrecht zu erhalten, muß nachgewiesen werden, daß die negative Präsumtion gegen ein Wunder viel stärker ist, als die gegen eine nur neue und überraschende Thatsache. Das ist aber offenbar der Fall. Eine neue physikalische Entdeckung ist, selbst wenn sie in dem Umsturze eines feststehenden Naturgesetzes bestehet, nur die Entdeckung eines andern bis dahin unbekannten Naturgesetzes. Darin liegt nichts womit wir nicht nach unserer Erfahrung vertraut wären; wir wußten, daß wir nicht alle Naturgesetze kannten und wir wußten, daß jedes dieser Gesetze der Gegenwirkung durch andere Gesetze unterliegt. Das neue Phänomen erweist sich, wenn es ans Licht gezogen wird, noch immer als auf einem Gesetze beruhend; es wiederholt sich immer genau, so oft sich dieselben Umstände wiederholen. Sein Eintritt liegt daher innerhalb der Grenzen der erfahrungsmäßigen Variation wie sie uns die Erfahrung selbst enthüllt. Aber ein Wunder erklärt sich, eben durch die Thatsache daß es ein Wunder ist, nicht als eine Verschiebung eines Naturgesetzes durch ein anderes, sondern des Gesetzes welches alle anderen in sich begreift, welches die Erfahrung als das allgemeine Gesetz für alle Phänomene erweist, nämlich so, daß sie von einem Gesetze abhängen, daß sie immer dieselben sind so oft dieselben phänomenalen Voraussetzungen vorhanden sind und weder in Abwesenheit ihrer phänomenalen Ursachen stattfinden, noch jemals nicht stattfinden wenn die phänomenalen Bedingungen alle vorhanden sind.

Es ist offenbar daß diese Argumentation gegen den Glauben an Wunder bis zu einem vergleichsweise neuen Stadium der fortschreitenden Wissenschaft wenig hatte worauf sie sich stützen konnte. Bis vor wenigen Generationen war die allgemeine Abhängigkeit der Phänomene von unwandelbaren Gesetzen nicht nur von der Menschheit im allgemeinen nicht erkannt, sondern konnte selbst von den Unterrichteten nicht als eine wissenschaftlich begründete Wahrheit betrachtet werden. Es gab viele Phänomene, welche ganz unregelmäßig in ihrem Verlaufe und nicht abhängig von einem bekannten Antecedens schienen und obgleich unzweifelhaft eine gewisse Regelmäßigkeit in dem Eintritte der bekanntesten Phänomene immer erkannt worden sein muß, so waren doch, selbst bei diesen, die fortwährend vorkommenden Ausnahmen noch nicht durch Erforschung und Verallgemeinerung der Umstände ihres Eintrittes als mit der allgemeinen Regel vereinbar nachgewiesen. Die Himmelskörper waren von Alters her die augenfälligsten Typen einer regelmäßigen und unwandelbaren Ordnung und doch waren selbst unter ihnen Kometen ein anscheinend von keinem Gesetze beherrschtes und Sonnenfinsternisse ein Phänomen welches unter Verletzung eines Gesetzes stattzufinden schien. Demgemäß wurden beide, Kometen und Sonnenfinsternisse, lange Zeit als Erscheinungen von wunderbarer Natur, als Zeichen und omina menschlicher Schicksale betrachtet. Es würde in jenen Tagen unmöglich gewesen sein jemand zu beweisen, daß diese Annahme von vornherein unwahrscheinlich sei. Sie schien mehr in Uebereinstimmung mit den Erscheinungen, als die Hypothese eines unbekannten Gesetzes.

Jetzt aber, wo die fortschreitende Wissenschaft durch unwiderlegliche Beweise nachgewiesen hat, daß alle Phänomene auf ein Gesetz zurückzuführen seien, und wo selbst in den Fällen, in welchen diese Gesetze noch nicht genau erforscht sind, die Verzögerung ihrer Feststellung durch die speziellen Schwierigkeiten des Gegenstandes vollständig erklärt ist, haben die Vertheidiger der Wunder ihre Argumentation diesem Zustande der Dinge angepaßt, indem sie behaupten ein Wunder brauche nicht nothwendig in der Verletzung eines Gesetzes zu bestehen. Es kann, sagen sie, in Erfüllung eines verborgenern uns unbekannten Gesetzes stattfinden.

Wenn damit nur gemeint sein soll, daß das göttliche Wesen bei der ihm zustehenden Durchkreuzung und Aufhebung seiner eigenen Gesetze von einem allgemeinen Prinzipe oder einer Regel des Handelns geleitet wird, so ist das natürlich durch keinen Gegenbeweis zu entkräften und ist an und für sich die wahrscheinlichste Annahme. Wenn aber mit dieser Argumentation gemeint sein soll, daß ein Wunder in demselben Sinne die Erfüllung eines Gesetzes sein könne, in welchem die gewöhnlichen Ereignisse der Natur Erfüllungen von Gesetzen sind, so scheint darin eine unvollkommene Auffassung dessen zu liegen was man unter einem Gesetze versteht und dessen was ein Wunder ausmacht.

Wenn wir sagen daß ein gewöhnliches physisches Ereigniß immer in Gemäßheit eines unwandelbaren Gesetzes stattfinde, so meinen wir damit, daß es durch eine gleichförmige Sequenz oder Coexistenz mit einer bestimmten Reihe physischer Antecedentien verknüpft sei; daß, so oft diese Reihe sich genau wiederhole, dasselbe Phänomen stattfinden werde, außer wenn ihm die ähnlichen Gesetze anderer physischer Antecedentien entgegenwirken, und daß, so oft es stattfinde es sich immer herausstellen werde daß seine spezielle Reihe von Antecedentien, (oder eine dieser Reihen, wenn es deren mehrere habe), schon vorher existirt habe. Nun ist ein Ereigniß das in dieser Weise stattfindet kein Wunder. Um es zu einem Wunder zu machen muß es hervorgebracht werden durch einen direkten Willensakt ohne Gebrauch von Mitteln, oder wenigstens von Mitteln deren einfache Wiederholung es hervorbringen würde. Um ein Wunder zu bewirken muß ein Phänomen stattfinden, ohne daß demselben phänomenale Antecedentien vorangegangen wären, welche hinreichten es wieder hervorzubringen; oder ein Phänomen, für dessen Hervorbringung die vorgängigen Bedingungen vorhanden waren, muß, — ohne die Dazwischenkunft phänomenaler Vorgänge welche dasselbe in einem künftigen Falle aufhalten oder verhindern würden —, aufgehalten oder verhindert werden. Die Probe auf ein Wunder ist: Waren bei dem Falle solche äußere Bedingungen, solche zweite Ursachen, wie wir sie nennen können, vorhanden, daß, so oft diese Bedingungen oder zweiten Ursachen wiedererscheinen, das Ereigniß sich wiederholen wird? Wenn das der Fall war, so ist es kein Wunder; wenn es nicht der Fall war, so ist es ein Wunder, aber es entspricht keinem Gesetze; es ist ein ohne Gesetz oder im Widerspruche mit einem Gesetze hervorgebrachtes Ereigniß.

Man wird vielleicht sagen, ein Wunder schließe nicht nothwendig die Dazwischenkunft zweiter Ursachen aus. Wenn es der Wille Gottes wäre, ein Gewitter durch ein Wunder zu veranlassen, könnte er das durch Winde und Wolken thun. Unzweifelhaft; aber die Winde und Wolken würden entweder, wenn hervorgebracht, genügen, ohne andere göttliche Hülfe ein Gewitter zu erregen, oder sie würden dazu nicht genügen. Wenn sie dazu nicht genügten, wäre das Gewitter keine Erfüllung sondern die Verletzung eines Gesetzes; wenn sie dazu genügten, wäre ein Wunder da; aber nicht das Gewitter sondern die Erzeugung von Winden und Wolken, oder was immer für ein Ring in der Kette des Causalnexus, wäre es gewesen, bei welchem eine Aufhebung des Einflusses physischer Vorgänge stattgefunden hätte. Wenn dieser Einfluß nie aufgehoben wurde, sondern das wunderbar genannte Ereigniß durch natürliche Mittel hervorgebracht war und diese wieder durch andere und so fort vom Anbeginne der Dinge an; wenn das Ereigniß nicht in anderer Weise eine Handlung Gottes war, als insofern es von ihm als die Folge der bei der Schöpfung in Thätigkeit gesetzten Kräfte vorausgesehen und angeordnet war, dann war überhaupt kein Wunder, noch irgend etwas von dem gewöhnlichen Wirken der göttlichen Vorsehung verschiedenes vorhanden.

Um ein anderes Beispiel zu gebrauchen: eine Person die sich eine göttliche Mission zuschreibt, heilt einen Kranken durch ein anscheinend unbedeutendes äußeres Mittel. Würde dieses Mittel, wenn es von einer nicht speziell von oben beauftragten Person zur Anwendung gebracht wäre, die Heilung bewirkt haben? Wenn das der Fall wäre, so wäre kein Wunder vorhanden; wenn nicht, so wäre ein Wunder vorhanden, aber zugleich die Verletzung eines Gesetzes.

Man wird jedoch einwenden, daß, wenn dies Verletzungen eines Gesetzes seien, ein Gesetz jedesmal verletzt werde, so oft eine äußere Wirkung durch einen freiwilligen Akt eines menschlichen Wesens hervorgebracht werde. Menschlicher Wille modifizirt fortwährend Naturerscheinungen, nicht indem er ihre Gesetze verletzt, sondern indem er sich ihrer Gesetze bedient. Warum sollte nicht der göttliche Wille dasselbe thun können? Die Macht des Willens über Phänomene ist selbst ein Gesetz und zwar eines der am frühesten bekannten und anerkannten Gesetze der Natur. Der menschliche Wille übt zwar seine Macht über Gegenstände im allgemeinen indirekt, vermöge der direkten Macht welche er nur über seine Muskeln besitzt; Gott aber hat direkte Macht nicht nur über eine Sache, sondern über alle Gegenstände welche er geschaffen hat. Es liegt daher so wenig eine Verletzung eines Gesetzes in der Annahme, daß Ereignisse durch ein Handeln Gottes hervorgebracht, verhindert oder modifizirt seien, wie darin, daß sie durch ein menschliches Handeln hervorgebracht, verhindert oder modifizirt werden. Beides ist gleich sehr durch den Lauf der Natur gegeben, beides ist gleich vereinbar mit dem was wir von der Regierung aller Dinge durch Gesetze wissen.

Diejenigen welche so argumentiren, glauben meistens an die Freiheit des Willens und behaupten, daß jeder menschliche Wille eine neue Kette von ursächlichen Zusammenhängen ins Leben rufe, von denen er selbst den ersten, nicht durch eine unwandelbare Sequenz mit einer vorangehenden Thatsache verknüpften Ring bilde. Selbst wenn daher ein göttliches Dazwischentreten durch die Einführung einer neuen, nicht in der Vergangenheit wurzelnden urersten Ursache eine Unterbrechung der zusammenhängenden Kette der Ereignisse bildete, wäre das kein Grund nicht daran zu glauben, da jeder menschliche Willensakt genau dasselbe thut. Wenn das eine ein Gesetzesbruch ist, so ist es das andere auch. In Wahrheit erstreckt sich das Reich der Gesetze nicht auf den Ursprung des Willens.

Diejenigen, welche die Theorie des freien Willens bestreiten und den Willen nicht als eine Ausnahme von dem allgemeinen Gesetze von Ursache und Wirkung betrachten, können antworten, daß Willensakte den ursächlichen Zusammenhang nicht unterbrechen, sondern denselben fortsetzen, indem die Verknüpfung von Ursache und Wirkung von genau derselben Natur zwischen Motiv und Handlung sei, wie zwischen einer Verbindung von physischen Antecedentien und einem physischen Consequenz. Aber dies berührt, gleichviel ob es richtig ist oder nicht, in Wahrheit nicht die

Argumentation; denn das Eingreifen des menschlichen Willens in den Lauf der Natur ist nur dann keine Ausnahme vom Gesetze, wenn wir das Verhältniß von Motiven zu Willensakten mit unter die Gesetze begreifen, und nach derselben Regel würde ein Eingreifen des göttlichen Willens ebenso wenig eine Ausnahme sein, da wir nicht anders als annehmen dürfen, daß die Gottheit sich bei jeder ihrer Handlungen durch Motive bestimmen lasse.

Die behauptete Analogie erweist sich daher als richtig; aber was sie beweist ist nur was ich von Anfang an behauptet habe, nämlich daß göttliches Eingreifen in die Natur bewiesen werden könnte, wenn wir dieselbe Art von Beweis dafür hätten, wie wir ihn für menschliches Eingreifen haben. Die Frage der zum vorhinein gegebenen Unwahrscheinlichkeit entsteht nur, weil wir des göttlichen Eingreifens nicht durch den direkten Beweis der Wahrnehmung versichert sind, sondern dasselbe immer die Sache eines Schlusses und zwar mehr oder weniger eines spekulativen Schlusses ist. Und ein geringes Nachdenken wird zeigen daß unter diesen Umständen die Präsumtion gegen die Wahrheit des Schlusses außerordentlich stark ist.

Wenn der menschliche Wille eingreift um eine Naturerscheinung hervorzubringen, so thut er das, abgesehen von den Bewegungen des menschlichen Körpers, durch die Anwendung von Mitteln und ist genöthigt solche Mittel anzuwenden, welche durch ihre eigenen physischen Eigenschaften genügen die Wirkung hervorzubringen. Das hypothetische göttliche Eingreifen geht in einer von dieser verschiedenen Weise vor sich, es bringt seine Wirkung ohne Mittel, oder mit an und für sich ungenügenden Mitteln hervor. Im erstern Falle werden alle Naturerscheinungen mit Ausnahme des ersten körperlichen Anstoßes zur Bewegung in strenger Uebereinstimmung mit physischer Ursächlichkeit hervorgebracht, während sich jener erste Anstoß zur Bewegung auf die positive Beobachtung der Ursache (des Willens), welche denselben hervorbrachte zurückführen läßt. In dem andern Falle wird an=

genommen, daß das Ereigniß überall nicht durch eine Ver=
knüpfung physischer Ursachen und Wirkungen herbeigeführt sei,
während kein direkter Beweis der Verknüpfung desselben mit
einem Willensakte vorliegt. Der Grund, warum es einem
Willensakte zugeschrieben wird ist nur ein negativer, weil dem
Anscheine nach kein anderer Weg vorhanden ist sein Dasein zu
erklären.

Aber in dieser rein spekulativen Erklärung ist immer noch
eine andere Hypothese möglich, nämlich die, daß das Ereigniß
in einer recht augenfälligen Weise durch physische Ursachen her=
vorgebracht sein könne. Es kann das entweder in Gemäßheit
eines noch nicht bekannten Naturgesetzes oder in Gemäßheit des
unbekannten Vorhandenseins der, zu seiner Hervorbringung nach
einem bekannten Gesetze nothwendigen Bedingungen geschehen.
Selbst wenn man annimmt, daß das als wunderbar angenommene
Ereigniß nicht durch das unsichere Medium menschlichen Zeug=
nisses zu uns gelange, sondern auf dem direkten Beweise unserer
eigenen Sinne beruhe, selbst dann wird es, — so lange kein
direkter Beweis für seine Hervorbringung durch einen göttlichen
Willen, gleich dem welchen wir für die Hervorbringung körper=
licher Bewegungen durch menschlichen Willen haben, vorliegt, so
lange also der wunderbare Charakter des Ereignisses nur ein
Schluß aus der angenommenen Unzulänglichkeit der uns zu
seiner Erklärung zu Gebote stehenden Naturgesetze ist —, be=
rechtigt erscheinen, der Hypothese eines natürlichen Ursprunges
vor der eines übernatürlichen Ursprunges des Phänomens den
Vorzug zu geben. Die gewöhnlichsten Prinzipien eines gesunden
Urtheiles verbieten uns für eine Wirkung eine Ursache anzuneh=
men von der wir ganz und gar keine Erfahrung haben, so lange
nicht festgestellt ist, daß alle die Ursachen von denen wir Er=
fahrung haben, nicht vorhanden sind. Nun giebt es aber wenige
Dinge, von denen wir mehr Erfahrung haben, als physische
Thatsachen, welche wir vermöge unseres Wissens nicht zu erklären
im Stande sind, weil sie entweder auf Gesetzen, welche eine

von der Wissenschaft unterstützte Beobachtung noch nicht ans Licht gebracht hat, oder auf Thatsachen beruhen, von deren Vorhandensein in dem besondern Falle wir keine Ahnung haben. Demgemäß glauben wir in unseren Tagen immer, wenn wir von einem Wunder hören, daß, wenn es wirklich stattfand, es weder das Werk eines Gottes noch eines bösen Geistes, sondern die Folge eines unbekannten Naturgesetzes oder einer verborgenen Thatsache sei. Auch ist keine dieser Annahmen ausgeschlossen, wenn, wie in dem Falle eines in eminentem Sinne so genannten Wunders, das wunderbare Ereigniß durch den Willen eines menschlichen Wesens hervorgerufen zu sein scheint. Es ist immer möglich, daß dabei ein unentdecktes Naturgesetz im Spiele gewesen ist, welches in Thätigkeit zu setzen der Wunderthäter bewußt oder unbewußt die Macht erlangt haben kann, oder daß das Wunder (wie bei den wirklich merkwürdigen Kunststücken der Jongleurs) durch die von uns unbemerkte Anwendung gewöhnlicher Gesetze bewirkt wurde, was auch nicht nothwendig ein Fall absichtlicher Täuschung zu sein braucht. Oder endlich kann das Ereigniß gar keinen Zusammenhang mit dem Willen gehabt haben, sondern das Zusammentreffen beider kann die Wirkung einer List oder eines Zufalles sein, indem der Wunderthäter durch seinen Willen hervorzubringen schien oder vorgab, was schon im Begriffe war stattzufinden, wie wenn jemand einer Sonnenfinsterniß in dem Augenblicke zu erscheinen gebieten würde, wo man durch astronomische Berechnungen wüßte, daß eine Sonnenfinsterniß unmittelbar bevorstehe. In einem Falle dieser Art könnte das Wunder durch die Aufforderung es zu wiederholen auf die Probe gestellt werden; aber es verdient bemerkt zu werden, daß die überlieferten Wunder selten oder nie auf diese Probe gestellt wurden. Kein Wunderthäter scheint je aus der Erweckung der Todten ein Geschäft gemacht zu haben. Von dieser und der andern merkwürdigsten unter den Wunderthaten wird berichtet, daß sie nur einmal oder in einigen wenigen vereinzelten Fällen geschehen seien, welche entweder schlau ausgewählt sein oder auf einem zufälligen Zusammentreffen beruhet haben können. Kurz, es liegt nichts vor was die Annahme ausschließen könnte, daß jedes berichtete Wunder seinen Grund in natürlichen Thatsachen gehabt habe und so lange diese Annahme möglich bleibt, würde kein wissenschaftlicher Beobachter und kein Mensch von gewöhnlicher Urtheilskraft eine Ursache conjekturiren, welche als wirklich anzunehmen kein anderer Grund vorliegt, als die Nothwendigkeit etwas zu erklären was sich ohnedies genügend erklärt.

Wenn wir hier inne halten müßten, könnte die Frage der Wunder erledigt scheinen. Aber bei näherer Untersuchung wird es sich ergeben, daß wir aus den obigen Erwägungen nicht mit absoluter Gewißheit schließen dürfen, daß die Wundertheorie in Betreff der Hervorbringung eines Phänomens ohne weiteres verworfen werden müsse. Wir dürfen nur schließen daß keine außerordentliche Macht, von welcher je behauptet worden ist daß ein menschliches Wesen sie über die Natur geübt habe, ein Beweis von Wundergaben für jemand sein könne, dem das Dasein eines übernatürlichen Wesens nicht schon eine vera causa ist. Das Dasein Gottes kann unmöglich durch Wunder bewiesen werden; denn wenn nicht ein Gott schon anerkannt ist, kann das anscheinende Wunder immer durch eine wahrscheinlichere Hypothese als die der Dazwischenkunft eines Wesens, von dessen Dasein eben das Wunder für den einzigen Beweis gilt, erklärt werden. So weit ist Hume's Argumentation unwiderleglich; aber sie ist weit davon entfernt ebenso unwiderleglich zu sein, wenn das Dasein eines Wesens, welches die gegenwärtige Ordnung der Natur schuf und von welchem daher wohl angenommen werden darf, daß es die Macht habe dieselbe zu modifiziren, als eine Thatsache oder auch nur als eine, auf einem unabhängigen Beweise beruhende Wahrscheinlichkeit angenommen wird. Ist ein Gott einmal zugegeben so erscheint die durch seinen Willen geschehene Hervorbringung einer Wirkung, welche in jedem Falle ihren Ursprung seinem schöpferischen Willen verdankte nicht mehr eine rein willkürliche Hypothese zur Erklärung der Thatsache, sondern muß als eine ernste Möglichkeit in Rechnung gezogen werden. Alsdann verändert sich der Charakter der Frage und die Entscheidung derselben muß jetzt auf dem beruhen was in Betreff der Art der göttlichen Weltregierung bekannt oder vernünftigerweise angenommen ist, darauf ob dieses Wissen oder diese Voraussetzung es als eine wahrscheinlichere Annahme erscheinen läßt, daß das Ereigniß durch die Kräfte hervorgebracht worden sei durch welche die göttliche Regierung gewöhnlich getragen wird, oder daß es das Ergebniß eines speziellen und außerordentlichen Eingreifens des göttlichen Willens unter Beiseitesetzung jener gewöhnlichen Kräfte gewesen sei.

Erstens also zeigt uns, wenn wir das Dasein und die Vorsehung Gottes als eine Thatsache annehmen, unsere ganze Beobachtung der Natur mit unwiderleglicher Beweiskraft, daß seine Regierung regelmäßig mit zweiten Ursachen operirt, daß alle Thatsachen oder wenigstens alle physischen Thatsachen übereinstimmend gegebenen physischen Bedingungen folgen und niemals eintreten außer wenn die geeignete Ansammlung physischer Bedingungen stattgefunden hat. Ich beschränke die Behauptung auf physische Thatsachen um die Frage des menschlichen Willens offen zu lassen, obgleich ich in der That dazu nicht genöthigt wäre; denn wenn der menschliche Wille frei ist, hat der Schöpfer ihn frei gelassen und er wird nicht von ihm controllirt weder durch zweite Ursachen noch direkt, so daß, da der Wille nicht regiert wird, er auch kein Beispiel von der Art der göttlichen Regierung ist. Was Gott regiert, regiert er auf dem Wege zweiter Ursachen. Das war in der Kindheit der Wissenschaft nicht klar; es wurde mehr und mehr erkannt in dem Maße wie die Naturprozesse sorgfältiger und genauer geprüft wurden, bis es nunmehr keine Klasse von Erscheinungen mehr giebt, von welcher das nicht positiv bekannt wäre — bis auf einige Fälle welche unsere wissenschaftlichen Fortschritte ihrer Dunkelheit und Complicirtheit wegen noch nicht im Stande gewesen sind voll=

ständig aufzuklären und zu entwirren und in welchen daher der Beweis, daß auch sie durch natürliche Gesetze regiert werden, bei dem gegenwärtigen Stande der Wissenschaft noch nicht vollständiger erbracht werden konnte. Der obgleich rein negative Beweis, welchen diese Verhältnisse dafür liefern, daß die göttliche Regierung überall mit zweiten Ursachen operire, wird für alle außer für direkt religiöse Zwecke als geführt anerkannt. Wenn ein Mann der Wissenschaft zu wissenschaftlichen oder ein Weltmann zu praktischen Zwecken einem Ereignisse nachforscht, so fragt er sich: „Was ist die Ursache desselben?" und nicht: „Hat es eine natürliche Ursache?" Wer es als eine der vorhandenen Möglichkeiten hinstellen wollte daß keine andere Ursache für ein Ereigniß bestehe als der Wille Gottes, würde verlacht werden.

Gegen dieses Gewicht eines negativen Beweises haben wir den positiven Beweis zu stellen, welcher durch die Bezeugung von Ausnahmefällen, mit anderen Worten die positiven Beweise für Wunder gegeben ist. Und ich habe bereits zugegeben, daß dieser Beweis denkbarer Weise so beschaffen sein könnte, daß er die Ausnahme ebenso sicher machen würde wie die Regel. Wenn wir das direkte Zeugniß unserer Sinne für eine übernatürliche Thatsache hätten, könnte dieselbe ebenso vollständig verbürgt und sichergestellt sein wie eine natürliche Thatsache. Aber das haben wir nie. Der übernatürliche Charakter der Thatsache ist immer, wie ich bereits bemerkt habe, Sache des Schlusses und der Spekulation und das Mysterium läßt immer die Möglichkeit einer nicht übernatürlichen Lösung zu. Für diejenigen welche schon an eine übernatürliche Macht glauben, mag die übernatürliche Hypothese wahrscheinlicher erscheinen als die natürliche, aber nur wenn sie mit dem stimmt was wir in Betreff der Wege des übernatürlich Wirkenden wissen oder vernünftiger Weise vermuthen. Nun ist aber alles was wir durch die Beweise der Natur in Betreff der Wege Gottes wissen in Harmonie mit der natürlichen und in Widerspruch mit der übernatürlichen Theologie. Ein Wunder erscheint daher ganz überwiegend unwahrscheinlich und um diese Unwahrscheinlichkeit aufzuwiegen würde es einer ganz außerordentlichen und unbestreitbaren Uebereinstimmung des angenommenen Wunders und seiner Umstände mit etwas in Betreff der göttlichen Eigenschaften bedürfen, was wir wissen oder Gründe haben zu glauben. Von dieser außerordentlichen Uebereinstimmung wird angenommen daß sie vorhanden sei, wenn der Zweck des Wunders ein der Menschheit außerordentlich wohlthätiger ist, wie wenn es dazu dient einen hochwichtigen Glauben zu verbürgen. Man nimmt an, die Güte Gottes mache es zum Voraus in hohem Grade wahrscheinlich, daß er für einen so vortrefflichen Zweck eine Ausnahme von der allgemeinen Regel seiner Regierung gemacht haben würde. Aus bereits erörterten Gründen ist jeder Schluß den wir aus der Güte Gottes auf das ziehen was er wirklich gethan oder nicht gethan habe im höchsten Grade prekär. Wenn wir von Gottes Güte direkt auf positive Thatsachen schließen so dürfte es weder Elend noch Laster noch Verbrechen in der Welt geben. Wir können keinen Grund in Gottes Güte erblicken warum er, wenn er einmal von dem gewöhnlichen Systeme seiner Regierung abwich um dem Menschen Gutes zu erweisen, es nicht auch bei hundert anderen Gelegenheiten gethan haben sollte, oder warum, wenn die durch eine bestimmte Abweichung, wie die Offenbarung des Christenthums, bezweckte Wohlthat ganz außerordentlich und einzig war, er dieses kostbare Geschenk erst nach Verlauf langer Jahrtausende gewährt haben sollte oder endlich warum, als sie schließlich gewährt wurde, ihre Beweise so zweifelhaft und schwierig gewesen sein sollten. Man vergesse auch nicht, daß die Güte Gottes der Annahme einer Abweichung von seinem gewöhnlichen Regierungssysteme keinen Raum bietet, außer wenn der gute Zweck nicht ohne solche Abweichung erreicht werden konnte. Wenn Gott beabsichtigte, daß die Menschheit das Christenthum oder ein anderes Geschenk erhalten solle, würde es zu allem was wir von seiner Regierung wissen besser gestimmt haben, wenn er in dem Plane seiner Schöpfung Vor-

kehrung getroffen hätte, daß diese Gabe zur bestimmten Zeit auf
dem Wege natürlicher Entwicklung erscheine und, wollen wir
hinzufügen, alles was wir jetzt von der Geschichte des menschlichen Geistes wissen, drängt zu dem Schlusse hin, daß es wirklich
so gewesen sei. Zu allen diesen Erwägungen muß noch die
außerordentlich unvollkommene Natur des Zeugnisses selbst hinzugenommen werden, welches wir für die wirklichen oder angenommenen Wunder besitzen die das Christenthum und jede
andere offenbarte Religion begleiteten. Nach der günstigsten
Auffassung ist es das, keinem strengen Verhöre unterworfene
Zeugniß äußerst unwissender Menschen — leichtgläubig wie solche
Menschen gewöhnlich sind (ehrlich leichtgläubig, wenn die Vortrefflichkeit der Lehre oder die berechtigte Ehrfurcht vor dem
Lehrer sie glaubenseifrig macht), ungewohnt die Grenze zwischen
den Wahrnehmungen ihrer Sinne und dem zu ziehen, was eine
lebhafte Einbildungskraft diesen Wahrnehmungen noch hinzufügt,
ungeübt in der schweren Kunst zwischen Schein und Wirklichkeit,
zwischen Natürlichem und Uebernatürlichem zu unterscheiden,
überdies in Zeiten, wo niemand es der Mühe werth hielt einem
behaupteten Wunder zu widersprechen, weil es der Glaube des
Zeitalters war, daß Wunder an und für sich nichts bewiesen,
da sie von einem Lügengeiste ebenso gut wie von dem Geiste
Gottes gewirkt sein konnten. So waren die Zeugen beschaffen
und selbst von ihnen besitzen wir kein direktes Zeugniß. Die
selbst nach der orthodoxen Theorie aus einer viel spätern Zeit
stammenden Dokumente, welche die einzige Geschichte dieser Ereignisse enthalten, nennen sehr oft nicht einmal die angenommenen Augenzeugen. Es sind in ihnen, wie es anzuerkennen
nur gerecht ist, die besten und wenigst absurden aus der Masse
von Wundergeschichten niedergelegt, welche unter den ersten
Christen verbreitet waren; wenn sie aber ausnahmsweise eine
oder die andere von den Personen nennen, an welchen sich das
Wunder vollzog, oder welche demselben zuschaueten, so schöpfen
sie unzweifelhaft aus der Tradition und nennen die Namen,

mit welchen die Geschichte nach der populären Auffassung vielleicht zufällig verknüpft war; denn wer je die Art beobachtet hat, wie noch jetzt eine Geschichte aus einer kleinen ihr zu Grunde liegenden Thatsache anwächst, wie sie bei jedem Schritte neue Einzelheiten aufnimmt, weiß wie eine solche Geschichte nachdem sie anfänglich ohne Namen aufgetreten, allmälig mit Namen verknüpft wird, indem der Name von jemand der die Geschichte vielleicht erzählt hatte, in die Geschichte selbst, zuerst als der eines Zeugen und noch später als der eines Betheiligten hineingebracht wird.

Es ist auch bemerkenswerth und eine sehr wichtige Erwägung, daß Wundergeschichten nur unter Unwissenden Verbreitung finden und von den Gebildeten, wenn überhaupt, nur angenommen werden nachdem sie bereits bei den Massen Glauben gefunden haben. Die von Protestanten geglaubten Wunder haben alle ihren Ursprung in Zeitaltern und unter Nationen, in welchen es kaum irgend einen Maßstab für die Wahrscheinlichkeit gab und in denen Wunder zu den gewöhnlichsten Phänomenen gerechnet wurden. Die katholische Kirche betrachtet es freilich als einen Glaubensartikel, daß Wunder niemals aufgehört haben, und neue werden ab und zu noch in der heutigen ungläubigen Zeit verbreitet und geglaubt; aber doch, wenn auch in einer ungläubigen Generation, sicherlich nicht von dem ungläubigen Theile derselben, sondern immer nur von Leuten die, abgesehen von ihrer kindischen Unwissenheit, von Jugend auf, wie alle welche von der katholischen Geistlichkeit erzogen werden, in der Ueberzeugung geschult sind, daß es eine Pflicht sei zu glauben und eine Sünde zu zweifeln; daß nichts der Frömmigkeit so sehr widerspreche wie Ungläubigkeit und daß es gefährlich sei sich gegen irgend etwas das im Namen der wahren Religion dem Glauben dargeboten werde, skeptisch zu verhalten. Aber diese Wunder, welche nur ein Katholik und keineswegs jeder Katholik glaubt, stützen sich oft auf eine viel größere Menge von Zeugnissen als die wir für irgend eines der früheren Wunder besitzen und die denselben namentlich in einem der wesentlichsten Punkte nämlich darin überlegen sind, daß in vielen Fällen die angeblichen Augenzeugen bekannt sind und wir ihre Geschichte aus erster Hand haben.

So steht es also mit den Beweisen für und gegen die Wahrheit der Wunder, wenn man annimmt daß das Dasein und die Regierung Gottes durch andere Zeugnisse bewiesen sind: Auf der einen Seite die große negative Präsumtion die sich aus der Gesammtheit dessen ergiebt was uns der Lauf der Natur über die göttliche Regierung enthüllt, wie sie auf dem Wege zweiter Ursachen und in unwandelbaren Sequenzen physischer Wirkungen aus constanten Antecedentien geführt wird; auf der andern Seite einige wenige Beispiele von Ausnahmen welche in einer Weise bezeugt sind, die nicht geeignet ist den Glauben an irgend welche im geringsten ungewöhnliche oder unwahrscheinliche Thatsachen zu verbürgen, bezeugt von Augenzeugen welche in den meisten Fällen unbekannt, in keinem Falle nach Charakter oder Erziehung zur Erforschung der wahren Natur der Erscheinungen welche sie gesehen haben mögen*) competent und überdies von einer Vereinigung der stärksten Motive beseelt waren, wie sie menschliche Wesen bewegen können zuerst sich selbst und dann andere zu überreden, daß das was sie gesehen haben ein Wunder gewesen sei. Auch ist selbst die treue Berichterstattung über Thatsachen niemals unvereinbar mit der Annahme, daß sie entweder auf einem rein zufälligen Zusammentreffen beruheten, oder durch natürliche Mittel hervorgebracht waren, selbst wenn nicht, wie es in der Regel möglich ist eine besondere Conjektur in Betreff dieser Mittel angestellt werden kann.

---

*) Paulus, die einzige bekannte Ausnahme von der Unwissenheit und Unbildung der ersten Generation der Christen, hat kein anderes Wunder als das seiner eigenen Bekehrung bezeugt — dasjenige von allen Wundern des neuen Testamentes, welches sich am leichtesten durch natürliche Ursachen erklären läßt.

Der Schluß den ich ziehe ist, daß Wunder keinerlei Anspruch auf den Charakter historischer Thatsachen haben und völlig unbrauchbar als Beweise einer Offenbarung sind.

Was in Wahrheit zu Gunsten von Wundern gesagt werden kann, läuft nur auf Folgendes hinaus: Wenn man erwägt daß die Ordnung der Natur einige Beweise für das wirkliche Dasein eines Schöpfers und dafür liefert, daß er seinen Geschöpfen wohl gewogen sei, auch wenn diese Gesinnung nicht die einzige Triebfeder seines Verhaltens gegen sie ist; wenn man ferner erwägt daß alle Beweise für sein Dasein auch Beweise dafür sind daß er nicht allmächtig sei, und daß wir in unserer Unwissenheit über die Grenzen seiner Macht nicht positiv behaupten können, er sei im Stande gewesen durch den ursprünglichen Plan der Schöpfung all das Gute für uns vorzukehren welches uns zu gewähren in seiner Absicht lag, oder selbst auch nur einen Theil davon zu einer frühern Zeit zu gewähren als wir es wirklich erhielten — wenn man diese Dinge erwägt, wenn man auch ferner erwägt, daß uns ein äußerst kostbares Geschenk zu Theil ward, welches durch das was vorangegangen war zwar erleichtert aber offenbar nicht nothwendig gemacht war, sondern allem Anscheine nach der besondern geistigen und sittlichen Begabung eines Mannes zu verdanken war und daß dieser Mann offen proklamirte daß es nicht von ihm selbst, sondern durch ihn von Gott komme, dann sind wir berechtigt zu sagen, daß in dieser Annahme nichts so durchaus Unmögliches oder so absolut Unglaubliches liege um jemand die Hoffnung zu benehmen daß es vielleicht wahr sein könne. Ich hege die Hoffnung, und gehe nicht weiter; denn ich kann keinen beweiskräftigen Werth selbst auf das Zeugniß Christi über einen solchen Gegenstand legen, da nirgends von ihm ausgesagt wird daß er einen andern Beweis seiner Mission (man müßte denn seine eigenen Interpretationen der Prophezeiungen des alten Testamentes so betrachten) besitze als seine innere Ueberzeugung und jedermann weiß daß in vorwissenschaftlichen Zeiten

die Menschen immer glaubten, daß alle ungewöhnlichen Fähig=
keiten in deren Besitz sie, sie wußten nicht wie, gelangt waren,
eine göttliche Inspiration seien und daß die besten Männer
immer am bereitesten waren jede ehrenwerthe Besonderheit in
ihnen lieber dieser Quelle als ihren eigenen Verdiensten zuzu=
schreiben.

Fünfter Theil.

# Endergebniß.

Aus der vorstehenden Prüfung der Beweise für den Theismus und (den Theismus vorausgesetzt) der Beweise für eine Offenbarung ergiebt sich, daß das rationelle Verhalten eines denkenden Geistes dem Uebernatürlichen, sei es der natürlichen sei es der offenbarten Religion gegenüber, das eines Skepticismus ist, der sich ebenso bestimmt einerseits von dem Glauben wie andererseits von dem Atheismus unterscheidet, wobei wir im gegenwärtigen Falle unter Atheismus sowohl die negative als die positive Form des Unglaubens an einen Gott begreifen, nämlich, nicht nur die dogmatische Abläugnung seines Daseins, sondern auch das Läugnen daß es einen Beweis dafür oder dagegen gebe, was für die meisten praktischen Zwecke auf dasselbe hinausläuft, wie wenn der Beweis gegen das Dasein Gottes erbracht wäre. Wenn wir mit den Schlüssen, zu welchen uns die vorstehende Untersuchung geführt hat, Recht hatten, so liegt ein wenn auch zu einem vollgültigen Beweise unzureichender und nur bis zu einem der niederen Grade der Wahrscheinlichkeit reichender Nachweis vor. Der von dem vorhandenen Nachweise gegebene Aufschluß, weist auf die Schöpfung, zwar nicht des Universums, sondern der gegenwärtigen Ordnung desselben durch einen intelligenten Geist hin, dessen Macht über den Stoff nicht absolut, dessen Liebe zu seinen Geschöpfen nicht sein einziges treibendes Motiv war, der aber nichtsdestoweniger ihr Bestes wollte. Die Idee der providentiellen Regierung eines allmächtigen Wesens zum Besten seiner Geschöpfe, muß ganz aufgegeben werden. Selbst für die Fortdauer des Daseins des Schöpfers haben wir keine andere Garantie als daß er nicht dem Gesetze des Todes, welches für irdische Wesen gilt, unterworfen sein kann, da die Bedingungen welche dieses Unterworfensein bewirken, wo es existirt sein Werk sind. Daß dieses nicht allmächtige Wesen eine seinen Absichten nicht voll entsprechende Maschinerie hervorgebracht haben könne, welche vielleicht das gelegentliche Eingreifen der Hand des Verfertigers erfordere, ist eine an und für sich weder absurde noch unmögliche Annahme, obgleich in keinem der Fälle, in welchen an ein solches Eingreifen als stattgehabt geglaubt wird der Nachweis der Art ist, daß er es wirklich beweisen könnte. Es bleibt einfach eine Möglichkeit, an welche diejenigen sich halten mögen, denen es Trost gewährt, anzunehmen, daß Segnungen, welche gewöhnliches menschliches Vermögen zu erlangen ungenügend ist, ihnen nicht durch außergewöhnliches menschliches Vermögen, sondern durch die Güte einer die menschliche überragenden Intelligenz, welche beständig für die Menschen sorgt, zukommen können. Ebenso verhält es sich mit der Möglichkeit eines Lebens nach dem Tode, einer Gabe, welche dieses mächtige Wesen, das dem Menschen wohl will vielleicht zu gewähren die Macht hat und welche es, wenn die behauptetermaßen von ihm gesandte Botschaft wirklich gesandt worden ist, thatsächlich versprochen hat. Das ganze Gebiet des Uebernatürlichen ist so aus der Region des Glaubens in die einer einfachen Hoffnung versetzt und in dieser wird es, soweit wir sehen können, wahrscheinlich immer verbleiben; denn wir können kaum annehmen weder daß wir je eine positive Gewißheit über das direkte Eingreifen des göttlichen Wohlwollens in menschliche Geschicke erlangen werden, noch daß wir Gründe auffinden werden, welche uns bestimmen müßten die Verwirklichung menschlicher Hoffnungen in dieser Beziehung als außerhalb des Bereiches der Möglichkeit liegend zu betrachten.

Es bleibt noch zu erwägen, ob die Hingabe an eine Hoffnung, die nur im Bereiche der Einbildungskraft liegt, in welchem keine Aussicht dazu vorhanden ist, daß wir je eine wahrscheinliche Begründung für unsere Erwartung erlangen werden, eine unvernünftige sei, von welcher, als einer Abweichung von dem vernünftigen Grundsatze, uns in unseren Gefühlen und Ansichten nur durch strikte Beweise bestimmen zu lassen, abgemahnt werden müßte.

Das ist ein Punkt über den sich verschiedene Denker wahrscheinlich noch auf lange hinaus je nach ihrem individuellen Temperamente verschieden entscheiden werden. Die Grundsätze, welche die Pflege und Regelung der Einbildungskraft beherrschen sollten, einerseits um sie zu verhindern die Richtigkeit des Urtheiles und die richtige Leitung der Handlungen und des Willens zu stören, andererseits um sie als eine Macht zur Erhöhung des Lebensglückes und zur Veredlung des Charakters zu gebrauchen, sind ein Gegenstand, welcher noch nie von Philosophen einer ernsten Erwägung unterzogen worden ist, obgleich es keine Art über menschlichen Charakter und menschliche Erziehung zu denken geben wird, in welcher nicht eine Ansicht darüber läge, und ich glaube sicher daß man diesen Gegenstand später als einen sehr wichtigen Zweig des Studiums für praktische Zwecke betrachten wird und zwar in dem Maße mehr, wie die Abnahme positiven Glaubens in Betreff von Zuständen eines dem menschlichen überlegenen Daseins die Vorstellung von höheren Dingen weniger mit Material aus dem Bereiche einer angenommenen Wirklichkeit belastet. Mir scheint das menschliche Leben bedarf, klein und beschränkt wie es ist und wie es, nur nach seiner gegenwärtigen Beschaffenheit betrachtet, wahrscheinlich bleiben wird, selbst wenn der Fortschritt materieller und sittlicher Verbesserung es vielleicht von dem größern Theile seines jetzigen Elendes befreit haben wird, dringend einer Erweiterung und höherer Ziele für sich und seine Geschicke, welche die Uebung der Einbildungskraft, ohne mit bewiesenen Thatsachen in Widerspruch zu gerathen, ihm gewähren kann. Es wäre weise alle, auch geringe Wahrscheinlichkeiten über diesen Gegenstand welche der Einbildungskraft eine Handhabe und Stütze bieten, nach Kräften auszubeuten und ich bin überzeugt, daß die Pflege einer solchen Richtung der Einbildungskraft, vorausgesetzt daß die Pflege eines strengvernünftigen Denkens mit ihr gleichen Schritt hält, nicht nothwendig das Urtheil gefangen nehmen müßte, sondern daß es möglich wäre sich ein vollkommen nüchternes Urtheil über die beiden Seiten einer Frage zu bilden und doch die Einbildungskraft mit Vorliebe bei jenen Möglichkeiten verweilen zu lassen, welche uns zugleich den größten Trost und die größte Möglichkeit der Vervollkommnung bieten, ohne im mindesten die Solidität der Gründe zu überschätzen welche uns hoffen lassen, daß diese Möglichkeiten eher als alle anderen sich verwirklichen werden.

Obgleich das nicht zu der Zahl der von der Tradition überkommenen und als Regeln für das Verhalten im Leben anerkannten praktischen Maximen gehört, so hängt doch ein großer Theil des Lebensglückes von seiner stillschweigenden Beobachtung ab. Was zum Beispiel versteht man unter dem was immer für eine der Hauptsegnungen des Lebens erklärt wird, einer heitern Stimmung? Was anders, als die durch Naturanlage oder Gewohnheit erlangte Neigung vorzugsweise die heitere Seite sowohl der Gegenwart als auch der Zukunft ins Auge zu fassen? Wenn jede angenehme oder widerwärtige Seite jeder Sache in unserer Einbildungskraft genau denselben Platz einnehmen müßte, den sie in Wirklichkeit ausfüllt und deshalb bei unserm überlegten Nachdenken ausfüllen sollte, wäre das was wir eine heitere Stimmung nennen nur eine der Formen der Thorheit die, abgesehen von ihrer Annehmlichkeit auf einer Stufe mit der entgegengesetzten Stimmung, in welcher die finstere und peinliche Auffassung der Dinge gewöhnlich die vorherrschende ist, stehen würde. Aber die Erfahrung lehrt uns nicht, daß diejenigen, welche das Leben heiter nehmen, weniger

empfänglich für die vernünftige Voraussicht von Uebeln oder
Gefahren und weniger darauf bedacht wären die rechten Vor=
kehrungen dagegen zu treffen. Vielmehr findet eher das Um=
gekehrte statt; denn eine hoffnungsvolle Stimmung ist ein Sporn
für unsere Fähigkeiten und erhält unsere Energie in Thätigkeit.
Wenn die Einbildungskraft und die Vernunft eine jede die
ihnen gebührende Pflege erhalten, gelingt es keiner von beiden
die Vorrechte der andern zu usurpiren. Es ist nicht nothwendig,
um uns in der Ueberzeugung zu erhalten daß wir sterben
müssen, stets über den Tod zu grübeln. Es ist viel besser, daß
wir über das was wir unmöglich abwenden können nicht weiter
nachdenken als es nöthig ist, um die Regeln der Klugheit in
Bezug auf unser eigenes Leben und das anderer zu beobachten.
Um das zu erreichen, müssen wir nicht beständig an den Tod,
sondern beständig an unsere Pflichten und die Regelung unseres
Lebens denken. Die wahre Regel für praktische Weisheit be=
stehet darin, nicht alle Seiten der Dinge in unseren gewöhn=
lichen Anschauungen gleich stark, sondern diejenigen Seiten am
stärksten hervortreten zu lassen, welche von unserm eigenen Ver=
halten abhängen oder durch dasselbe modifizirt werden können.
Bei Dingen, welche nicht von uns abhängen, ist es nicht nur
im Interesse eines heiterern Lebens wünschenswerth, daß wir
uns gewöhnen Dinge und Menschen vorzugsweise von ihrer
angenehmen Seite anzusehen, sondern auch weil wir dadurch in
den Stand gesetzt werden die Menschen mehr zu lieben und
mehr von Herzen für ihre Vervollkommnung zu arbeiten. Zu
welchem Zwecke sollten wir auch wohl unsere Einbildungskraft
aus der unliebenswürdigen Seite der Menschen und Dinge
Nahrung ziehen lassen. Alles **unnöthige** Verweilen bei den
Uebeln des Lebens ist im besten Falle eine Vergeudung der
Nervenkraft und wenn ich „unnöthig" sage, meine ich alles
was nicht nothwendig, weil weder unvermeidlich noch zur Er=
füllung unserer Pflichten und dazu erforderlich ist um zu ver=
hindern daß unser Sinn für die Realität jener Uebel sich

in trübe Spekulationen verliere. Wenn es aber oft eine Kraftvergeudung ist bei den Uebeln des Lebens zu verweilen, so ist es schlimmer als Vergeudung gewohnheitsmäßig bei den Gemeinheiten und Niedrigkeiten des Lebens zu verweilen. Es ist nothwendig sie zu kennen, aber in ihrer Betrachtung zu leben macht es kaum möglich uns in einer edlern Seelenstimmung zu erhalten. Die Einbildungskraft und die Gefühle werden auf einen niedrigern Ton gestimmt, entwürdigende statt erhebende Vorstellungen verknüpfen sich für uns mit den Gegenständen und Vorkommnissen des täglichen Lebens und geben den Gedanken ihre Färbung, grade wie sinnliche Vorstellungen es bei denen thun, welche dieser Anschauung nachhängen. Oft haben es Menschen gefühlt was es heißt wenn die Einbildungskraft durch eine bestimmte Klasse von Ideen korrumpirt wird und ich denke sie müssen es ebenso schmerzlich empfunden haben, wie durch die Verknüpfung mit niedrigen Vorstellungen die Poesie des Lebens, da wo sie am reichsten quillt, zerstört wird, gleich als ob einem schönen auf hochpoetische Worte componirten Liede triviale und gemeine Worte untergelegt werden. Alles dieses sage ich nur zur Illustration des Prinzipes, daß bei der Regelung der Einbildungskraft buchstäblich thatsächliche Wahrheit nicht das einzige ist worauf es ankommt. Wahrheit ist das Gebiet der Vernunft und durch die Pflege der vernünftigen Fähigkeiten wird dafür gesorgt daß dieselbe uns immer zum Bewußtsein komme und immer an sie gedacht werde, so oft es die Pflicht und die Verhältnisse des menschlichen Lebens erforderlich machen. Aber wenn die Vernunft nachhaltig gepflegt ist, kann die Phantasie getrost ihre eigenen Zwecke verfolgen und ihr Bestes thun das Leben innerhalb der Festung im Vertrauen auf die von der Vernunft errichteten und behaupteten Außenwerke anmuthig und angenehm zu gestalten.

Auf Grund dieser Prinzipien scheint es mir, daß die Hingabe an die Hoffnung in Bezug auf die Regierung der Welt und die Bestimmung des Menschen nach dem Tode, während

Endergebniß.

wir es als eine klare Wahrheit anerkennen, daß wir keinen Grund zu mehr als einer Hoffnung haben, berechtigt und philosophisch zu vertheidigen sei. Die wohlthätige Wirkung einer solchen Hoffnung ist keineswegs gering zu achten. Sie macht das Leben und die menschliche Natur zu etwas viel bedeutenderm für unsere Gefühle, und giebt allen Empfindungen, die durch unsere Nebenmenschen und die ganze Menschheit in uns erweckt werden eine viel größere Stärke. Sie befreiet uns von der Empfindung einer Ironie der Natur, welche uns so peinlich ergreift, wenn wir die Anstrengungen und Opfer eines Lebens in der Ausbildung eines edlen und weisen Geistes nur dazu gipfeln sehen, um die Welt in dem Augenblicke zu verlassen wo sie im Begriffe steht die Früchte dieses Lebens zu ernbten. Die Wahrheit daß das Leben kurz und die Kunst lang sei, ist von Alters her eine der entmuthigendsten gewesen. Diese Hoffnung läßt die Möglichkeit zu, daß die auf die Vervollkommnung und Verschönerung der Seele selbst verwandte Kunst in einem andern Leben zum Guten führen werde, selbst wenn sie für dieses Leben anscheinend nutzlos war. Aber das Wohlthätige besteht weniger in dem Vorhandensein einer bestimmten Hoffnung als in der Erweiterung des ganzen Bereiches der Gefühle, indem die erhabeneren Aspirationen nun nicht mehr in demselben Grade durch das Bewußtsein der Unbedeutendheit des menschlichen Lebens durch das traurige Gefühl, daß alles nicht der Mühe werth sei, gehemmt und niedergehalten werden. Der Gewinn welcher in dem gesteigerten Anreize zur Vervollkommnung des Charakters bis zum Lebensende liegt, bedarf keiner nähern Erörterung.

Es giebt noch eine andere und sehr wichtige Thätigkeit der Einbildungskraft, welche in Vergangenheit und Gegenwart hauptsächlich durch religiösen Glauben unterhalten worden ist und welche unendlich schätzbar für die Menschheit ist, so sehr, daß menschliche Vortrefflichkeit in hohem Grade von der Hinlänglichkeit der für diese Thätigkeit getroffenen Vorkehrungen abhängt.

Sie bestehet in der Vertrautheit der Einbildungskraft mit der Idee eines sittlich vollkommenen Wesens und in der Gewohnheit die Billigung eines solchen Wesens zur Norm oder zum Maßstabe für die Regelung unseres Charakters und unseres Lebens zu nehmen. Die ideale Verkörperung unseres Maßstabes sittlicher Vortrefflichkeit in einem Wesen ist vollkommen möglich, selbst wenn dieses Wesen nur in unserer Einbildung existirt. Aber die Religion hat seit der Entstehung des Christenthums uns den Glauben eingepflanzt, daß unsere höchsten Vorstellungen von Weisheit und Güte sich in einem lebenden Wesen verkörpert finden, welches seine Augen auf uns gerichtet hält und für unser Bestes sorgt. In den dunkelsten und verderbtesten Zeiten hat das Christenthum diese Fackel hochgehalten und diesen Gegenstand der Verehrung und Nacheiferung den Augen der Menschen vorgeführt. Zwar war das Bild der Vollkommenheit ein höchst unvollkommenes und in vielen Beziehungen verderbliches, nicht nur in Folge des niedrigen Standes der sittlichen Ideen der Zeit, sondern wegen der Masse der sittlichen Widersprüche, welche die getäuschten Anbeter in der vermeintlichen Nothwendigkeit, dem guten Prinzipe die Huldigung einer unbegrenzten Macht darzubringen, herunter zu schlucken genöthigt war. Aber es ist eines der allgemeinsten und überraschendsten Merkmale der menschlichen Natur und einer der redendsten Beweise für den niedrigen Stand zu welchem die Vernunft der Menschheit im allgemeinen bis jetzt noch gelangt ist, daß sie fähig ist über jeden moralischen oder geistigen Widerspruch hinweg zu sehen und Aufstellungen die im äußersten Widerspruche zu einander stehen in sich aufzunehmen, nicht nur ohne von diesen Widersprüchen frappirt zu werden, sondern auch ohne die sich widersprechenden Ueberzeugungen zu verhindern wenigstens einen Theil ihrer natürlichen Wirkungen auf den Geist hervor zu bringen. Fromme Menschen haben Gott beständig besondere Handlungen und eine allgemeine Richtung seines Willens und Verhaltens zugeschrieben, welche selbst mit den gewöhnlichsten und beschränktesten Vorstellungen von sittlicher Güte unverträglich sind und haben in vielen Punkten völlig verfehlte und verschrobene sittliche Ideen gehabt, haben sich aber nichtsdestoweniger ihren Gott mit allen Eigenschaften der höchsten idealen Güte, welche ihr Geistes= zustand zu fassen vermochte, bekleidet vorgestellt und sind in ihrem Streben nach sittlicher Güte durch diese Vorstellungen angespornt und ermuthigt worden. Und es ist völlig unbestreit= bar, daß der feste Glaube an das wirkliche Dasein eines Wesens, in welchem sich unsere besten Begriffe von Vollkommenheit ver= wirklichen und der Glaube, daß wir in der Hand dieses Wesens als Weltregierers stehen, diesen Gefühlen eine erhöhete Kraft verleihet, die weit über das hinausgeht was sie aus der Be= zugnahme auf eine rein ideelle Vorstellung schöpfen können.

Dieses besondern Vortheiles vermögen sich die nicht zu erfreuen, welche sich über die Natur und die Stärke des Be= weises für das Dasein und die Eigenschaften eines Schöpfers ein vernünftiges Urtheil gebildet haben. Andererseits haben sie sich aber auch nicht mit den moralischen Widersprüchen zu schleppen, welche jeder Form der Religion anhaften, die darauf abzielt die ganze Weltregierung sittlich zu rechtfertigen. Sie sind daher im Stande sich eine viel wahrere und consequentere Vorstellung von idealer Güte zu bilden, als es für jemand möglich wäre der es für nothwendig hielte ideale Güte in einem allmächtigen Weltenlenker zu finden. Wenn man die Macht des Schöpfers einmal als beschränkt anerkannt hat, liegt nichts vor, um die Annahme zu entkräften, daß seine Güte vollständig sei und daß der Charakter von idealer Vollkommenheit, dem wir nachstreben und dessen Billigung uns als höchstes Ziel bei unseren Handlungen vorschwebt, vielleicht wirklich in einem Wesen existire, dem wir alles Gute das wir genießen verdanken.

Vor allem aber kommt die werthvollste Wirkung auf den Charakter, welche das Christenthum dadurch hervorgebracht hat, daß es in einer göttlichen Persönlichkeit einen Maßstab der Vor= trefflichkeit und ein Vorbild aufgestellt hat, selbst dem absolut

Ungläubigen zu Gute und kann der Menschheit nie mehr verloren gehen; denn es ist mehr Christus als Gott, welchen das Christenthum den Gläubigen als das Muster der Vollkommenheit für die Menschheit aufgestellt hat. Es ist mehr der fleischgewordene Gott, als der Gott der Juden oder der Natur, welcher in seiner idealen Gestalt einen so großen und heilsamen Einfluß auf den modernen Geist geübt hat. Und was uns eine rationelle Kritik auch sonst noch nehmen mag, Christus bleibt uns dennoch, eine einzig dastehende Gestalt, ebenso unähnlich allen seinen Vorgängern wie allen seinen Nachfolgern, selbst denen welche sich der direkten Wohlthat seiner Unterweisung erfreuten. Es nützt nichts zu sagen daß der Christus wie er in den Evangelien dargestellt ist, nicht historisch sei und daß wir nicht wissen wieviel von dem was an demselben bewundernswürdig ist, von seinen Anhängern hinzugefügt worden sei. Die Tradition der Nachfolger genügt alle möglichen Wunder hinein zu bringen und kann alle die Wunder hineingebracht haben die er verrichtet haben soll. Aber wer unter seinen Schülern oder unter den von ihm bekehrten war im Stande die Jesus zugeschriebenen Reden zu erfinden oder das Leben und den Charakter wie sie uns in den Evangelien entgegen treten zu erdenken? Gewiß nicht die galiläischen Fischer, ebenso gewiß nicht Paulus, dessen Charakter und Neigungen von einer gänzlich verschiedenen Art waren, und noch weniger die ersten christlichen Schriftsteller, bei denen nichts so offenbar ist, als daß alles Gute was an ihnen war, wie sie es immer bekennen, aus der höhern Quelle hergeleitet war. Was von einem Schüler hinzugefügt und eingeschoben werden konnte, können wir in den mystischen Theilen des Evangelium Johannes sehen, welche dem Philo und den alexandrinischen Platonikern entlehnt und dem Heilande in den Mund gelegt sind und zwar in langen Reden über sich selbst, von denen die anderen Evangelien nicht die leiseste Spur enthalten, obgleich sie angeblich bei den bedeutendsten Veranlassungen und in Gegenwart aller seiner Haupt=

jünger ganz besonders bei dem heiligen Abendmahle gehalten sein sollen. Der Orient war voll von Männern die jede beliebige Menge von solchem Zeug gestohlen haben konnten, wie es die vielerlei Sekten der orientalischen Gnostiker später thaten. Aber dem Leben und den Reden Jesu ist ein Stempel persönlicher, mit tiefster Innerlichkeit verbundener Originalität aufgeprägt, welcher, — wenn wir der müßigen Erwartung entsagen wissenschaftliche Genauigkeit da zu finden wo es auf etwas ganz anderes abgesehen war —, den Propheten von Nazareth, selbst in der Schätzung derer, welche an seine Inspiration nicht glauben, in die erste Reihe der Männer von erhabenem Genius, deren unser Geschlecht sich rühmen kann, stellen muß. Wenn dieser außerordentliche Genius mit den Eigenschaften des wahrscheinlich größten Reformators und Märtyrers den es jemals auf Erden gegeben hat, verbunden erscheint, so kann man nicht sagen daß die Religion eine schlechte Wahl getroffen habe, indem sie diesen Mann als den idealen Repräsentanten und Führer der Menschheit aufstellte; auch jetzt noch würde es, selbst für einen Ungläubigen nicht leicht sein, eine bessere Uebertragung der Regeln der Tugend vom Abstrakten ins Concrete zu finden, als so zu leben daß Christus unser Leben gut heißen würde. Wenn man dazu nimmt, daß für die Auffassung des rationellen Skeptikers es doch eine Möglichkeit bleibt, daß Christus wirklich das war wofür er sich hielt, — nicht Gott, denn darauf hatte er nie den mindesten Anspruch gemacht und würde in einem solchen Anspruche wahrscheinlich eine ebenso große Blasphemie erblickt haben wie die Männer die ihn verurtheilten —, aber ein mit einer besondern ausdrücklichen und einzigen Mission, die Menschheit zur Wahrheit und zur Tugend zu führen, betrauter Mann, so dürfen wir gewiß schließen, daß die Einflüsse der Religion auf den Charakter, welche übrig bleiben, nachdem die rationelle Kritik ihr Aeußerstes gegen die Beweise der Religion gethan hat, wohl der Erhaltung werth seien und daß das was ihnen im Vergleiche mit denen eines festern Glaubens an direkter Stärke abgehet, durch die größere Wahrheit und Aufrichtigkeit der Sittlichkeit welche sie sanktioniren mehr als aufgewogen werde.

Solche Eindrücke scheinen mir, wenn sie auch an und für sich nicht eigentlich das sind was man eine Religion nennen kann, vortrefflich geeignet, jene echte, wenn auch rein menschliche Religion, welche sich bisweilen die Religion der Humanität und bisweilen die der Pflicht nennt, zu unterstützen und zu stärken. Zu den übrigen Anreizen zur Pflege einer religiösen Hingabe an die Wohlfahrt unserer Mitmenschen als einer zwingenden Grenze jedes selbstsüchtigen Zweckes und als eines Zieles für dessen Förderung kein Opfer zu groß sein könne, fügt sie noch das Gefühl hinzu, daß wir, indem wir das zur Regel unseres Lebens machen, vielleicht mit dem unsichtbaren Wesen zusammen= wirken, dem wir alles verdanken was das Leben erfreulich macht. Und ein erhabenes Gefühl läßt diese Form der religiösen Idee zu, welches denen verschlossen bleibt welche an die Allmacht des guten Prinzipes im Universum glauben, das Gefühl Gott zu helfen, das Gute was er uns gegeben hat durch eine freiwillige Mitwirkung, deren er, da er nicht allmächtig ist, wirklich bedarf und durch welche vielleicht eine etwas größere Annäherung an die Erfüllung seiner Zwecke erreicht werden könne, zu vergelten. Die Verhältnisse der menschlichen Existenz sind sehr geeignet ein solches Gefühl zu nähren, insofern der Kampf fortwährend ge= kämpft werden muß, bei welchem das niedrigste menschliche Wesen im Stande ist, Partei zwischen den Mächten des Guten und denen des Bösen zu nehmen, und in welchem selbst die geringste Unterstützung der guten Seite ihren Werth für die Förderung des sehr langsamen und oft fast unmerklichen Fort= schrittes hat, durch welchen das Gute allmälig dem Bösen den Boden abgewinnt, den es gleichwohl in beträchtlichen Zwischen= räumen so sichtlich gewinnt, daß wir darin eine Verheißung des sehr entfernten aber nicht unsichern schließlichen Sieges des Guten erblicken dürfen. Es ist der belebendste und stärkendste Gedanke

welcher ein menschliches Wesen begeistern kann, während des
Lebens, — wenn mehr zu thun ihm nicht vergönnt ist —,
einen wenn auch noch so bescheidenen Theil dazu beizutragen,
dieses Ziel seiner Erreichung etwas näher zu bringen. Und daß
diese Religion, mit oder ohne übernatürliche Sanktionen, bestimmt
sei die Religion der Zukunft zu werden ist mir nicht zweifel=
haft. Aber es scheint mir, daß übernatürliche Hoffnungen, in
dem Maße und in der Art wie der von mir so genannte ratio=
nelle Skepticismus ihre Sanktion nicht verweigert, stets nicht
wenig dazu beitragen werden dieser Religion ihren gebührenden
Einfluß auf das menschliche Gemüth zu sichern.

Ende.

# Druckfehler-Verzeichniß.

Seite 22 Zeile 15 von unten lies statt Vorbegriffe „Vorbegriffe".
" 63 " 18 " oben " " Anwendung „Verwendung".
" 63 " 12 " " " " ist „war und ist".
" 63 " 13 " unten " " Wohlfahrten „Wohlthaten".
" 84 " 9 " oben " " von Haus „von Haus aus".
" 88 " 11 " " " " was „das".

www.ingramcontent.com/pod-product-compliance
Lightning Source LLC
Chambersburg PA
CBHW020108020526
44112CB00033B/1099